副田あけみ・
菅野花恵［著］

介護職・相談援助職への暴力とハラスメント

勁草書房

はじめに

介護サービスや社会福祉の相談援助の利用者は，人間らしく，また，その人らしく生活を営む上で，一時的あるいは継続的にそれらのサービス・支援を必要とする人々です．そうした人々が安全で安心して生活を営めるよう支援していくには，支援する側の介護職（施設職員やホームヘルパー等）や相談援助職（ソーシャルワーカーやケアマネジャー等）の職業生活もまた安全で安心できるものでなければなりません．労働が安全で安心してできるものでなければ，職員や職場のモラールに，また，離職率・入職率等に影響を与えます．それは，質のよいサービスや支援の提供につながらず，結果として，利用者・家族に不利益をもたらすことになります．

介護職・相談援助職が受ける暴力・ハラスメント

しかし現実には，介護職や相談援助職の少なからぬ割合の人々が，仕事の上で，嫌がらせやいじめ，暴力等を受けています．それらは，職場の上司や同僚，部下から，また，他の関連組織の職員・管理職等から，さらには支援の対象である利用者やその家族等から行われています．

なかでも利用者やその家族から受けることが少なくありません．たとえば以下は，その一例です[1]．取り上げた介護職はすべて特別養護老人ホームの職員です．相談援助職は，病院，保健所，地域包括支援センター（地域包括と略記）のソーシャルワーカー（SW と略記）と，居宅介護支援事業所（居宅と略記）の介護支援専門員（ケアマネジャー，CM と略記）です．なお，ケアマネジャーの業務内容であるケアマネジメントは，ソーシャルワークと同様に，利用

1　介護職については，吉田（2012）の「表 8　ケアハラスメントの具体的内容（自由記述）」（吉田 2012. pp. 96-97）から．一部副田（2019a）の質問紙調査の自由記述からも引用．相談援助職については，副田（2019a）の自由記述と副田（2019b）のインタビュー調査結果からの引用です．

者・家族との援助関係をもとに介護サービス計画を作成し，その実施のために他機関等との調整を図っていくことなので，本書では，ケアマネジャーは相談援助職として位置付けています．

《介護職》

身体的暴力：「オムツ交換時に声かけをして介助しようとしたところ，いきなり腹部に足蹴りを受けた．」（女性）「男性利用者に対して薬を服用していただこうとした際，興奮され薬を投げつけられ，叩く，ひっかくなどの暴力を受けた．」（男性）

精神的暴力：「私のほかにパートの方も１人いじめの対象で，面と向かって『バーカ』『嫌い』『あっちへ行って』などなど（かなりひどいことも）．結構へこんでしまうようなことも毎日言われました．」（女性）「家の人に『あなたのような人がこの仕事をする資格はない』というようなことを言われたことがあり，相談もできず悩みました．」（女性）

セクシュアルハラスメント：「夜勤帯で，あるショートステイ利用者に『キスぐらいいいいじゃない．』と言われ，キスされそうになったり，居室に案内した際に，足払いされてベッドに倒そうとされたりした．」（女性）「排泄介助のとき，バストを触られる．つねられる．」（女性）

《相談援助職》

身体的暴力：「入院中の利用者に介護保険の制度上，やむを得ない課題が生じたことを知らせたところ興奮し，殴られた．」（男性，病院，SW），「利用者が病院内の一室を出ようとしたのを『ちょっと待って』と手を出した瞬間，本人から殴られた．」（男性，保健所，SW）

精神的暴力：「利用者家族の希望に添えないことを伝えると，『どの人も丁寧にやってくれたのにあなたみたいな人ははじめてだ．』『あなたはこの仕事は向かない．配置転換してもらったほうがいい．』など言われる．（女性，地域包括，SW），「病院内の相談室で患者の息子と面接中，『お前はバカか』『本当に話がわからないソーシャルワーカーだな，殺すぞ．』と言われ転院先調査の結果を毎日ファックスするよう要求された．」（女性，病院，SW）

セクシュアルハラスメント：「本人の夫から，毎月，『夜，来てほしい』と言われて，気分が悪くなった．」（女性，居宅，CM）

雇用組織としての責務

暴力・ハラスメントを体験した介護職や相談援助職のなかには，利用者は病気や障害があるからとか，家族は介護ストレスや生活困難を抱えているから仕方がない，とがまんをしてしまう人たちが少なくありません．暴力やハラスメントを上司等に報告すれば，「暴力的利用者」，「ハラスメント家族」といった否定的ラベルを貼ることにつながり，利用者や家族がサービス・資源を利用できなくなるのではないか，信頼関係を結ぶことができなくなるのではないか．そう考える職員は，報告・相談を躊躇してしまうこともあります．さらに，利用者・家族が暴力・ハラスメントを起こしてしまったのは，自分の専門的力量が足りないからと悩み，傷ついてもなお利用者・家族のためにと頑張り，疲弊してしまう職員もいます．

暴力・ハラスメントは，どのような理由であろうと，意図的であろうとなかろうと，それを受ける人の心身を傷つけるおそれのある行為です．その行為者である利用者・家族にとっては，否定的ラベル貼りによる不利益が生じるおそれのある行為です．利用者・家族が不満や苛立ちの，また，自己主張等の表現として暴力・ハラスメントを用いなくてもすむように支援していくことができれば，利用者・家族が不利益を被るおそれもなく，人（職員）を傷つけるおそれもなくなります．

しかし，暴力・ハラスメントは，さまざまな要因の重なりによって発生する場合が少なくありません．それゆえ，利用者・家族が暴力・ハラスメントを用いなくてもすむ支援関係形成の技術や支援アプローチの工夫だけでなく，そうした諸要因のうちリスク度を下げ得るものすべてについて組織全体で取り組む，起きた場合の対応原則を明確にするなど，職場の安全性を高めていくことが必要です．それは，雇用組織の責務です．

条約・法令が求める体制整備

国際労働機関（ILO）は，2000 年代当初から医療保健部門の職場内暴力に強い関心を寄せていましたが，2019 年 6 月 21 日の総会で，「仕事の世界における暴力とハラスメントの除去に関する条約」を採択しました．この条約は，すべての人は暴力とハラスメントのない労働の世界で働く権利をもっていることを明らかにし，条約批准国は，「誰も取り残さない包括的アプローチ」として，取引先，顧客，患者，サービス利用者等の第三者が関与する暴力とハラスメントにも対処しなければならないことを明確にしています．

そのほぼ1カ月前の2019年5月29日，日本では，改正労働施策等総合推進法が成立し，事業主には職場のパワーハラスメント防止のための措置を講じることが義務づけられました．残念ながらこの改正法では，パワーハラスメントの規定に，取引先や顧客，サービス利用者等の第三者から受けるハラスメントを含めていません．ただし，指針において，第三者からの「著しい迷惑行為」については，「行うことが望ましい取組み」として相談体制の整備等が示されました．

労働契約法でも配慮義務，すなわち，安全配慮義務や労働者の自由・名誉・プライバシーを尊重する義務が規定されています．この点からも，職員への第三者からの暴力とハラスメントについて，雇用組織として対策をとる必要があると言えます．

実態・対策等の研究

医療領域では，2000年代初め頃から，「院内暴力」や「患者ハラスメント」などの用語を用いた調査研究が行われ，看護師のための暴力対策指針や医療職のための包括的暴力防止プログラム等が作成されています．かなり遅れましたが，介護領域でも2018年に介護職員らの労働組合による全国規模のハラスメント調査が実施されました．そして国も，2019年に介護職を対象とした質問紙調査等を実施し，対策マニュアルや研修の手引き等を作成しています．しかし研修の手引きでは，調査のときには含まれていた認知症の行動心理症状（BPSD）としての暴言・暴力が，職員を傷つけ，その安全を脅かすおそれのある行為であるにもかかわらず，ハラスメント（身体的暴力・精神的暴力・セクシュアルハラスメント）の定義から除外されています．職員は起きた暴力がBPSDなのかそうではないのか，それによってその後の対応が異なってくるという，むずかしい判断をその場ですることを求められるわけです．これでは職員の負担を増やすことになります．本書では，BPSDとしての暴言・暴力も含めて職場の暴力とハラスメントの問題を取り上げます．

社会福祉のソーシャルワーカーや相談支援員などの相談援助職に対する暴力とハラスメントについての調査研究は，知的障害者施設に関するものが見られる程度で，非常に乏しいのが現状です[2]．本書Ⅲ部で見るように，アメリカをはじめとする世界各国では，クライエントバイオレンスといった用語の下，多くの研究の蓄積があります．この違いには種々の理由があると考えますが，アメリカなどではクライエント（利用者）によるソーシャルワーカー等への暴力とハラスメントが多く，日本の相談援助職に対するそれは少ないから，ということでは必ずしもないと思います．

日本では，生活保護担当の相談員やケースワーカーが刺殺される，傷害を受けるといった犯罪事件はまれですが，傷害事件にまでには至らないナイフによる脅し，恫喝，人格否定の暴言の繰り返しといったことは，よくあることとケースワーカーたちは言います．近年，マスメディアも多く取り上げる子ども虐待に関して言えば，子どもたちの安全を守るために介入・支援を行う児童相談所の児童福祉司たちが，保護者から暴言や身体的暴力を受ける，インターネット上で誹謗中傷を受けるといったことが日常的に起きています[3]．

高齢者福祉の分野では，高齢者虐待事例をはじめとする，多様な問題・ニーズを複合的に抱える複合問題事例，そのなかでも支援に消極的あるいは拒否的な，いわゆる「支援困難事例」への対応が増えていくなかで，行政の高齢者支援課職員，地域包括の社会福祉士や主任ケアマネジャー，居宅介護支援事業所のケアマネジャーたちが，家庭訪問の際などに，利用者やその家族から暴力を受ける可能性が高くなっています．家族からの電話によるハラスメントは日常

2　知的障害者分野における利用者の暴力に関する理解と対応方法については，市川・木村（2016）を参照のこと．

3　児童相談所は，1日に何度も抗議の電話をかけてくる，凶器をもって怒鳴り込んでくる，威嚇してくる，暴力を振るう，そうした親への対応にベテランのワーカーも困難を極めている，という現状です（斎藤 2012, 91）．毎日新聞の調査によると，全国の児童相談所に勤める児童福祉司の50人に1人が精神疾患を理由に休暇・休職に追い込まれていることが明らかになりました．その背景には，保護者の否定的感情や攻撃的態度，脅しなどによる対応の難しさがあり，ストレスを抱えている休職予備軍はもっと多いという声も寄せられています（毎日新聞 2019年11月27日朝刊）．

的にあり，ちょっとしたものならしょっちゅうだと地域包括の職員たちは言っています．

国は，2010年代以降，「地域包括ケアシステム構築」の推進や，「地域共生社会」の実現を政策として掲げています．今後，地域では，医療依存度や福祉・介護依存度の高い事例，複合問題事例，「支援困難事例」等への支援が一層求められていくことになります．利用者の家庭で働くヘルパーらの介助職も，ケアマネジャーやソーシャルワーカーらの相談援助職も，利用者や家族からハラスメント・暴力を受けるリスクが高まると考えられます．また，在宅介護が困難となった要介護高齢者が入所する介護施設でも，介護職の人材不足が一層深刻化していくなかで，職員による利用者への虐待とともに，利用者による暴力とハラスメントも増えていく可能性があります．各分野において，本テーマについての関心を高め，種々の対策や支援アプローチ等に関する調査研究を進めていくことが必要です．

本書の焦点と目的

冒頭に記したように，介護職および相談援助職は仕事のなかで利用者・家族からのみハラスメント等を受けているわけではありません．また，かれらのほうが利用者・家族に対し威圧的・暴力的であったり，虐待してしまうというおそれもあります．職場のパワーハラスメントの発生と利用者等からの暴力・ハラスメントの発生との関連性を仮定することはできますが，本書ではもっぱら，利用者・家族からのハラスメント・暴力に焦点を当てます．支援職による虐待と利用者等からの暴力の関連については，発生要因を考察する際に触れます．

本書の目的は２つあります．今日，国内外で，職場における暴力とハラスメントを防止していこうという動きが強まり，第三者（取引先，顧客，患者等）からの暴力とハラスメントにも強い関心が寄せられつつあります．介護職・相談援助職および組織（事業主）が，利用者・家族からの暴力とハラスメントも，この第三者からの暴力とハラスメントの１つとしてとらえ，これに関する取組みの必要性の認識を一層高めていくことに貢献すること，これが１つめの目的です．

職場での暴力・ハラスメントは，職員だけでなく，立場が弱く環境にも不慣れな実習生に対しても起きます．実習生を送りだす介護や社会福祉の教員の認識も高めて欲しいと思います．また，将来，介護や相談援助サービスの利用者とその家族になり得る可能性のある一般の人々にも，この問題に関心を寄せて欲しいと思います．

2つめは，暴力・ハラスメントの発生の減少や，発生後の職員および利用者・家族への支援に有効な取組みを，各組織が検討・実施していくために参考となる情報を提供することです．本書では，介護職や相談援助職が，利用者や家族からの暴力・ハラスメントを受けたときに，どのように感じ，対処し，影響を受けたのかなど，暴力・ハラスメント体験に関する質問紙調査とインタビュー調査の結果を示すとともに，看護や精神医療等の領域での取組み例を参考に，事業主による包括的取組みのモデルを提示しています．実施した質問紙調査の対象者のほとんどが，また，インタビュー調査の対象者の約半数が，高齢者介護・福祉分野であったため，事業主による包括的取組みのモデルも高齢者の介護・相談サービス提供組織をイメージして提示した部分が多くなっていますが，これを参考に，それぞれの分野の各組織にふさわしい取組みが検討・実施されることを望んでいます．

また，アメリカをはじめとする世界各国のクライエントバイオレンス研究と，アメリカのソーシャルワーカーを対象とするインタビュー調査結果を踏まえた予防と対応に関する対策を提言しています．この問題は，アメリカを含む世界各国の対人援助職とその組織が直面する共通の課題であるという認識を深め，日本の各分野にふさわしい暴力・ハラスメントへの取組みが進展することを願っています．

本書の構成

本書はⅢ部構成になっています．Ⅰ部は総論として，職場における暴力とハラスメントに関する国内外の動きから，暴力とハラスメントの発生に関わる要因までを扱っています．

第1章「職場における暴力とハラスメント」では，職場における暴力とハラスメントが社会的な問題として取り上げられ，政策課題として議論され過程を，国際的な動きと日本国内の動きに分けて紹介しています．この過程で，サービスの対象者である利用者・家族等からのサービス提供者への暴力とハラスメントが，国際的には，「第三者による暴力とハラスメント」として，日本では，「顧客からの著しい迷惑行為」として取り上げられるようになりました．

第2章「暴力とハラスメントに関する研究」では，日本の医療・介護・社会福祉領域において，患者・利用者・家族からの暴力とハラスメントに関する研究が，これまでどの程度，どのような内容について行われてきたのか，確認作業を行っています．看護職についてはさかんに，介護職については多少の調査研究が行われていますが，社会福祉領域のソーシャルワーカーについてはほとんど行われていないことを確認した上で，その背景についても考察しています．

第3章「介護・福祉の現場における実態と認識」では，看護職・介護職・相談援助職は，職場で暴力・ハラスメントを受ける割合が他の職業に比べて高いのかどうか，副田（2019a）の質問紙調査を含め，いくつかの調査データをもとに確認を試みています．調査対象や調査方法が異なるため正確な比較はできないものの，やはり，これらの職種の暴力・ハラスメントの体験率は，相対的に高いように見えます．

第4章「発生に関わる要因」では，利用者・家族からの暴力・ハラスメントの発生には，どのような社会的要因や個人的要因が関連しているのか，この点を介護職員については施設職員の場合と訪問介護員（ヘルパー）の場合に分けて，文献をもとに考察しています．相談援助職については，文献と副田（2019b）のインタビュー調査の結果を合わせて考察しています．

Ⅱ部は実践編として．介護職・相談援助職の暴力・ハラスメント体験の実態から，予防と対応に関する事業主による包括的な取組みまでを扱っています．

第5章「体験としての衝撃・対処・影響・支援」では，サービスの対象者である利用者や家族から暴力・ハラスメントを受けたとき，介護職・相談援助職はどのような衝撃を受けどのような対処を行っているのか，また，それによってどのような影響を受けるのか，といった点について，副田（2019a）の質問紙調査結果と，副田(2019b）のインタビュー調査結果を中心に見ています．衝撃も対処，影響も多様なものがあること，また，脅しを含む精神的暴力の与える衝撃や影響が大きいことなどを明らかにしています．

第6章「予防と対応：多様な主体による推進活動」では，国や自治体，業界団体，労働組合，職能団体等に期待される暴力・ハラスメント対策推進の活動が，実際にはどのような形でどの程度進んでいるのか，そこに見られる課題は何かについて，介護の世界と福祉の世界に分けて記述しています．介護の世界では，介護人材不足に対する危機感から，国を中心とした推進活動が進んで来てはいるものの，課題もあることを指摘します．

第7章「予防と対応：事業主による包括的取組み」では，事業主に求められる，暴力・ハラスメントの予防と対応に関する包括的な取組みを説明しています．包括的な取組みには，大きく分けて職場のリスク要因を緩和し安全性を高める土壌づくりとしての「安全性を高める組織運営」と，組織内に設置される委員会が中心となって検討・実施していく，予防と対応に直接関わる多面的な活動とがあります．後者の多面的な活動には，組織の安全ポリシーの確認，発生時・発生後の対応フローチャートの作成，職場環境や研修体制の整備等が含まれます．最後に，職員研修で学ぶことが望まれる項目として，包括的リスクアセスメントやディエスカレーション，対処法，安全性を高めるケア／支援アプローチを取り上げ，介護職の場合と相談援助職の場合に分けて説明しています．

Ⅲ部では，先進事例であるアメリカを中心としたクライエントバイオレンス研究のレビュー結果およびアメリカのソーシャルワーカーへのインタビュー調査結果等を踏まえた予防と対応策を紹介しています．

第8章「アメリカと世界各国のクライエントバイオレンス」では，アメリカや世界各国のクライエントバイオレンスに関するこれまでの40年間の研究をレビューし，その実態，危険要因，ソーシャルワーカーと組織への影響の3つのテーマに分けて，研究成果を整理しています．これまでに実施された実態に関する調査研究は，アメリカや世界各国で働くソーシャルワーカーのほとんどが，そのキャリア人生のなかで，少なくとも一度はクライエントバイオレンスを経験していることを示しています．

第9章「クライエントバイオレンスの経験と予防・対策に向けた提言」では，アメリカのある州で行ったソーシャルワーカーへのインタビュー調査と文献研究を踏まえ，予防と対応に関する対策を提言しています．アメリカのソーシャルワーカーたちは，クライエントバイオレンスを想定内の職務ストレスととらえていましたが，組織によって防止のための安全計画が策定されることを望んでいました．その組織が行っている安全のための予防・対策を紹介しています．

これらの章は，いずれも独立して読むことができます．関心のあるところを，たとえば，日本の利用者・家族の暴力・ハラスメントの実態と予防策，対応策を知りたいという方は，Ⅰ部の３章，Ⅱ部の５章，７章あたりを，まず世界各国のクライエントバイオレンスについて知りたいという方は，Ⅲ部の８章から読んでいただければと思います．

副田あけみ

Ⅱ 予防と対応に向けての基礎知識

副田あけみ　1～7章執筆
菅野花恵　　8，9章執筆

第 I 部
日本における暴力とハラスメント

第1章　職場における暴力とハラスメント

1.　国際的な動き

(1)　職場における暴力への注目

本章では，職場における暴力とハラスメントが社会的な問題として取り上げられ，政策課題として議論されていった過程を，まず国際的な動きとして，ついで日本国内の動きとして見ていきます．

ILO の取組み

労働問題に取組む国際労働機関（ILO）が，職場における暴力と性差に基づく暴力の問題に積極的に取組むようになったのは 1990 年代後半です．ILO は政労使の三者構成をとっている国際機関です．労働問題に関する政策策定や計画立案にあたっては，経済を動かす社会的パートナーである労使代表も，政府と等しく発言する権利をもっているという考えに基づいています．

1998 年，ILO は，Chappell and Di Martin の『Violence at work（労働における暴力）』を刊行し，2006 年にはその 3 版を出しています．そこでは，「暴力」や「労働」，「職場」という用語には合意された一定の定義がないため，労働における暴力の問題の分析には困難が伴うと述べつつも，ILO で作成した「サービス部門における職場暴力とその克服のための方法：実践コード」のなかの次の定義を紹介しています[1]．

職場暴力（workplace violence）の定義：労働の過程のなかで，あるいは，労働との明らかな関係で，人が襲撃され，脅され，傷つけられる，妥当な行為とは

1　Chappell and Di Martino（2006）p. 30　引用はすべて 3 版からのものです．

程遠い行為，出来事，ふるまい．これはつぎの２つに区別される．

職場内暴力：上司や管理職を含む労働者間で生じる暴力．

職場外暴力：上司や管理職を含む労働者と，職場にいる他の人との間で生じる暴力

図表 1-1 は，EU に参加する 6 カ国の身体的暴力の発生率に関する，1990 年代後半から 2000 年代初期にかけての調査結果です．調査方法が異なるので正確な比較は困難ですが[2]，国によって違いがあるものの，労働者や一般国民であれば身体的暴力を受けた者の割合は，どの国でも数パーセントか多くても 10% 台半ばです．これに対して，看護師が受けたとする割合は 59%（スウェーデン），71%（イギリス）と突出しています．また，ソーシャルワーカーも 21%（ノルウェー）と相対的に高いことが目に付きます．

ILO は看護師が受ける暴力のリスクの高さに注目し，2000 年に，WHO（世界保健機構），ICN（国際看護師協会），PSI（国際公務労連）とともに，医療保健部門における暴力の防止と撤廃に向けた政策および実践的取組み手法の策定を目指した合同計画を開始しています．そして 2002 年，「医療保健部門の職場内暴力に取組むための枠組み指針」を発表し，2005 年にはこの指針に基づいたトレーニングマニュアルを刊行しています．

また ILO は，職場暴力やストレス，薬物乱用，喫煙など，相互に関連する心理社会的問題を包括的に検討し，労働安全衛生方針のなかに健康促進の要素を組み込むことを目指した『SOLVE（解決）』という研修パッケージを 2002 年に開発しています．そして，2003 年には，政労使三者構成の専門家会議で，「サービス部門における職場内暴力とこの現象をなくすための措置」に関する実務規定を採択しました．この流れに沿って，2009 年には，労働の世界における暴力に関する国際労働基準の設定に向けた話合いを検討するはずでした．しかし，それは 2015 年まで待つことになります．それから数年間の準備と協議を経て，2019 年の ILO 総会で「仕事の世界における暴力およびハラスメン

2　調査方法だけでなく，暴力を受けた経験の有無をどの程度の期間を設定して聞いたのか（1 カ月間か 1 年間など）についても違いがあると思われます．

図表 1-1　EU 参加国における身体的暴力に関する研究

国	サンプル	サンプル数	調査方法	暴力のリスク	出典
デンマーク	全国労働組合員代表サンプル	1, 989	質問紙調査	7%（過去1年間）	FIF, 2001
	国民代表サンプル	4, 000	家計調査	7.5%	Hogh and Dofradottir, 2001
フィンランド	国民代表サンプル	—	質問紙調査	0.1	Saarela, 2002
	国民代表サンプル	2, 972	質問紙調査	0.1	Haapanlemi and Kinnunen, 1997
	教員代表サンプル	2, 038	質問紙調査	9%（生徒による暴力）	Hakanen, 2002
スウェーデン	国民ランダムサンプル	14, 234	質問紙調査	14%（女性17%，男性10%）	Statistics Sweden, 1999
	看護師ランダムサンプル	720	質問紙調査	59.0%	Nolan et al., 2001
ノルウェー	ソーシャルワーカー代表サンプル	854	質問紙調査	21.0%	Sarpass and Hertle, 1996
イギリス	国民代表サンプル	19, 411	世帯調査	2.5%（少なくとも1度経験した者）	British Crime Survey, 2000
	看護師ランダムサンプル	720	質問紙調査	71%	Nolan et al., 2001
	販売店員	17, 000	会員調査	5%	British Retail Consortium, 1999/2000

出典：Chappel and Di Martino（2006）p. 37 の表 2.

トの撤廃に関する条約」が採択されました[3].

この条約のなかで，看護師やソーシャルワーカーが受ける患者やクライエント等からの暴力とハラスメントは，第三者による暴力とハラスメントとして言及されています．この条約の説明に入る前に，ハラスメントの用語の登場と社会への浸透の経過について触れておきます．

セクシュアルハラスメント

ハラスメントの用語として，最初に登場したのは，セクシュアルハラスメントです．1970年代初頭，アメリカのフェミニズムによって，性的な言動による嫌がらせ行為が，セクシュアルハラスメントとして概念化され，70年代後半には社会に浸透していきました[4].

図表1-2は，アメリカのUS Merit System Protection Board（MSPB）が，1980年代と1990年代に連邦政府の職員を対象に，過去2年間に仕事に関わるセクシュアルハラスメントを体験したかどうかを尋ねた結果です．この調査は，体系的に行われたセクシュアルハラスメントに関するもっとも初期の調査と言われています[5]．この調査では，セクシュアルハラスメントは，「仕事に絡んだ，望まない，不必要な性的関心」と操作的に定義されていました．この調査が標準となって，その後，多くのセクシュアルハラスメントに関する調査が行われて行きます．

図表1-2も示すように，男性もセクシュアルハラスメントを受けているのは確かですが，女性のほうがはるかに多く被害を受けています．国連の女性差別撤廃委員会は1992年，セクシュアルハラスメントを取り上げ，「性差に基づく暴力を女性が男性と平等に権利及び自由を享受する能力を深刻に妨げる差別の一形態と認める一般勧告（第19号）」を採択しています．

3　条約の日本語訳はILO駐日事務所によるものです．

4　ハラスメントに関する国際的動向については，大和田（2019），原谷（2007）を参照しています．

5　調査の選択肢を見ると，性的な嫌がらせといった行為から，ストーキング，レイプ・襲撃など，性暴力といったほうがよいと思われる行為まで，セクシュアルハラスメント体験ととらえられています．

図表 1-2　連邦政府職員のセクシュアルハラスメント体験（%）

	1980年		1987年		1994年	
	女性	男性	女性	男性	女性	男性
性的からかい・冗談・発言	33	10	35	12	37	14
性的な表情・動作	28	8	28	9	29	9
故意の接触・わざとらしい気遣い	26	7	26	8	24	8
デートへのプレッシャー	15	3	15	4	13	4
思わせぶりの手紙・電話・物品	9	3	12	4	10	4
性的好意へのプレッシャー	9	2	9	3	7	2
ストーキング	n.a.	n.a.	n.a.	n.a.	7	2
実際の／未遂のレイプ・襲撃	1	0.3	0.8	3	4	2
その他	42	15	42	14	44	19

出典：Chappel and Di Martino（2006）p. 51 の表 10.

ILO2009年総会は，男女平等をめぐる包括的な討議のなかでセクシュアルハラスメント問題を取り上げ，世界中どこにでも見られる深刻な差別形態であり，禁止すべきことと断定しました．そして，職場における女性に対する暴力と男女に対するセクシュアルハラスメントの予防および撤廃に向けて，ツール開発や調査研究を進めるとともに，労働の世界における暴力に関する国際労働基準の設定に向けた話合いを検討していくこととしました．

セクシュアルハラスメントに限定せず，広範囲のハラスメントをもっとも早く取り上げたのは，大和田によれば，1976年に『The harassed worker（ハラスメントされる労働者）』を刊行したアメリカの精神医学者で人類学者であるBrodskyです．しかし，国際的に大きな影響を与えたのは，フランスの精神科医であるHirigoyenです．大和田によると1998年に出版した『Le harcelement moral au travail（モラルハラスメント）』は多数の言語で翻訳され，包括的なハラスメント概念の普及に貢献しました．Hirigoyenは，諸外国の研究者の間では，ハラスメント，モッビング，ブーリングという用語は互換的なものとして使われているが，フランスでは，被害者に生じる精神的な苦痛を強調するモラルハラスメントという用語が選ばれてきた，と言い，つぎのようにこれを定義しています．

> 労働におけるモラルハラスメントとは，あらゆる不適切な行為（身振り，発言，行動，態度など）が，繰り返しあるいは職場ぐるみで行われ，労働者の精神的あ

るいは肉体的尊厳や健全性を損ない，その雇用を危機にさらしたり職場環境を劣悪化させたりすることをいう[6].

この定義では，ハラスメントを労働者と職場の双方に不利益をもたらすものとして，つまり，行為の結果に焦点を当ててとらえており，ハラスメント行為の意図はとくに問題としていません．Hirigoyen は，モラルハラスメントの4タイプとして，「孤立化とコミュニケーションの拒絶」「労働条件の妨害」「人格攻撃」「脅迫」を上げ，「脅迫」はときに，肉体的暴力や所有物の損害によってなされることがあると言っています．ただし，肉体的暴力をモラルハラスメントに含めるべきかどうか，研究者間で議論した結果，それを含める度合いは文化により異なっており，一致したのは，「モラルハラスメントはなかんずく心理的な次元で行われる」ということであったと述べています[7]．つまり，モラルハラスメントは，職場における精神的な苦痛を与える，嫌がらせ，いじめなどを指す用語として理解できます.

労働におけるモラルハラスメントは，1990年代以降，多くの先進諸国で重要な社会的関心事になっていきました．従来の嫌がらせやいじめの用語が，その対象となった労働者の被害にだけ焦点をあてた用語であったのに対し，モラルハラスメントの用語は雇用の危機や職場環境の劣悪化という点にも焦点を当てた用語であったことが，その広がりの主な理由と考えられます．フランスでは2000年にモラルハラスメントに関する法規制が成立しています.

(2)　仕事の世界における暴力及びハラスメントの撤廃

暴力とハラスメント：容認できない行動の連続体

ILOは，2015年の第325回理事会において「仕事の世界における女性と男性の労働者に対する暴力」を，国際基準（条約・勧告）としてILO総会の議題に設定することを決定しました[8]．その後，専門家会議の意見を受けて議題の

6　Hirigoyen (2014) = (2017.大和田. p. 17)

7　Hirigoyen, 前掲書． pp. 19-23.

8　国際労働基準とILOの広範囲に渡る政策は，毎年1回開かれる総会で議論され決まりますが，通常のILO業務は，政府28名，労使各14名の代表で構成される理

タイトルに「ハラスメント」の用語を加え，2018年第107回ILO総会の討議テーマを「仕事の世界における女性と男性に対する暴力とハラスメントの撤廃」としました．

この専門家会議では，暴力とハラスメントは「容認できない行動の連続体」として扱うのがよいという意見が出されました．暴力とハラスメントとをはっきり区別するのはむずかしいということからです．たとえば，セクシュアルハラスメントと呼ばれる行動は心理的，性的，身体的暴力を含んでおり，心理的，性的，身体的な害や苦痛をもたらします．また，国や文化によって，暴力とハラスメントの用語それぞれが意味するものが同じではありません．暴力イコール身体的暴力という認識の国では，暴力の撤廃とは身体的暴力の防止のことであり，これに焦点をあてればよいという思い込みをもたないとも限りません．しかし，容認できない心理的な被害，性的な被害というものがあり，それらについては身体的暴力とは異なる対応をする必要があります．こうした点を適切に理解してもらうには，暴力とハラスメントの２つの用語を使うことが望ましい．専門家会議におけるこの結論が，上記の総会の討議テーマに反映されました[9]．

条約190号の採択

2018年の総会における討議を経て，2019年6月，第108回ILO総会で，「仕事の世界における暴力及びハラスメントの撤廃に関する条約（第190号）」が採択されました[10]．この条約を引用する際には，「2019年の暴力及びハラスメント条約」と略してよいことになっています．

条約の前文では，「仕事の世界における暴力とハラスメントは，人権の侵害または力の濫用に当たるおそれがあること，また，機会均等に対する脅威であ

事会が指揮します．職場暴力防止の国際基準の策定が総会の議題となるまでに時間がかかったのは，この問題を労働問題として取り上げることへの使用者側の抵抗があったのではないかと想像されます．

9　この結論は，『仕事の世界における女性と男性への暴力に関する専門家会議最終報告』において表明されたものです（ILO 2016. p. 32）

10　採択にあたり，日本は労働者側と政府が賛成票を，経営者側が反対票を投じています．

り，容認できず，かつ，ディーセント・ワークと相容れないものである」としています[11]．そして，暴力とハラスメントの防止のために，「相互尊重および人間の尊厳に基礎を置く労働の文化」が重要であることから，加盟国は，「暴力とハラスメントの防止を促進するために，暴力とハラスメントを一切許容しない総合的な環境を醸成するという重要な責任を有している」とし，「仕事の世界におけるすべての関係者が，暴力とハラスメントを断ち，防止し，対処しなければならない．」と主張しています．

条約における暴力及びハラスメントの定義・対象・適用範囲

条約の第1条では，「暴力及びハラスメント」をつぎのように定義しています．

(a) 仕事の世界における「暴力及びハラスメント」とは，単発的か反復的なものであるかを問わず，身体的，精神的，性的または経済的損害を与えることを目的とした，またはそのような結果をもたらす，もしくは，そのおそれのある，一定の許容できない行為および慣行またはその脅威をいい，ジェンダーに基づく暴力とハラスメントを含む．

(b)「ジェンダーに基づく暴力及びハラスメント」とは，性またはジェンダーを理由として，直接個人に対して行われる，または特定の性もしくはジェンダーに不均衡な影響を及ぼす暴力およびハラスメントをいい，セクシュアルハラスメントを含む[12]．

11　条約の翻訳にあたっては，ILO 駐日事務所による仮訳と本約の両方を参照しています．ILO 駐日事務所仮訳「仕事の世界における暴力及びハラスメントの撤廃に関する条約（第 190 号）https://www.ilo.org/dyn/normlex/en/f?p=NORMLEXPUB:12100:0::NO::P12100_ILO_CODE:C190

なお，ディーセント・ワークとは，「働きがいのある人間らしい仕事」という意味です．1999 年の第 87 回 ILO 総会に提出されたファン・ソマビア事務局長の報告においてはじめて用いられたもので，ILO の活動の主目標と位置づけられています．「働きがいのある人間らしい仕事」とは，仕事があることを基本とした上で，自由と平等が保障され，生活が安定し，人間としての尊厳を保てる生産的な仕事のことを言います．ILO 駐日事務所「ディーセント・ワーク」https://www.ilo.org/tokyo/about-ilo/decent-work/lang--ja/index.htm

12 「ジェンダーに基づく暴力とハラスメント」が「暴力とハラスメント」の定義のなかに含められ，強調されているのは，ILO の専門家会議の意見を踏まえた結果です．専門家会議では，セクシュアルハラスメントを含む暴力とハラスメントのリ

ここでは，「暴力及びハラスメント」を，その結果に焦点を当てて定義しています．そして，本条約が保護する対象者の範囲を，つぎのように幅広く規定しています．

> 仕事の世界における労働者，その他の者（国内の法令および慣行により定義される被用者，契約上の地位にかかわらず働く者，インターンおよび実習生等を含む訓練中の者，雇用が終了した労働者，ボランティア，求職者および就職志望者，ならびに使用者の権限・義務または責任を果たす者を含む，労働者および労働の世界における労働者以外の人（第2条）．

また，本条約はすべての民間部門か公的部門であるかを問わず，公式および非公式の経済におけるすべての産業部門に適用するとし（2条），条約が適用となる，業務過程や業務に関連して起きる暴力とハラスメントを次のように規定しています．

> (a) 職場（業務を行う場所である公的および私的空間を含む）におけるもの，(b) 賃金を支払われる場所，休憩または食事をとる場所，トイレや更衣室におけるもの，(c) 業務に関連する外出，出張，訓練，行事または社会活動中のもの，(d) 業務に関連する連絡（情報通信技術により可能となるものを含む）を通じたもの，(e) 使用者によって提供された居住設備におけるもの，(f) 通勤時におけるもの（第3条）．

どのような産業部門であれ，また，その仕事に関わるポジションがどのようなものであれ，さらには，労働に関連するどのような場所や時間帯であれ，人々は暴力とハラスメントから保護されるべきである．本条約は，このように，労働の世界における暴力とハラスメントを非常に幅広く捉えています．

スクは女性のほうにより高いという事実を踏まえ，これらに終止符を打つには，ジェンダーに基づく差別や不平等な力関係を含む，根本的原因およびリスク要因に取り組んでいく，包摂的，統合的，かつジェンダーに配慮したアプローチが必須」としています．これは，2015年に国連で採択された持続可能な開発目標（SDGs）の1つである「すべての女性および女児に対する，公共・私的空間におけるあらゆる形態の暴力の根絶」を前提としたものです．

ILOは，これまでにも職場における暴力防止に関するガイドラインやマニュアルを刊行していましたが，これを包括的に禁止する国際労働基準はありませんでした．その意味で本条約が成立したことの意義は大変大きいと言えます[13].

第三者が関与する暴力とハラスメント

ILO「第108回総会労働の世界における暴力とハラスメント基準設定委員会」の副議長であった，労働者グループ・スポークスパーソンのWalkerによると，本条約は3つの特徴をもっています．1つは，すべての人は暴力とハラスメントのない労働の世界で働く権利をもっていることを明言したこと，2つ目は，誰も取り残さない包括的アプローチを取っていること，つまり，契約形態に関わらず，すべての産業部門の多様な場所や時間帯で労働するすべての人を対象にするとともに，取引先，顧客，患者あるいは公的空間にいる人など，第三者が関与する暴力とハラスメントにも対処しなければならないことを明確にしたこと，3つめが，「職場のジェンダーにおける権力関係の不均等を保とうとする社会規範」に，政府，使用者，労働者すべてが挑戦していく道筋を示したということです[14].

この二つ目の特徴のうちの，第三者が関与する暴力とハラスメントについて少し詳しく見ておきます．第三者とは，取引先や顧客，患者，サービス利用者，一般公衆等，同じ使用者の職場組織における上司，同僚，部下以外の人々を指します．本条約では，この第三者の関与する暴力・ハラスメントを第4条で次のように触れています（下線は筆者）.

> 加盟国は，国内の法令に従い，および国内事情に応じて，かつ，代表的な使用者団体および労働者団体と協議の上，仕事の世界における暴力とハラスメントの防

13　2020年10月末時点での批准国は2カ国（フィジー，ウルグアイ），2021年6月25日の条約発効日における批准国は5カ国のみで，日本は批准していません．日本政府は，「加盟国の暴力とハラスメントの実態と対策はさまざまであり，高い基準を制定し基準に沿うことをあきらめる国を生じさせてはならない」などの理由から，勧告がもっともふさわしいとし，米国政府とともに最後まで条約という形式をとることに反対・消極的でした（布施2019. p. 14).

14　Walker（2019）=（2019全労連国際局．pp. 1–3.）

止および撤廃のための包括的で，統合され，かつジェンダーに配慮した取組み方法を採用する．そのような取組み方法は，該当する場合には，第三者が関与する暴力とハラスメントを考慮に入れるべきであり，次に掲げる事項を含む．

(a) 暴力とハラスメントを法令で禁止すること．

(b) 関連する政策が暴力とハラスメントに対処するものであることを確保すること．

(c) 暴力とハラスメントを防止し，これに対処するための措置の実施に向けた包括的な戦略を採用すること．

(d) 執行と監視の仕組みを確立し，強化すること．

(e) 被害者が救済措置と支援を利用することができることを確保すること．

(f) 制裁を定めること．

(g) 利用可能で妥当な形式の手段，指針を定め，教育および訓練を発展させるとともに，啓発すること．

(h) 暴力とハラスメントが行われた場合の監督および調査の効果的な手段（労働監督機関，その他の権限を有する他の機関によるものを含む）を確保すること．

加盟国には，このように多様な取組みをジェンダーに配慮した形で総合的に採用すること，適用が妥当な場合には，第三者の関与する暴力・ハラスメントを含めることが求められているのです．

実は，第108回総会の資料として事務局が提示した「条約案」では，この第三者を，雇用者，労働者と並んで，労働の世界における暴力とハラスメントの犠牲者および加害者であると明言していました．

本条約の目的からすれば，仕事の世界における暴力とハラスメントの犠牲者と加害者は，雇用者，労働者，それぞれの団体，そして，クライエント，顧客，サービス提供者，サービス利用者，患者，一般公衆を含む第三者でありうる[15]．

ILOは，職場において暴力を受ける危険性の高い産業として保健医療福祉領域に注目し，患者やサービス利用者，クライエントという第三者による暴力

15　条約案の「I 定義と範囲」のなかの第3条（PROPOSED TEXTS: PROPOSED CONVENTION CONSERNING THE ELIMINATION OF VIOLENCE AND HARASSMENT IN THE WORLD OF WORK. p. 17）

とハラスメントの防止に強い関心を寄せていました[16]．それゆえ，「条約案」では，患者やサービス利用者等の第三者も，暴力とハラスメントの犠牲者にも加害者にもなるということを明示していたのです．

しかし，採択された条約のなかには，上記の「条約案」の文章が入りませんでした．その理由として考えられるのは，労働者側と使用者側の意見対立です．総会に参加する労働者側は，事務局が提示した条約案に全面的に賛成でしたが，使用者側は，「労働者」，「暴力とハラスメント」，「労働の世界」等の定義や範囲が漠然としており，結果として条約の適用範囲の拡大により，使用者の義務が過度に広がりかねないという懸念をもっていました[17]．

条約では，「該当する場合には，第三者が関与する暴力とハラスメントを考慮するとともに」というあいまいな表現になってしまいました．しかし，ILO事務局が，第三者の関与する暴力とハラスメントの防止および撤廃のための包括的なアプローチの採用を求めていることは間違いありません．

ILOの労働安全衛生専門官のAzziは，「2019年の暴力およびハラスメント条約」第190号）に関するインタビューを受けて次のように語っています．ILOは第190号が各国の政策に反映されるよう，さまざまな支援を行っていく．今後の課題の1つは，第三者からの被害や第三者に与える被害の実態と問題の本質を調査等によって明らかにしていくこと，とくにリスクの高い業種の安全について現行法の改善点を検討していくことである[18]．

16　EU-OSHA（欧州労働安全衛生機構）も，2008年に参加国に対して職場における暴力やハラスメントに関する調査を行い，2010年に報告書を出しています．そこでは，第三者（商品やサービスを受ける顧客・クライエント・患者等）による暴力（身体的・言語的攻撃，そのおそれ）を，同僚・上司・部下等による労働者への繰り返される不当なハラスメントと同じような比重で扱っていました（EU-OSHA.2010）．

17　田口・木下（2019）は，ILO総会に参加した労働者側，使用者側，政府三者の，本条約案に関する異なる意見を紹介しています．ILO専門家会議の最終報告書にも，立場の違いによる意見の相違が多く記述されています（ILO.2016）．

18　Azzi, M.（2019）．なお，ILOは，医療領域における職場暴力に関する調査を，ICN（International Council of Nurses），WHO（World Health Organization），PSI（Public Services International）と共同プロジェクトとして実施してきた実績をもっています．

今後，ILOが，第三者からの，また，第三者への暴力とハラスメントについて，よりリスクの高い警察や軍隊，教育などとともに，医療・介護・社会福祉領域も取り上げ，調査等を通して加盟国に影響を与えていくことが期待されます．

2.　日本における動き

(1)　「セクハラ」と「パワハラ」

セクシュアルハラスメントの防止

日本では，職場におけるいじめや嫌がらせが，ひどい身体的・精神的被害をもたらすものであっても，それを職場における「暴力」という観念ではとらえてきませんでした．

職場におけるいじめ，嫌がらせを表現する用語としては，まず，セクシュアルハラスメントの用語が輸入され，1980年代後半には，「セクハラ」として社会に浸透していきました．この用語によって職場における性的嫌がらせ，いじめが社会問題化し，これに対応するために，1997年，男女雇用機会均等法が改正されます．これにより，女性労働者に対する性的な言動によって職場環境を悪化させる行為（セクシュアルハラスメント）に関する事業主の配慮義務が規定されました．そして，2006年，男女雇用機会均等法の再改正により，配慮義務が措置義務となり，セクシュアルハラスメントを防止するための措置を講ずることが事業主の義務となりました[19].

細分化されたハラスメント

その後，日本では，パワハラ（パワーハラスメント：職務権限など優越的な地位を背景にした嫌がらせの行為），アカハラ（アカデミックハラスメント：教育や研究の場を介しての嫌がらせ行為），モラハラ（モラルハラスメント：精神的な被害を及ぼす嫌がらせ行為），マタハラ（マタニティハラスメント：妊娠・出産に関連した

19　男性に対するセクシュアルハラスメントもその対象となりました．

不利益な取り扱い），カスハラ（カスタマーハラスメント：顧客やサービス利用者等による理不尽な要求や悪質なクレーム・迷惑行為）など，ハラスメントに関する用語が多数生まれ，定着してきています[20].

大和田によれば，職場におけるハラスメント現象をこのように細分化して表現するのは日本独特で，これにより，日本では労働者を幅広く救済するための包括的なハラスメント概念の社会的合意が形成されにくくなっています[21].

パワーハラスメントの規制化

2012年，厚生労働省は，職場におけるいじめや嫌がらせを対処すべき社会問題としてとらえ，この問題に関するワーキンググループ（「職場のいじめ・嫌がらせ問題に関する円卓会議」）を設置しました．この円卓会議で，セクシュアルハラスメントを除いたハラスメント概念としてパワーハラスメントが提案されます．マスメディアでもすでにパワハラの用語が使われているからという理由で，以後，厚生労働省は正式な行政用語としてパワーハラスメントを使うようになります．

この円卓会議による『職場のパワーハラスメントの予防・解決に向けた提言』（2012年3月．以下『提言』と略記）で規定されたパワーハラスメントの定義と，6つの典型的なパワーハラスメントの行為類型は，その後のパワーハラスメント規制化の動きのなかで踏襲されていきます．

> 職場のパワーハラスメントの概念：同じ職場で働く者に対して，職務上の地位や人間関係などの職場内の優位性を背景に，業務の適正な範囲を超えて，精神的・身体的苦痛を与えるまたは職場環境を悪化させる行為．
>
> 職場のパワーハラスメントの行為類型：①暴行・傷害（身体的な攻撃）②脅迫・名誉棄損・侮辱・ひどい暴言（精神的な攻撃）③隔離・仲間外し・無視（人間関係からの切り離し）④業務上明らかに不要なことや遂行不可能なことの強制，仕事の妨害（過大な要求）⑤業務上の合理性なく，能力や経験とかけ離れた程度の低い仕事を命じることや仕事を与えないこと（過小な要求）⑥私的なことに過度

20　パワハラからマタハラまでは大和田（2018. p. 23）を，カスハラについては宮島（2019. p. 151）を参照しています．

21　大和田（2018. p. 5）．

に立ち入ること（個の侵害）

このパワーハラスメントの概念は，セクシュアルハラスメントを含みませんが，身体的暴力と，精神的暴力を含んでいます．

(2)　パワーハラスメント防止対策

法制化の過程

厚生労働省は，2017年3月に政府が決定した「働き方改革実行計画」を踏まえ，使用者側代表，労働者側代表，有識者らを参加者とする，職場のパワーハラスメント防止対策についての検討会を開催します．この検討会では，上記の円卓会議の『提言』をもとに予防・解決に取組んでいる企業も多いという理由で，基本的考え方や定義は『提言』のままとし，対策の実効性を高めるための検討が行われました[22]．

そして，この検討会が発表した報告書をもとに[23]，労働政策審議会で議論が行われ，『女性の職業生活における活躍の推進及び職場のハラスメント防止対策等の在り方について』という建議が厚生労働大臣に提出されます（2018年12月．以下『建議』）[24]．この『建議』をもとに，厚生労働省は女性活躍推進とパワーハラスメント規制に関する法案を作成し国会に提出．2019年5月に

22　その検討のなかで行われたパワーハラスメントの発生要因に関する議論では，ハラスメント発生の原因として，「ハラスメントの行為者及び被害者となる労働者個人によるものと，職場環境の問題によるものがある．という意見が出されています（『職場のパワーハラスメント防止対策についての検討会報告書』）．職場のハラスメントの原因は，労働者の個人的要因にではなく，「労働環境，企業の経営手法，労働者の人事管理，企業文化，企業内コミュニケーション，経営者側の倫理・遵法意識などの組織的要因」にあるとするヨーロッパ諸国における指摘（大和田 2019. pp. 93-99）とはかなり異なっています．

23　『職場のパワーハラスメント防止対策についての検討会報告書』（2018年3月）．

24　検討会の「提言」では，防止対策強化の方法として，①行為者の刑事責任，民事責任（刑事罰，不法行為），②事業主に対する損害賠償請求の根拠の規定（民事効），③事業主に対する措置義務，④事業主による一定の対応措置をガイドラインで明示，⑤社会機運の醸成，が議論された結果，実効性があると考えられ，かつ，反対意見のなかったのは④でしたが，「建議」では，③が適当とされました．

「女性の職業生活における活躍の推進に関する法律等の一部を改正する法律」（女性活躍・ハラスメント規制法）が成立します．

女性の職業生活における活躍の推進に関する法律等に含まれる労働施策総合推進法が改正されて，パワーハラスメント防止対策が法制化されるとともに[25]，男女雇用機会均等法，育児・介護休業法の改正によるセクシュアルハラスメント等の防止対策が強化されたということです．

改正労働施策総合推進法では，パワーハラスメントの概念を下線部分のように表現し，この防止に関する事業主の措置義務を明記しています．（下線は筆者）

> 事業主は，<u>職場において行われる優越的な関係を背景とした言動であって，業務上必要かつ相当な範囲を超えたものによりその雇用する労働者の就業環境が害される</u>ことのないよう，当該労働者からの相談に応じ，適切に対応するために必要な体制の整備その他の雇用管理上必要な措置を講じなければならない．（30条の2「雇用管理上の措置等」第1項）

パワーハラスメントの概念は，円卓会議の『提言』で規定されたものとほぼ同じで，①優越的な関係を背景とした言動，②業務上必要かつ相当な範囲を超えたもの，③労働者の就業環境を害することの3要素を満たすものとしています．

①の優越的な関係には，上司から部下に行われるものだけでなく，先輩・後輩間や同僚間などでの様々な優位性を背景に行われるものが含まれます．②の範囲については，「業務上の適正な範囲で行なわれている場合にはパワーハラスメントには当たらない．」としています[26]．3要素の具体的内容や6つの典型的な行為類型に該当する例・しない例等については，労働政策審議会での議を経て指針で示されることになりました．

25　正式名称は，「労働施策の総合的な推進並びに労働者の雇用の安定及び職業生活の充実等に関する法律」です．

26　これらは，『職場のパワーハラスメント防止対策についての検討会報告書』の注意事項を踏まえたものです．

改正法の課題

改正労働施策総合推進法（以下，改正法と略記）では，パワーハラスメントは，行為がもたらす結果，すなわち，被害者への影響の観点からというより，どのような行為がパワーハラスメントに該当するかという観点から定義されています．そのため，被害者救済よりも加害者の立場合理化のために，その行為の範囲を狭める解釈が進むおそれがあります[27]．また，セクシュアルハラスメントやマタニティハラスメントとは別にパワーハラスメントを設定することで，いくつかのハラスメントが重なる「複合ハラスメント」や[28]，どのハラスメントと特定しにくい，いじめ，攻撃などが，対象としてとらえられなくなるおそれもあります．

本法に規定された事業主が講ずべき措置は，当該労働者からの相談に応じ適切に対応するための必要な体制整備と，その他の雇用管理上必要な措置です．後日示された「指針」では，講ずべき措置の内容を以下のように定め，それぞれについて適切に行っていると認められる場合の例を示しています[29]．

① 事業主の方針等の明確化及びその周知・啓発

② 相談（苦情を含む）に応じ，適切に対応するために必要な体制の整備

③ 職場におけるパワーハラスメントに係る事後の迅速かつ適切な対応

④ ①から③までの措置を講ずる際に併せて講ずべき措置としてプライバシーの保護に関する事項，相談等を理由として解雇その他不利益な取り扱いをされない旨の規定，周知・啓発．

27　2019年10月21日に厚生労働省が労働政策審議会に示したパワーハラスメント防止に関する指針案では，パワーハラスメントの6つの行為類型ごとにパワーハラスメントに該当する例と該当しない例をあげていますが，労働弁護団によれば，これは「使用者の弁解カタログ」であり，「裁判例で違法とされたパワハラ」を基準に考えたと思えるほどにパワハラを限定的にとらえるもので，労働者が望む「裁判では損害賠償は認められないレベルのパワハラ」までを防止するものになっていません（毎日新聞2019.11.21朝刊，佐々木2019）．

28　大和田（2018. p. 43）．

29　「事業主が職場における優越的な関係を背景とした言動に起因する問題に関して雇用管理上講ずべき措置等についての指針」（令和2年厚生労働省告示第5号．2020年6月）．

改正法には，パワーハラスメントの禁止規定も被害者救済のための実効的な規定もありません[30]．事業主は，措置さえ行えば義務を果たしたことになりますから，パワーハラスメント防止の実効性についての疑問は残ります[31]．ハラスメントをとらえる観点も，対象とするハラスメントの範囲も，想定している防止対策の取り組みも，ILOの条約第190号が加盟国に求めている，労働者保護・救済の観点からの包括的な定義と，また，暴力とハラスメントの法律上の禁止を含む，包括的で統合されたアプローチとはギャップがあります．

第三者が関与するハラスメント

顧客（消費者，サービス利用者，患者等）や取引先の労働者といった第三者が関与するハラスメントについては，2012年の円卓会議の『提言』には含まれていませんでした．しかし次第に，悪質なクレーマーの問題が社会的に注目されるようになったため，2017年の検討会では，議論のテーマとして取り上げられました．しかし，その検討会の2018年の『報告書』では，この問題は職場のパワーハラスメントへの対応と以下の点で違いがあるため，パワーハラスメントへの取組みと一緒にはできない，また，業種や職種ごとの個別性も高いので，本格的な対応を進めていくには，さらなる実態把握と議論が必要とされました[32]．

30　厚生労働省職場のパワーハラスメント防止対策についての検討会の『報告書』(2018) は，パワーハラスメントの禁止を法律上規定するには，民法等との関係の整理や，違法となる行為要件の明確化等の課題があるので，その必要性も含めて中長期的に検討することが必要と言うにとどまっています（p. 63）．

31　2017年にトヨタの男性社員が自殺したのは，パワハラが原因として労災認定されました．男性は相談窓口に相談していましたが，会社が調査した形跡はなく，男性は休職復帰後も加害者に近い職場で仕事をさせられていました（東京新聞2019年11月21日朝刊）．こうした事例を見ると，実効性を高めるには，浅倉の言うように，禁止規定の他にも，被害者の請求に従ってハラスメント行為を中止させる仕組み，加害者と被害者が接しないような配慮などの多彩な命令が出せる「行政救済委員会等」が必要と思われます（浅倉 2019. pp. 10–11）．

32　『報告』(2018. pp. 25–27)　いじめメンタルヘルス労働者支援センター事務局長の千葉は，第1回目の検討会の委員会でゼンセン同盟の委員から第三者からの暴力の取組が提起されたが，議論が行われていくなかで，当該委員は途中で方向転換し沈黙してしまった，と指摘しています（千葉 2019. p. 39）．なお，検討会の『報

① 実効性のある予防策を講じることが困難，② 顧客には就業規則などの規範が及ばない，③ 顧客の要求に応じない／顧客に対応を要求する，などは事業を妨げるおそれがある，④ 取引先との商慣行がもたらす場合，事業主の対応では解決困難，⑤ 接客や営業，苦情相談窓口等の業務には，顧客等からの注文やクレームへの対応が内在している．

結果として，同じ職場に所属する人以外の第三者が関与するハラスメントは，改正法には含まれませんでした．ただし，労働政策審議会の『建議』で，「取引先等の労働者からのパワーハラスメントや顧客等からの著しい迷惑行為については，指針等で相談対応等の望ましい取組を明確にすることが適当」と記載されました．その結果，2020年6月に告示された指針には，事業主の「行うことが望ましい取組み」として，以下のものが示されています．

① 相談に応じ適切に対応するために必要な体制の整備
② 被害者に対する配慮のための取組み（メンタルヘルス不調への相談対応，一人で対応させないなど）
③ こうした行為への対応マニュアルの作成や研修実施など

改正法が国会を通過した際の衆議院と参議院の附帯決議では，指針策定の際には，「取引先，顧客等の第三者から受けたハラスメント及び自社の労働者が取引先に対して行ったハラスメント」を含む，職場のあらゆるハラスメントに対応できるよう包括的に行為類型を明記することを求めていましたが，告示された「指針」ではそれは行われませんでした．

「セクシュアルハラスメント防止に関する指針の一部改正（2020年1月）」では，性的な言動についての説明文のあとに，「当該言動を行う者には，労働者を雇用する事業主（その者が法人である場合にあってはその役員），上司，同僚に限らず，取引先等の他の事業主又はその雇用する労働者，顧客，患者又はその家族，学校における生徒等もなり得る．」という一文が追加されています[33]．

告』では，顧客や取引先からの著しい迷惑行為の問題に対応するためには，「カスタマーハラスメント」「クレーマーハラスメント」などの用語を用いて浸透を図ってはどうかという意見が出たことを紹介しています．

つまり，第三者によるセクシュアルハラスメントについては，事業主が雇用管理上講ずべき措置の対象とすることが明確にされています．

他方，セクシュアルハラスメント以外の第三者によるハラスメントは，雇用管理上講ずべき措置を事業主に義務づけられていません．しかし，民間営利事業所におけるカスタマーハラスメント対策や，医療現場における暴力・ハラスメント対策はすでに検討され，実施に移されています．これらが一部の事業所等にとどまることなく，広く実施されるためには，パワーハラスメント，セクシュアルハラスメントと並んで，第三者による暴力・ハラスメントへの必要な措置を講じる義務を事業主に課すことが求められます．

本書における暴力とハラスメントの定義

次章以降，利用者・家族という第三者からの暴力・ハラスメントについて，研究の動向，実態，発生要因，衝撃・対処・影響，予防と対応を述べていくにあたり，改めて本書で用いる職場における暴力とハラスメントの用語を定義しておきます．暴力については，ILOの定義を基にし，ハラスメントについては大和田の包括的な定義を援用しています[34]．

> 職場における暴力とは，労働の過程のなかで，あるいは，労働との明らかな関係において，人が攻撃され，脅かされ，傷つけられる，容認しがたい行為，出来事，ふるまい，を言う．

この定義は，暴力の用語が身体的暴力，精神的暴力，性的暴力を含むことを前提としています．

> 職場におけるハラスメントとは，労働の過程のなかで，あるいは，労働との明らかな関係のなかで，人に対して精神的あるいは肉体的な影響を与える不適切な言動により，その人格や尊厳を傷つけたり，不利益や精神的・肉体的苦痛をもたら

33　厚生労働省告示第615号「事業主が職場における性的な言動に起因する問題に関して雇用管理上講ずべき措置等についての指針」2020年．

34　大和田の言う包括的定義というのは，パワーハラスメントやセクシュアルハラスメントなどのさまざまなハラスメントを包括する定義という意味です（大和田2018. p. 31）．

すとともに，労働環境を毀損する行為や事実，を言う．

不適切な言動とは嫌がらせ行為を指していますが[35]，受けた人に与える結果からすれば，不快をもたらす程度のものから，精神的暴力，身体的暴力，性的暴力ととらえ得るひどいものまであります．

先に見たように，国や文化によって暴力とハラスメントの用語の意味が異なったり，重なったりといろいろで，明確に区別することがむずかしいことから，ILO は暴力とハラスメントを，「容認できない行動の連続体」としてとらえることとし，2019 年の条約のタイトルも，「暴力及びハラスメント条約」と2語を並列しています．そこで本書でも，暴力とハラスメントを「容認できない行動の連続体」ととらえ，その全体を指す場合には「暴力とハラスメント」と2語を併記した使い方をします．精神的，身体的，性的に危害を及ぼす，あるいはそのおそれのある暴力か，あるいは，不快をもたらす嫌がらせとしてのハラスメントのどちらか，という場合には，「暴力・ハラスメント」と記述することにします．ただし，必ずしも厳密に分けているわけではないことを断っておきます．

最後に，定義に関連して1つ指摘しておきます．本書で用いる暴力とハラスメントの定義は，それらの行為が意図的かどうかに焦点をあてていないということです．ILO の 2019 年条約でも，「仕事の世界における暴力とハラスメントは，単発的か反復的なものであるかを問わず，身体的，精神的，性的または経済的損害を与えることを目的とした，またはそのような結果を招く，もしくは，その可能性のある，一定の許容できない行為および慣行またはその脅威を言い」としており，意図的なものに限定していません．

意図的かどうかにかかわらず，人権を侵害し，身体的，精神的，性的または経済的損害という結果をもたらす行為を，本書では暴力とハラスメントとしてとらえます．

35　大和田（2018）p. 31.

第2章　暴力とハラスメント研究

1.　研究の推移

(1)　医療領域

患者や利用者，その家族という第三者からの職場における暴力とハラスメントについて，日本ではこれまでどの程度，どのような研究が行われてきたのか．それを確認するため，学術情報データベース CiNii を用いて検索しました．

論文タイトルのキーワードとして，「看護 and 患者 and 暴力」，「看護 and 患者 and ハラスメント」，「介護 and 利用者 and 暴力」，「介護 and 利用者 and ハラスメント」，「ソーシャルワーク and 利用者 and 暴力」，「ソーシャルワーク and 利用者 and ハラスメント」をそれぞれ投入して期間を限定せず検索し，ヒットした文献から家庭内暴力，DV（ドメスティックバイオレンス），高齢者虐待，性暴力被害者支援，重症心身障害者の行動障害，措置入院時の対応など，今回のテーマに該当しないと思われるものを除きました．そして，該当する文献の発表年度別の件数を，10 年刻みで記したものが図表 2–1 です．

「看護 and 患者 and 暴力」をキーワードとする患者から医療職（その大半は看護師）への暴力に関する研究は，2019 年末の時点で 138 件でした．2000 年代に研究が進み，2010 年代にさらに進展しています．「看護 and 患者 and ハラスメント」では 23 件のみでした．医療領域では，2000 年代に「院内暴力」という用語が使われていたため，2010 年代でも，ハラスメントより暴力の用語を使った文献が多くなっています[1]．ただし近年は，家庭訪問を行う訪問看護

1　異なる検索方法で行えばヒット数は異なったと思いますが，全体の動向にはあまり変わりがないと思われます．なお比較のために，海外の研究動向を EBSCO の Academic Search Premier で調べたところ，「論文タイトル」に nursing and pa-

図表 2-1　医療・介護・福祉領域における患者・利用者からの暴力・ハラスメント研究の推移　（件）

領域	キーワード	ヒット件数	本テーマ該当件数	該当文献の発表年度			
				～1989年	1990～1999年	2000～2009年	2010～2019年
医療領域	「看護 and 患者 and 暴力」	268	138	0	1	57	80
	「看護 and 患者 and ハラスメント」	36	23	0	1	7	1
介護領域	「介護 and 利用者 and 暴力」	16	6	0	0		2
	「介護 and 利用者 and ハラスメント」	17	16	0	0	2	1
福祉領域	「ソーシャルワーク and 利用者 and 暴力」	0	0	0	0	0	0
	「ソーシャルワーク and 利用者 and ハラスメント」	0	0	0	0	0	0

出典：CiNii（2019年12月1日アクセス）.

師がセクシュアルハラスメントをはじめとする多様なハラスメントを受けている事実が注目されるようになり，ハラスメントの用語を用いた調査研究が増えつつあります[2].

(2)　介護と福祉領域

介護領域の「介護 and 利用者 and 暴力」の3語検索では6件，「介護 and 利用者 and ハラスメント」では16件です.「暴力」の用語を用いた文献は，医療領域に比べると限られています．介護領域でハラスメントに関する文献が多

tient and violence の3語がある文献はゼロでした．そこで，「フルテキスト」にその3語がある文献を探索したところ，1978件ヒットしました．ただし，これらには患者による看護師等への暴力だけでなく，患者の攻撃的行動や暴力全般に関する文献が多く含まれています．violence に代えて harassment で3語検索すると130件と少なくなります．また，nursing and patient violence の2語で検索すると168件でした（2019年12月1日検索）.

2　暴力よりハラスメントの用語が用いられるようになった背景には，国がパワーハラスメント防止の法制化を図り，厚生労働省が医療・介護領域の顧客によるハラスメント防止を推進するようになってきたことがあります.

くなるのは2010年代ですが，これらの多くは2018年，2019年に発表されています．つまり，介護領域におけるこのテーマへの社会的関心が強まったのは，ここ2，3年ということです．UAゼンセン日本介護クラフトユニオン（以下，介護クラフトユニオンと略記）が2018年に行った『ご利用者・ご家族からのハラスメントに関するアンケート調査』がその契機になっており，これに関連した文献が多くなっています．

福祉領域については，「ソーシャルワーク and 利用者 and 暴力」でも，「ソーシャルワーク and 利用者 and ハラスメント」でも，ヒット数はゼロでした．キーワードの「ソーシャルワーク」を「福祉」に，「利用者」を「クライエント」に，「暴力」を「バイオレンス」に代えた場合も同様でした．「ソーシャルワーク and 暴力」の2語検索をやってみたところ20件ヒットしましたが，その大半はやはり，家庭内暴力やDV，児童虐待，性暴力の被害者支援，貧困と暴力などを扱ったもので，ソーシャルワーカーが受ける暴力やハラスメントを扱ったものはありませんでした．

2．研究の特徴

(1)　医療領域

医療領域における患者からの暴力に関する調査研究は，公益社団法人日本看護協会（以下，日本看護協会）が『保健医療福祉施設における暴力対策指針――看護師のために』を刊行した2006年前後から活発になっています．

日本看護協会は，ICN（国際看護師協会）に参加していますが，そのICNは1999年に『職場における暴力対策ガイドライン』を，2000年に所信声明として『看護師の社会経済福祉：看護職員に対する虐待と暴力』を出しています[3]．また，先に触れたように，ICNはILO，WHO，PHI（国際労務労連）とともに，

3　この所信声明では，「セクシュアルハラスメントを含む看護職員に対するあらゆる形の虐待および暴力を強く非難する．この種の行為は，個人の尊厳と高潔，そして危害から自由に対する看護師の権利を侵害する」と看護師に対する暴力が権利侵害であることを明言しています（日本看護協会 2006. p. 32）．

2002年に『保健医療部門の職場内暴力に取り組むための枠組み指針』を発表し，2005年にはそのトレーニングマニュアルを作成しています．日本看護協会のガイドラインの作成は，こうした国際機関の動きに歩調を合わせたものと言えます．医療領域における本テーマの研究の特徴の1つは，こうした国際的な動きの影響を受けている点です．医療領域の職能団体が，伝統的に国際的なネットワークを維持していることが大きいと言えます．

2つめの特徴は，精神看護における研究が多く目に付くことです．これは，精神科医療の現場が，暴力の被害を受ける可能性が高いからです．井上らが2015年に行った研究レビューによると，看護師が暴力を受けた割合は，精神科病棟で45-80%，一般病棟で67.5-79%と比較的近い割合でしたが，松本らが2019年に行った研究レビューによると，精神科病棟で起こる暴力・トラブルは一般病棟の2-4倍，精神科看護師の約9割が日常的に暴力を経験しているという結果でした[4]．

2002年からの10年間，内外の専門雑誌に発表された論文をレビューした安永（2015）によると，精神科医療領域における本テーマの研究は，①暴力の実態調査とその関連要因の探索的研究，②暴力による被害者への影響に関する研究，③暴力防止策の研究，などに分類されます．③の例に，医療領域で最初に作成された暴力防止の研修プログラムがあります．2002年厚生労働省の「精神科急性期医療等専門家養成研修」に参加した4名の看護師が，イギリスで「攻撃性マネジメントプログラム」を学んだ後，日本の精神科医療の現場で使えるプログラムを開発したものです．2005年に『医療職のための包括的暴力防止プログラム』を上梓し，トレーナー養成等の研修を重ねています[5]．

医療領域における本テーマ研究の3つめの特徴は，近年の地域医療推進策とともに増加してきた訪問看護に関する実態調査や防止策研究が目立つようになってきたことです[7]．一般社団法人全国訪問看護事業協会（以下，訪問看護事業

4　井上他（2015）. p. 9，松本他（2019）. p. 33.

5　本プログラム（CVPPP）の開発にかかわった下里によると，2005年の開発当初は，精神科での暴力問題はタブー視される傾向にあったということです（下里 2019. 序）.

6　三木他（2018），三木（2017），内田（2019）など.

協会と略記）は，2018年に全国の訪問看護師を対象として，利用者・家族から受ける暴力の実態調査を行っています[7]．防止策研究として地域連携に着目した実証的研究などもあります[8]．国は，現在，地域包括ケアシステムの構築を自治体に求めていますが，その柱の1つは医療・介護の一体的提供であり，地域医療や居宅での看取りの推進です．それらの推進の重要な主体の1つが訪問看護ですから，その仕事環境の整備と安全の確保は喫緊の課題ということです[9]．

(2)　介護領域

この領域における研究の特徴は，高齢者介護政策の展開が研究の契機になっているということです．

介護保険以前

介護現場におけるハラスメントを論じている鴻上（2019）によれば，介護領域でこのテーマを最初に取り上げたのは，介護保険実施以前の1997年に発表された井上らのホームヘルパーのセクシュアルハラスメント調査です[10]．ホームヘルプサービスは，1989年のゴールドプラン（高齢者保健福祉推進10か年戦略）および1994年の新ゴールドプランにおいて，在宅介護を担う中核サービスとして位置づけられました．井上他（1997）は，在宅介護の主要な担い手であるホームヘルパーのストレスの一因として，「表面化していないが，業務の特性から起こりうる問題」としてセクシュアルハラスメントに着目しています．

井上らは，ヘルパーへのセクハラ調査の結果を公表することで，この問題が

7　結果は，身体的暴力を受けた者が28.8%，精神的暴力を受けたものが36.1%でした（一般社団法人全国訪問看護事業協会 2019）．

8　武（2018）など．

9　日本看護協会は，2019年4月に，患者・家族によるハラスメントから看護職員を守るための取組みに関する「要望書」を厚生労働省に出していますが，それもこうした認識の上に立ってのことです（内田 2019. p. 36）．

10　鴻上（2019）p. 8. なお表2-1には，1990年代には介護領域で文献が1件もないとなっています．これはキーワードに「介護」を使ったためで，「ヘルパー and ハラスメント」とすると井上ら（1997）がヒットします．

興味半分に取上げられ，社会から低く見られているヘルパーの仕事の価値をさらに低下させてしまうのではないかという危惧から，調査の実施にはかなり躊躇があったと述べています．1997年は男女雇用機会均等法が改正され，ようやく，セクシュアルハラスメントに関する事業主の配慮義務が規定された年です．

後にケアハラスメントの用語を用いて調査を行った篠崎によれば，介護保険以前もハラスメントはあったが，介護関係者の間には「介護は福祉」，「サービス利用者は弱者」という意識が強く，ヘルパーも「被害状況を言うことにはためらいがあった」という状況でした[11]．こうしたことから，この問題が社会的問題として取り上げられ，調査研究の対象となることはほとんどありませんでした．状況を一変させたのが介護保険の実施です．

介護保険以後

2000年の介護保険実施以後，介護サービス量と介護職員数が急増するとともに，利用者・家族の意識が大きく変化していきます．上記の篠崎によれば，「利用者側が社会的強者になり，介護労働者が弱者」になる場面が増え，「消費者としての立場を逸脱したハラスメント行為」が問題になってきたのです[12]．かれは，この行為を介護労働者の人権侵害として，訪問看護員と施設介護職員を対象に実態調査をしています．2006年の質問紙調査の結果によると，「身体的暴力」の経験者は，訪問介護員の45.0%，施設介護職員の77.9%，「性的嫌がらせ」は訪問介護員41.1%，施設介護職員44.2%，「消費者としての立場を逸脱したハラスメント行為」に当たる「職域侵害」は，訪問介護員の79.5%でした[13]．

公益財団法人介護労働安定センター（以下，介護労働安定センターと略記）も，毎年実施している『介護労働者の就業実態と就業意識調査』において，2006年から「過去1年間において仕事中にセクハラ・暴力を受けた経験の有無」を

11　篠崎（2008）p. 54.

12　篠崎（2008）p. 55.

13　篠崎（2008）　なお，身体的暴力については p. 59，性的嫌がらせ p. 60，職域侵害 p. 119 を参照のこと．

複数回答で聞いています．2006年の調査結果では（有効回答者数29,124人．施設系および訪問系サービス事業従事者），回答者全体の45.8%がセクハラ・暴力を受けたことがあると回答しています[14]．

しかしそれにもかかわらず，2008年，厚生労働省職業安定局が設置した介護労働者の確保・定着等に関する研究会の『中間とりまとめ』は，今後の介護労働対策の方向性の１つとして位置づけた「介護労働者が安心・安全・働きやすい労働環境の整備」のなかで，この問題に一切触れていませんでした．吉田（2009）はこの点を批判し，特別養護老人ホームにおける暴力・ハラスメントの実態調査を行い，介護労働者にとって安心で安全な働きやすい労働環境のために，「介護労働者がケアハラスメントから身を守るための方法の整備」が必要と主張しています．また，中野他（2010）は介護労働者の確保・定着が困難となってきた状況下で，利用者からの暴力・ハラスメントの実態調査を行い，調査データの蓄積とそれをもとにした「施設内暴力」の定義・指針づくりが急務としています．

介護の現場における暴力とハラスメントを社会問題化しようとする流れは生まれました．しかし，介護労働者の職能団体が，日本看護師協会のように大規模調査の実施，暴力対策のガイドライン作成，厚生労働省への「要望書」の提出，といった大きな動きを見せたわけではありません．介護労働者の職能団体の１つである日本介護福祉士会は，日本看護協会に比べ組織率が低いこと[15]，

14　介護労働安定センターは，『介護労働実態調査』（2006年以降は『事業所における介護労働実態調査』と『介護労働者の就業実態と就業意識調査』の２本）を実施しています．暴力とハラスメントに対する質問は，2006年から行われています（隔年実施の時期あり）．2018年の『介護労働者の就業実態と就業意識調査』の結果によると，全体では，暴力とハラスメントの「経験あり」（複数回答なので，「経験なし」の割合を100から引いて計算）は50.2%でした．種類別の「経験あり」は，「暴言」27.1%，「介護保険以外のサービスを求められた」17.3%，「暴力」14.0%，「セクハラ」10.1%でした．

15　日本介護福祉士会の組織率は2015年3月で約8%（資格保持の就業者数約60万人，会員数は約47,000人．日本介護福祉士会 2015），日本看護協会の組織率は約45%です（2019年3月の会員数約746,000人，2018年の就業数約166万人．日本看護協会ホームページ「情報公開」および「看護統計資料室」）なお，介護福祉士は名称独占であり，介護職員全体に占める介護福祉士の割合は58.4%にとどまっ

看護業界のような国際的組織とのネットワークがないこと，看護協会に比べれば歴史の浅い職能団体として，人材不足，介護報酬の改定など本テーマの問題より優先すべきことが多数あることなどが，その理由として考えられます[16].

「人格主義」「専門主義」「個人責任論」

介護の現場における暴力とハラスメントに関する調査や対策を要求する動きが目立った進展を見せない背景には，介護現場における「人格主義」や「専門主義」，暴力行為の「個人責任論」もあります.

越谷（2008）は，「医療現場では患者からの医療従事者への暴力的行為がケアの質につながるとして，被害を受けた看護師への支援システムづくりが進められている」のに対し，「福祉領域においては，利用者からの暴力的行為が，社会福祉従事者の人格主義や専門主義に隠されてタブー視されがちである」と指摘しています[17].

契約の時代になってからも，対人援助職である介護職員に，介護保険以前の措置の時代と同様に，「弱者」である利用者には誠意・正義・忍耐・勤勉といった価値に基づいて援助すべしという「人格主義」を求め，道徳心，誠実さ，知識や技術の向上によるサービスの質の保証を目指す「専門主義」を一層期待する．こうした介護関係者の姿勢が，介護職の暴力・ハラスメント防止の動きを抑えるよう働いていたということです.

また越谷は，認知症ケアでは，「本人のニーズを汲み取り，本人主体の援助を提供することで暴力的行為は消失，改善するという考え方が主流となっている」ために，暴力的行為はケアの未熟さ，不十分なアセスメントとして，「介護者個人の責任を問う雰囲気が介護現場にある」と述べています[18]．介護職が

ています（介護労働安定センター 2019. p. 22）.

16　賃金やキャリアアップ，外国人介護労働者，国家資格問題など.

17　越谷が記述している「社会福祉従事者の人格主義や専門主義」という表現は，清水他（2002）から引用したものです．清水は，「人格性（清廉潔白）」を求める「人格主義的な社会福祉従事者論が，戦後になると専門主義的，技術主義的なものに」なってきたとし，後者が専門職の資格化とあいまって強化されていくと，専門的知識や技術だけでは対応できない困難に直面した際に，社会福祉従事者を追い詰めていくことになりかねないと批判しています.

適切な認知症ケアを習得していないと，利用者の暴力行為を防止できないというこの「個人責任論」も，この問題に関する社会的な動きを抑制していた可能性があります.

介護保険の成立にあたっては，「利用者本位」，「利用者の自己決定」，「利用者の選択」が介護サービス利用の契約方式の導入のキャッチフレーズとして強調されました．これもまた，利用者・家族への批判的な言動はできる限り回避するという雰囲気を，介護業界や介護の教育・研究者の間にもたらしたと考えられます．2005年には，「高齢者虐待の防止，高齢者の養護者に対する支援等に関する法」（通称，高齢者虐待防止法）が成立し，家族介護者や介護職員による高齢者への暴力・虐待の研究は進展していきますが，介護職員が受ける暴力・ハラスメントについては，2010年代末までわずかの研究しかありませんでした[19].

日本介護クラフトユニオンによる調査

介護現場における人材不足が一層深刻さを増してきたなかで，介護職員らでつくる労働組合，介護クラフトユニオン（NCCU: 組合員数約82,000人）が，2018年，介護現場における利用者・家族からのハラスメントについて，組合員約7,800人を対象にしたアンケート調査を実施しました[20]．その結果，なんらかのハラスメントを受けたことのある人は，回答者（約2,400人）の74.2%，体験した人のうち，精神的にダメージを受けた人は91.3%，精神疾患になった人が2.5%いることが明らかになりました.

介護クラフトユニオンは，これらの調査結果をもとに，同年8月に厚生労働大臣に対し，「ご利用者・ご家族からのハラスメント防止に関する要請書」を提出し，国としての対応強化と防止策等を訴えています[21]．国も素早い反応を

18　越谷（2008. p. 63）.

19　越谷による，介護職員への影響や対処に関する研究が散見される程度です.

20　わが国の介護職員（介護保険給付の対象となる介護サービス事業所，介護保険施設に従事する職員）数は約183万人（2016年度）ですから，介護クラフトユニオンに結集している介護労働者は全体の4.5%です．介護サービス事業所や介護保険施設には小規模なものが多く，労働組合のないところがほとんどです.

21　村上（2018）pp. 46–47. 要望事項と国の対応内容については，6章1節で紹介し

見せています．その内容については6章1節で述べますが，介護人材不足が深刻化しているなかで，介護職の離職につながるおそれのあるこの問題を，国としても迅速に取り上げざるを得なかったわけです．職場のパワーハラスメント防止に関する議論が進み，事業主の措置義務が2019年に法制化されることになったこと，その過程で「顧客からの著しい迷惑行為」の議論があったことも当然影響を与えています．

(3)　福祉領域

「相談援助職＝強者」論

本章の冒頭で紹介したように，CiNiiでみる限り，利用者またはクライエント（以下，両者を合わせて利用者と略記）による相談援助職への暴力とハラスメントに関する研究はありませんでした[22]．その理由の1つは，「利用者＝弱者」論の裏返しである，「相談援助職＝強者」論の存在です．

介護保険や社会福祉基礎構造改革以前の措置制度の時代，生活上の困難を抱えた人々の相談を受け，社会福祉のサービスや金銭の給付等を実質的に決定するのは，行政機関の相談援助職たちでした．かれらは，利用者に比べ，圧倒的に多くの制度に関する情報と専門的知識・スキルを，そして行政機関の一員という社会的権威のパワーをもち，希少性という性質をもつ社会福祉のサービスや金銭資源を実質的に分配する「強者」でした．支援を受ける必要のある「弱者」は，基本的に「強者」の決定に従うしかありません．措置施設であった入所施設の生活指導員というソーシャルワーカーもまた，利用者の受け入れや入所者の生活の質全般に関する強い影響力を行使する「強者」でした．

つまり，ソーシャルワーカーは，構造的パワーインバランスにおける「強者」として，「弱者」である利用者の自由や自己決定を抑圧し，「善意の強制」を行いやすい「抑圧性」，「暴力性」を秘めた労働の従事者である．こうした批判は，1980年代，障害者の自立生活運動における専門職批判として，また，

ます．

22　ソーシャルワーク界では，相談者をクライエントと呼びますが，相談援助の現場では，「利用者さん」，「お客さん」などと呼ぶことが一般的になってきていますので，これ以降，原則として，利用者とだけ記述します．

1990年代の介護保険，社会福祉基礎構造改革に向けての論議におけるソーシャルワーク界の自己批判として存在していました[23]こうした批判は，「弱者」からの暴力とハラスメントを社会的な課題として認識する視点を弱めます．

介護保険や社会福祉基礎構造改革以後，高齢者福祉や障害者福祉分野では，措置から契約制度になり，理屈上は，ソーシャルワーカーと利用者との関係は対等になりました．しかし，制度に関する情報の量や質，知識やスキルに専門性報の質・量の違い等がある限り，現実としてパワーインバランスの関係は残ります．何よりも，支援を受けなければ生活に困る立場と，その支援を提供しうる立場というものは，その立場にいる者に劣位―優位という意識をもたせます．「利用者＝弱者」，「相談援助職＝強者」という見方は存続します．

「個人責任論」

また，先の介護における「個人責任論」と同じようなことが福祉領域でも生じています．介護職よりもソーシャルワーカーのほうが対人援助職としての専門職教育の歴史が長いこともあり，専門職としての個人の力量を問う傾向が強くなりがちです．

利用者は，経済的困窮や病気，介護負担，DV，孤立などの問題がもたらすストレス下にあって，強い不安や不満，怒り，苦痛，寂寥感など否定的な感情を抱えている．ソーシャルワーカーは，利用者のこうした感情の表現を助け，受容し，ワーカー自身の感情を統制しながら利用者と援助関係を形成していく．その援助関係を通して，利用者の問題解決に関する自己決定を促していく．ソーシャルワーカーは，こうしたバイステックの援助関係論に従った面接を行うことが求められている．

こうした認識が，日本のソーシャルワーク教育界には，また，福祉の現場で働くソーシャルワーカーたちのなかには強く存在しています．それゆえ，利用者のソーシャルワーカーに対する暴言・暴力は，ソーシャルワーカーに求められている望ましい面接ができなかったからで，ワーカーの力量が問題ということになります．こうした見方からすると，ソーシャルワーカーが受ける暴力・

23　副田（1993），副田（1994）．

ハラスメントは，スーパービジョンを必要とする事柄であって，社会的関心を向けるべき課題にはなりません．

クライエントバイオレンスの研究

しかし，利用者からの暴力を取り上げた文献が，日本にこれまでまったくなかったというわけではありません．たとえば，菅野（2002）は，日本でも児童虐待やドメスティックバイオレンスの増加により，ソーシャルワーカーがクライエントからの暴力を受ける機会が増えてくると予想し，クライエントバイオレンスに関する米国の先行研究をレビューしています．クライエントバイオレンスの発生過程，緊張を高めるソーシャルワーカーとクライエントとの相互作用，クライエントの暴力選択の要因，予防策に関する諸説を紹介していますが，先行文献には根拠に乏しいものもある，日本では事例研究等を通した詳細な実証的研究が必要，と述べています．

また，清水（2002）は，日本のソーシャルワーカーのバーンアウト（燃え尽き症候群）に関する文献のなかで，「利用者からの暴力への対応と合理的職務マネジメント」を取り上げています．ただしそこでは，英国における，ソーシャルワーカーが受けた暴力とストレスとの関係，ワーカーの暴力への対処行動の研究を紹介するにとどまっています．

副田（2013）は，福祉事務所のケースワーカーと利用者との葛藤関係の諸相の1つとして，クライエントバイオレンスを取り上げ[24]，クライエントバイオレンスの例として2005年，九州で起きたケースワーカー刺殺事件を紹介しています．そして，ケースワーカーとクライエントの間の感情対立の背景として制度上および運営管理上の要因を指摘し[25]，制度上の要因改善はすぐにできることではないので，感情対立を多少なりとも回避・緩和するために，あらたな

24　葛藤関係の諸相として，他には，両者の間の否定的感情，ケースワーカーによる「処遇困難ケース」というラベリングをあげています（副田 2013. pp. 107-112）.

25　制度的要因には，生活保護ケースワーカーの労働の性質（資源と情報の独占，自律性大），職務環境（自律性規制力の弱さ），労働特性（感情労働），生活保護行政（「適正化」，業務量の増大）といったケースワーカーの労働をめぐる要因があるとしています（副田 2013. pp. 112-117）.

ソーシャルワークのアプローチの採用と職場の運営管理上の改善策を提案しています．ただし，これらが他分野のソーシャルワーク実践にも通じる問題である点については触れていません．

いずれにせよ，日本における相談援助職への暴力とハラスメントについての研究は，きわめて乏しい状況にあります．

第3章　介護・福祉の現場における実態と認識

1. 介護職・相談援助職の体験

(1)　高い体験率

1章の図表1-1が示していたように，看護師やソーシャルワーカーは，他の職業の人々に比べて職場で暴力・ハラスメントを受ける割合が高いのではないかと推測されます．それは，看護師やソーシャルワーカーが，疾患や障害，自由が制約される生活状況，種々の生活困難等から強いフラストレーションやストレスを抱える人々と日々対面しているからです．その意味では，介護職も同じように考えられます．

本節では，看護師，相談援助職，介護職は，職場で暴力・ハラスメントを受ける割合が他の職業に比べて高いかどうか，副田（2019a）の質問紙調査を含め，いくつかの調査データをもとに確認を試みます．次節では，介護職・相談援助職がこの問題をどのようにとらえているのか，副田（2019a）の質問紙調査における自由記述をもとに明らかにします．

他産業との比較

図表3-1は，イギリスのイングランドとウエールズにおける犯罪統計（2018年3月までの1年間）のデータをもとに作成した，就業中になんらかの暴力を受けた人の職業別割合を示したものです．これによると，「なんらかの暴力」を受けた人の比率がもっとも高いのは，警察官などの保安職（11.4%）ですが，そのつぎに高いのが，看護師やソーシャルワーカーなどの保健医療・福祉専門職（5.1%），3番目が医師・歯科医師という医療専門職（3.3%）です．介護職にあたるケアサービス職（1.7%）は6位で，平均（1.4%）に近くなっています．

図表3-1　イギリスにおける就業中の暴力リスク

職　種	順位	なんらかの暴力(%)	順位	暴行(%)	順位	脅し(%)
保安職（例：警察官，刑事，警備員）	1	11.4	1	9.4	1	3.2
保健医療・社会福祉関連職（例：看護師，ソーシャルワーカー）	2	5.1	2	2.8	2	2.5
医療専門職（例：医師，歯科医師）	3	3.3	3	1.4	3	2.0
個人事業主・経営者	4	2.3	7	0.6	4	1.8
企業の取締役・管理職	5	1.9	7	0.6	5	1.2
ケアサービス職（例：介護職）	6	1.7	4	1.0	8	0.7
レジャー，旅行等の対人サービス職	7	1.6	5	0.7	7	0.9
販売店員	7	1.6	5	0.7	6	1.1
平均		1.4		0.6		0.8

注：対象者は過去7日間就労していた16～64歳の男女．対象期間：2017年3月末～2018年3月末．オリジナルのデータは，イングランドとウエールズの犯罪統計．
出典：Health and Safety Executive（2019） p.6の表1をもとに筆者作成．

暴力の下位分類である「暴行」と「脅し」についてみても，リスク度は，保安職が1番目，保健医療・福祉専門職が2番目，医療専門職が3番目という順位は変わりません．ただし，「暴行」についてみると，ケアサービス職は4番目の1.0で，平均値（0.6）より高くなっています．

このデータは犯罪として扱われた，就業中の暴力に関するものです．犯罪とは扱われなかった暴力やハラスメントの体験まで含めて調査すれば，保健医療・福祉専門職やケアサービス職の数値は，表示されているものより高くなるのではないかと思われます．いずれにせよ，保健医療・福祉の専門職，そして，介護職も保安職ほどではありませんが，他の産業のサービス職や販売店員等よりは危険度が高い職業のように見えます．

日本の職場における暴力・ハラスメント体験率

日本でも同じような傾向が見られるかどうか，図表3-2に示した8つの調査結果を用いて確認していきます．これらは調査方法や対象期間等が異なるので，正確に比較することはできませんが，おおよその傾向をつかむことはできます．

なお，表タイトルに体験率という用語を使ったのは，これらの調査結果がいずれも調査対象者に暴力やハラスメントを受けたことがあるかと尋ねた結果だからです．上記の犯罪統計のように犯罪と客観的に判定された結果とは違います．とくに精神的暴力やセクシュアルハラスメントは，受けた者の受け止め方によって，精神的暴力やハラスメントとして認識されたりされなかったりします．一般的には，この2つの体験率は，実際に受けた率よりも低くなると言われています．

労働者一般を対象とした調査結果

図表3-2の①は，厚生労働省が全国の企業・団体等の従業員（公務員，自営業，経営者，役員を除く）を対象に行った『職場のパワーハラスメントに関する実態調査』の報告書です．この調査では，就業構造基本調査を参考に，性別，年代，正社員・正社員以外で割付を行い，その割付に沿った回答数を求めて合計1万人の回答を得ています．過去3年間に勤務先の従業員・役員からの「パワハラ」，すなわち，厚生労働省の「指針」で示された，①身体的な攻撃，②精神的な攻撃，③人間関係からの切り離し，④過大な要求，⑤過小な要求，⑥個の侵害と⑦その他，のどれかを一度以上体験したという人は，全体の32.5%でした．

図表の②は，同じ調査で2020年に行われたものです．ここでは，「パワハラ」「セクハラ」「取引先や顧客（患者またはその家族等含む）からの暴力や悪質なクレーム等の著しい迷惑行為」のそれぞれについて尋ねています．その結果は，「パワハラ」31.4%，「セクハラ」10.2%，「顧客等からの著しい迷惑行為」15.0%でした．「パワハラ」の割合は2017年の調査とほぼ変わっていません[1]．

③は，日本労働組合総連合会（連合）が加盟しているさまざまな産業の労働者を対象として，インターネット調査により全国規模で実施した『仕事の世界におけるハラスメントに関する実態調査2019』の報告書です．職場関係者か

1　2017年の調査の⑦「その他」には，取引先や顧客等からの著しい迷惑行為が含まれていると考えれば，2020年の調査のパワハラの比率は2017年より多くなっていると考えることもできます．

図表 3-2　日本の職場における暴力とハラスメントの体験率

	出典	対象	調査方法	回答者	対象期間	回答数	相手	結果
①	厚生労働省(2017)	全国の企業・団体等の従業員	インターネット調査	従業員	過去3年間	10,000	同じ職場内の人間	パワハラ 32.5%
②	厚生労働省(2020)	全国の企業・団体等の従業員	郵送調査（回答はWebでも受付）	従業員	過去3年間	8,000	勤務先の従業員・役員 ……… 取引先・顧客	パワハラ 31.4% セクハラ 10.2% ……… 著しい迷惑行為 15.0%
③	連合（2019）	全国の労働者	インターネット調査	労働者	現在の職場での全期間	1,000	職場関係者すべて	パワハラ・セクハラ 37.5%
④	全国訪問看護事業協会（2019）	全国訪問看護事業協会会員事業所の看護師	郵送による質問紙調査	訪問看護師	過去1年間 ……… 全期間	3,245	利用者・家族 ……… 利用者・家族	身体的暴力 28.8% 精神的暴力 36.1% セクハラ 31.7% ……… 身体的暴力 45.1% 精神的暴力 52.7% セクハラ 48.4%
⑤	日本介護クラフトユニオン（2018）	介護職（訪問・通所・入所系介護職員）等	郵送による質問紙調査	介護職員	全期間	2.411	利用者・家族	パワハラ・セクハラ 74.2%
⑥	介護労働安定センター(2019)	介護労働者（訪問・入所施設・通所施設等職員等）	郵送による質問紙調査	介護労働者	過去1年間	21,585	利用者・家族	暴力 14.0%, 暴言 27.1%, セクハラ 10.1% 介護保険以外のサービス要求 17.3%

	出典	対象	調査方法	回答者	対象期間	回答数	相手	結果
⑦	厚生労働省(2019)	介護サービス事業所・施設の直接処遇職員等	質問紙の郵送→インターネットで回答	訪問・通所・入所系介護職員	過去1年間	7,546	利用者 家族	ハラスメント（身体的暴力・精神的暴力・セクハラ） 40.8% 8.0%
					全期間		利用者 家族	54.1% 16.4%
				居宅介護支援事業所職員	過去1年間	959	利用者 家族	22.6% 11.0%
					全期間		利用者 家族	46.4% 29.7%
⑧	副田(2019a)	研修対象者	集合調査・託送調査	訪問・通所・入所系介護職員	現在の職場での全期間	145	利用者・家族	言葉の暴力・脅し・物理的攻撃・所有物の破損・セクハラ 73.9%
			集合調査	相談援助職	現在の職場での全期間	705	利用者・家族	言葉の暴力・脅し・物理的攻撃・所有物の破損・セクハラ 66.4%

注：利用者・家族＝利用者や家族.

らのハラスメントの内容として示されたのは[2]，①の厚生労働省（2017）と同じ7つの行為類型とセクシュアルハラスメントです．これまでに，これらのうちのどれか1つでも受けた体験の割合は37.5％でした[3]．

以上の①，②，③の調査結果から，全労働者のパワーハラスメントとセクシュアルハラスメントを合わせた体験率は，少なくても3割強，多ければ4割程度と考えることができます．

上記の3つの調査のうち，②では業種別の体験率を出しています．これを見ると「パワハラ」体験率がもっとも高いのは「電気・ガス・熱供給・水道業」41.1％です．「医療・福祉」のそれは35.5％で，平均（31.4％）より若干高い程度です．「セクハラ」はもっとも高いのが「生活関連サービス業・娯楽業」で15･0％，「医療・福祉」は11.1％で平均（10.2％）とほぼ同じ．「顧客等からの著しい迷惑行為」はもっとも高いのが同じく「生活関連サービス業・娯楽業」で25.2％，「医療・福祉」は18.9％で平均（15.0％）より若干高い程度でした．この結果からは，「医療・福祉」職のハラスメントを受ける率は，全業種のなかでも高い部類に入るとは必ずしも言えないようです．

しかし，調査対象者を看護職や介護職，相談援助職に限定し，暴力・ハラスメントの相手を顧客，すなわち，患者や利用者，また，その家族に絞って行った調査結果を見ると，印象は異なってきます．

訪問看護師を対象とした調査

図表3-2の④は，訪問看護事業協会が，会員である訪問看護師を対象として行った『訪問看護師が利用者・家族から受ける暴力に関する調査研究事業報告書』です．これによると，訪問看護師が過去1年間に利用者・家族から受けた体験率は[4]，「身体的暴力」28.8％，「精神的暴力」36.1％，「セクシュアルハラ

2　職場関係者とは，同じ職場の人間だけでなく，派遣先・出向先の人，取引先，顧客（消費者）を指しています．

3　対象期間が①の調査のそれより長い可能性があることと，セクシュアルハラスメントを含んでいることを考えると，①の結果（32.5％）よりもっと大きな数値になると予測されましたが，実際には5％ていどの差でした．

4　本調査では，利用者と家族を合わせて「利用者・家族からの暴力等」の有無を尋ねています．

スメント」31.7%と，それぞれ3割前後から3.5割強です．過去の全期間に受けた体験率となると，「身体的暴力」45.1%，「精神的暴力」52.7%，「セクシュアルハラスメント」48.8%と，4.5割から5割強にまで上がります．

調査方法も対象期間も異なるのですが，労働者一般を対象とした先の①，②，③の結果と，この訪問看護師を対象とした④の結果とを見比べてみると，訪問看護師のほうが暴力とハラスメントの体験率がやや高いように見えます．訪問看護師を対象とした調査では，同じ職場内の人間（上司・同僚等）によるパワーハラスメントやセクシュアルハラスメントの体験については尋ねていません．もし，これらも含めて職場での暴力・ハラスメントの体験の有無を聞いていたならば，訪問看護師の体験率はもう少し高くなっていたかもしれません[5]．

先述したように，労働者一般を対象とした②の調査による，業種別の「顧客等からの著しい迷惑行為」の体験率は，「医療・福祉」18.9%（過去3年間の体験率）でした．しかし，訪問看護師を対象とした④の調査結果は，利用者・家族から受けた過去1年間と全就業期間のどちらでも，また，どの種類の体験率もそれより1.5倍から3倍程度高い割合になっています．④の調査でどれか1つでも体験したという割合が出ていれば，それは3倍を確実に超えたはずです[6]．

介護職を対象とした調査

次の⑤，⑥，⑦は，介護職を主な対象とした調査です．⑤は，介護クラフトユニオンが，訪問・通所・入所系介護職員等の組合員を対象に実施した『ご利用者・ご家族からのハラスメントに関するアンケート調査結果報告書』です．これによれば，全就業期間において「なんらかのハラスメント受けたことがある」と回答した人は，全体の74.2%とかなりの割合になっています[7]．本調査

5　訪問看護師にとっての職場は，上司や同僚のいる事業所だけでなく，訪問先の家庭も含まれます．

6　「顧客等からの著しい迷惑行為」を不合理なクレーム，常軌を逸したクレーム等ととらえれば，「精神的暴力」に該当すると言えますが，著しい迷惑行為には，性的嫌がらせとしての「セクシュアルハラスメント」や，唾を吐くとか物をなげつけるなどの「身体的暴力」も含まれている可能性があります．

の回答者には看護師やケアマネジャーが含まれており，介護職員の占める割合は回答者全体の66.8%です．介護職員だけの体験率を求めることはできませんでしたが，できていれば上記の数字よりもう少し高くなっていた可能性もあります．

⑥は，介護労働安全センターが毎年度，実施している『介護労働実態調査　介護労働者の就業実態と就業意識調査』です．本調査では，訪問・通所・入所系の介護職等に，過去１年間における業務上の事故・怪我およびヒヤリハット体験とともに，利用者やその家族からの暴力・セクシュアルハラスメント等の体験を尋ねています．

これによると，回答者全体の体験率は，「暴力」14.0%，「暴言（直接的な言葉の暴力）」27.1%，「セクハラ（性的いやがらせ）」10.1%，「介護保険以外のサービスを求められた」17.3%です．最後の選択肢は，篠崎（2006）が「ケアハラスメント」の１つの典型例として示した「職務でないことの依頼」で，「職域侵害」という「不適正行為」にあたるというものです[8]．「上記のような経験をしたことはない」という回答は49.8%でしたから，上記のような暴力・ハラスメントを１つでも受けたという介護職は，全体の約50%はいるということになります．

⑦は，厚生労働省の老人保健事業推進費等補助金で行われた『介護現場におけるハラスメントに関する調査研究報告書』です．全国の介護サービス施設・事業所の職員を対象として[9]，身体的暴力，精神的暴力，セクシュアルハラスメントについての定義と例を示した上で，過去１年間に，また，全就業期間に利用者から，そして，家族からこれらのハラスメントを受けたかどうか尋ねて

7　報告書には期間に関する記述がなかったので，組合事務局に問い合わせたところ，特に期間を定めず，今いる職場という限定もしていないとのことでしたので全就業期間としました．

8「あの人はやってくれたのにあなたはやってくれないのか」などと言われ，関係を悪くしないためにやむなく職務以外のことをせざるを得なかった「職域侵害」をされた体験をもつ介護従事者は，篠崎の2006年の調査によると全体の79.5%いました（篠崎 2008. p. 59）．

9　本調査には，管理職を対象とした調査も含まれていますが，図表3-2に表示したのは，直接処遇職員を対象とした職員調査の結果です．

います．

図表3-2の⑦の上段は介護職員の体験率を，下段は居宅介護支援事業所職員（ケアマネジャー）のそれを示しています．上段の介護職員について，利用者からの体験率を見てみると，過去1年間では40.8%，全就業期間では54.1%，利用者の家族からの体験率は，過去1年間では8.0%，全業務期間では16.4%でした[10]．

⑧は，副田が対象に行った『クライエントバイオレンス（利用者によるハラスメント）に関する調査結果』です[11]．この調査は，主に高齢者福祉分野で働く相談援助職を対象としたものですが，一部介護職も含んでいます[12]．質問紙の冒頭でクライエントバイオレンス（利用者によるハラスメント）として，利用者や家族による，言葉の暴力（ハラスメント），脅し，物理的暴力，所有物の破壊，セクシュアルハラスメントをあげ，それぞれを例示したあとで，この1年間に職場で発生した件数，現在の職場での全就業期間中に対象者が受けた件数等を尋ねています[13]．図表3-2の⑧の上段は介護職の，下段は相談援助職の体

10　本報告書にはサービス機関別のデータしか掲載されていないため，訪問看護と訪問リハビリテーション，居宅介護支援を除き，介護職員がいるサービス事業所の回答者（7,546人）が受けたハラスメントの割合を図2-19～図2-24をもとに計算しています．そのため，これらの数字には若干の誤差があります．なお，この回答者のなかには，直接処遇職員以外の職員も多少含まれています．

11　調査のタイトルを「クライエントバイオレンス（利用者によるハラスメント）」としたのは，2016年にアメリカと日本でソーシャルワーカーに対する暴力・ハラスメントのインタビュー調査を開始した際の調査タイトルを「クライエントバイオレンスに関する研究」としていたためです．

12　本調査の実施期間は2018年10月から2019年3月まで．関東エリアを中心とする13の自治体で，副田が講師を務めた，養護者による高齢者虐待の防止研修会の終了後に，参加者を対象として集合調査として実施しています．研修では暴力・ハラスメントについてはまったく触れていませんが，多少のバイアスがかかっているおそれはあります．同じ質問紙調査を，訪問介護事業所の介護職員等が参加する研究会や老人介護福祉施設・通所介護施設・地域包括等を運営する社会福祉法人にも託送調査法で実施しています．回答者は主に相談援助職ですが，一部介護職員や看護師等が含まれています（図表3-2には介護職と相談援助職のみを掲載）．

13　その他の質問は，直近の体験のインパクト内容，報告・相談の有無，上司・管理職による対処の内容，暴力・ハラスメントに関する研修やガイドラインの有無，本テーマを調査することについての感想・意見などです．質問項目を最小限にとどめ

験率を示しています．介護職が上記の暴力・ハラスメントを1件以上受けた割合は73.9%でした．これは，⑤介護クラフトユニオン（2018）の同じ介護職の体験率74.2%に近い数字です．

以上の結果から，調査方法や対象期間は異なるものの，介護職の利用者や家族からの暴力・ハラスメントの体験率はおおよそ5割から7割強と言えそうです．これは，①厚生労働省（2017），②厚生労働省（2020），③連合（2019）の調査が示した労働者一般のハラスメント体験率より，かなり高いように見えます．介護職の調査でも職場の上司・同僚等のハラスメントを含めていませんので，それも入れて調べていたなら，訪問看護師同様に，介護職の体験率はもう少し高くなったのではないかと思われます．

また，労働者一般を対象とした②の調査による業種別の「顧客等からの著しい迷惑行為」の体験率は，「医療・福祉」18.9%（過去3年間の体験率）でしたが，介護職を対象とした⑤～⑧の調査結果で見る体験率は，その2.5倍前後から4倍弱程度になります．

相談援助職の体験率

図表3-2の⑦厚生労働省（2019）の下段に示す居宅介護支援事業所職員の体験率は，過去1年間では利用者から22.6%，家族から11.0%，全就業期間では利用者から46.4%，家族から29.7%です．⑧副田（2019a）の下段に示す相談援助職の全就業期間における，利用者や家族からの体験率は66.4%でした[14]．

これらの結果を，同じ調査の介護職の結果とそれぞれ比べてみると，相談援助職は介護職よりも体験率がやや低いことがわかります[15]．ただし，訪問看護

るとともに，調査への協力は任意であること，回答をもって調査に同意したものとみなすこと等，研究上の倫理的配慮を調査票の鑑文に記しています．

14　本調査回答者における相談援助職の内訳は，ケアマネジャー449名（45.5%），ソーシャルワーカー（130名）13.2%，主任ケアマネジャー93名（9.4%），保健師33名（3.3%）の705名（71.5%）です．行政機関や地域包括に所属している保健師の業務はソーシャルワークと言ってよいと判断し，ここでは相談援助職に含めました．

15　⑦の調査結果からは，相談援助職が介護職に比べて家族からの体験率の高いことがわかります．

師や介護職と同じように，①，②，③の調査が示す労働者一般の体験率よりは，相談援助職の体験率のほうが高いように見えます[16]．またそれは，②の調査における，「医療・福祉」の「顧客等からの著しい迷惑行為」の体験率（18.9%）の1.2倍から3.5倍程度になります．

なお，相談援助職のうち，ケアマネジャーは訪問介護員等が利用者等から受けた暴力・ハラスメントの相談を，地域包括職員はケアマネジャー自身の体験の相談や介護職からの相談についての相談を，行政職員は，地域包括職員自身の体験の相談やケアマネジャーからの相談についての相談を受けることが少なくありません．先に，相談援助職は介護職よりも体験率がやや低いと述べましたが，相談援助職は自身の体験以外にも，暴力とハラスメントの問題で悩んだり，傷ついたりする体験をもっています．

体験率についてのまとめ

以上のことから，日本においても，訪問看護師，介護職，相談援助職という保健医療・介護・福祉専門職が労働過程で受ける暴力とハラスメントの体験率は，全労働者のハラスメントの平均体験率より高いように見えます．

また，②の調査による「顧客等からの著しい迷惑行為」に限定した「医療・福祉」従事者の体験率は，全業種のなかの平均か少し上というものでしたが，④〜⑧の調査による訪問看護師，介護職，相談援助職のそれぞれの体験率は，いずれもそれを上回っており，保健医療・介護・福祉専門職の体験率は，全業種なかの平均クラスというより，高い部類に入ると言ってよいように思われます．

(2)　体験した暴力とハラスメントの種類

では次に，⑦と⑧の調査結果をもとに，介護職と相談援助職がどの種類の暴

16　副田（2019a）の調査対象に地域包括や高齢者支援課（行政）など，高齢者虐待対応を担う機関の職員が含まれていたため，体験率が相対的に高くなったのではと考えることもできますが，児童虐待対応の児童相談所・子ども家庭支援センター，また，生活保護担当部署，知的障害者施設，精神科病院等で働くソーシャルワーカーや生活支援員らの体験率は，さらに高くなることが予想されます．

図表 3-3　体験した暴力とハラスメントの種類　M.A.（%）

	出典	対象期間	対象	相手	体験者数	身体的暴力	精神的暴力	セクシュアルハラスメント	脅し	所有物の破損
⑦	厚生労働省（2019）	過去1年間	介護老人福祉施設職員	利用者 家族	629 98	90.3 17.3	70.6 83.7	30.2 9.2		
			訪問介護事業所職員	利用者 家族	840 197	41.8 13.2	81.0 84.3	36.8 20.3		
			居宅介護支援事業所職員	利用者 家族	217 106	41.0 2.8	73.7 89.6	36.9 13.2		
⑧	副田（2019a）	現在の職場で受けた直近の体験	相談援助職	利用者・家族	458	10.3	83.4	17.7	34.9	2.6

注：割合が二段に分かれているところは，上段が利用者からの，下段が家族からの暴力とハラスメント体験の割合．一段のところは，利用者や家族からの暴力とハラスメント体験の割合．

力・ハラスメントを多く体験しているのかについて見てみます．

所属機関別の体験種類

図表 3-3 は，図表 3-2 の⑦と⑧の調査データから作成したものです．図表 3-3 の⑦は，利用者と家族のそれぞれから暴力・ハラスメントを体験したと答えた人に，その体験した種類を複数回答で尋ね，その結果を所属機関別に出したものです．

介護職について，利用者からの体験率を高い順に並べると，介護老人福祉施設職員（以下，施設介護職員と略記）の場合[17]，「身体的暴力」90.3%，「精神的暴力」70.6%，「セクシュアルハラスメント」30.2% となります．訪問介護事業所職員（以下，訪問介護員と略記）の場合は，「精神的暴力」81.0%，「身体的

17　厚生労働省（2019）の回答者の基本情報によれば，介護老人福祉施設職員の約 80% が，訪問介護事業所職員の約 82% が，居宅介護支援事業所職員の約 73% が施設介護職員，訪問介護員，ケアマネジャーでしたので，以下，そのように略記します．

暴力」41.8%,「セクシュアルハラスメント」36.8%でした．施設介護職員が体験するのは，圧倒的に「身体的暴力」が多く，ついで「精神的暴力」，訪問介護員が体験するのは，大半が「精神的暴力」で，「身体的暴力」はその半分程度ということです．

施設介護職員の「身体的暴力」の体験率の高さは，易怒性が高く，手や足が出やすい中重度の認知症高齢者を多くケアしていることが，訪問介護員の「精神的暴力」の体験率の高さは，家庭という利用者の「城」で働いていることが背景にあると考えられます．両者とも体験した人の3分の1程度が「セクシュアルハラスメント」を受けています．

家族からの体験は，施設介護職員も訪問介護員も「精神的暴力」84.3%が多くなっています．それに比べると「身体的暴力」や「セクシュアルハラスメント」を受けた人の割合は少なくなっていますが，訪問介護員の場合，「セクシュアルハラスメント」が20.3%と施設介護職員9.2%の倍近くあります．これも職場が密室性の高い利用者宅という，訪問介護員の仕事の特性ゆえと考えられます．

⑦の居宅介護支援事業所職員（以下，ケアマネジャーと略記）の場合，利用者から受けた体験でもっとも多いのは「精神的暴力」73.7%ですが，「身体的暴力」41.0%と「セクシュアルハラスメント」36.9%も，直接処遇の訪問介護員と同じような比率になっています．ケアマネジャーは直接処遇の介護職員ではなく相談援助職ですが，訪問介護員と同じく，利用者宅が職場となるためと思われます．家族からの体験もほとんどが「精神的暴力」89.6%ですが，「セクシュアルハラスメント」13.2%もあります．

⑧は，回答者のうちの相談援助職に対して，利用者や家族から受けた直近の体験の種類を複数回答で聞いた結果です．⑦のケアマネジャーと同様に，大半が「精神的暴力（言葉の暴力）」83.4%です．「脅し」も34.9%あります．「脅し」は「精神的暴力」の一種と考えることができますから，これを含めれば「精神的暴力」の比率はもっと高くなります．「セクシュアルハラスメント」や「身体的暴力（物理的攻撃）」は，上記のケアマネジャーが家族から受けた体験とほぼ同じような割合となっています．

図表 3-4　性別にみた体験の種類　　M.A.（%）

		回答者数	体験者計	身体的攻撃	精神的な攻撃	セクシュアルハラスメント	人間関係からの切り離し	過大な要求	過小な要求	個の侵害
③	連合（2019）	男性（500）	176 35.2	17.0	41.5	14.2	19.3	30.7	22.2	18.2
		女性（500）	199 39.8	5.0	40.7	37.7	23.1	21.6	14.6	26.6
⑧	副田（2019a）	回答者数	体験者計	物理的暴力	言葉の暴力	セクシュアルハラスメント	脅し	所有物の破損		
		男性（247）	173 70.0	27.7	74.6%	9.8	35.8	2.9		
		女性（684）	455 66.5	16.0	79.3%	24.0	30.3	3.5		

注：体験者計の欄は上段実数，下段比率.

性別による違い

介護職や訪問看護師を対象とした調査報告書には，回答者の大半が女性であることからでしょうか，性別による違いについて示したものが見当たりません.

図表 3-4 は，図表 3-2 の③連合（2019）の労働者一般を対象とした調査と，⑧副田（2019a）の主に相談援助職を対象とした調査結果から，性別の違いによる受けた暴力・ハラスメントの種類の割合を示したものです．これによれば，「精神的攻撃」ないし「言葉の暴力」は，労働者一般であっても相談援助職であっても，男女で差はないに等しいのに対して，「身体的攻撃」ないし「物理的攻撃」は男性の方が，「セクシュアルハラスメント」は女性のほうが多いという傾向が窺えます[18].

セクシュアルハラスメントについては，体験したこと自体が恥ずかしい，思い出すのも気持ちが悪い・不快だ，といった感情をもちやすいと言われています．また，自分の受け取り方がおかしいのかもしれない，といった否認の防衛機制が働きやすいとも考えられます．さらに，女性職員が男性利用者から受け

18　これらについては 1% 水準で有意差がありました．なお，図表 3-4 の回答者の大半は相談援助職ですが，介護職と看護師も含まれています.

た場合は，男性だから仕方がない，男性職員が女性利用者から受けた場合は，認知症だから仕方がない，といった意味付けがなされ，よほどの悪意を感じなければ，セクシュアルハラスメントとして認識しないということもあります．関本（2019）が調査で明らかにしたように，感じたとしても「上司が異性である場合，相談しない．」といったことも起きます．他の暴力・ハラスメントについても言えますが，とくにセクシュアルハラスメントの体験率は，事実より低めの数値になっていると思われます．そして，その傾向は女性のほうが強いと考えられます．

2. 暴力とハラスメントに関する認識

(1)　介護職・相談援助職のとらえ方

では，介護職や相談援助職は，利用者・家族からの暴力・ハラスメントをどのようにとらえているのでしょうか．副田（2019a）の質問紙調査における自由回答式質問の結果から，その傾向を見てみます[19]．

「クライエントバイオレンス（利用者によるハラスメント）」について，また，それを調査研究することについての感想や意見を尋ねたところ，その回答は，(a) 回答者自身のとらえ方が窺えるもの，(b) 調査研究や研修への期待のみが書かれているもの，(c) 回答者自身の暴力・ハラスメント体験や対応例が書かれているもの，の3種類に分類ができ，(a) が全体のほぼ半数を占めました[20]．

この (a) に該当する感想・意見を，内容の類似性に基づいて再分類したところ，利用者・家族からの暴力・ハラスメントに関する感想・意見は，以下の7つのコードになりました．【疾患や不安等から生じるので仕方ない】，【専門的力量が問われる】，【人によって受け取り方が異なる】，【介護職・福祉職の安全や人権に関わる】，【介護・福祉のイメージや力関係がもたらす】，【離職につながる】，【予防や対策が必要】．

19　本調査の調査方法等については，p. 47 および注 12，注 13 を参照のこと．

20　なお，自由記述欄に感想・意見が書かれていたのは，回答者全体（986 名）のうちの 1.5 割強（163 名）でした．

最初の3つ，【疾患や不安等から生じるので仕方ない】，【専門的力量が問われる】，【人によって受け取り方が異なる】という感想・意見の人たちは，だからこれは「判断がむずかしい問題」というとらえ方をしているようです．他方，残りの4つ，【介護職・福祉職の安全や人権に関わる】，【介護・福祉のイメージや力関係がもたらす】，【離職につながる】，【予防や対策が必要】という感想・意見の人たちは，だからこれは「対策が必要な問題」ととらえています．

以下，これらの感想・意見を記述されていた文言のまま「　」で括り，いくつか紹介します．「　」の後に，回答者の性別，所属機関，職種，現在の職場での勤務年数を（　）のなかに表示しました．そのつぎの〈　〉内に示したのは，現在の職場で仕事を始めてから今までの，各自の暴力・ハラスメントの体験回数です[21]．

「判断がむずかしい問題」というとらえ方

【疾患や不安等から生じるので仕方ない】「利用者には認知症の方もいるので，多少のことは仕方ないと思っている．このような施設だとハラスメントの線引きがむずかしい．」（女性，施設，CW，10年以上）〈5件以上〉，「認知症の方からの暴力（手を挙げる，抵抗するなど）は，ハラスメントという認識はなく，仕事上仕方のないという気持ちもあると思いますが，そのあたりの線引きがむずかしいかもしれません．」（男性，施設，CW，2-3年）〈1件もない〉，「認知症のご利用者は不穏になったり，入浴の拒否がある場合，叩いたりなどはあるので仕方ないことが多い．ご家族も介護に不安で暴言を吐くことがあるのでむずかしい．」（女性，訪問・通所，CW，6-9年）〈1件もない〉

【専門的力量が問われる】「認知症や精神的な疾患等がある方の場合，判断するのが難しいのではないか？その対応も含めて介護士の役割．理解も必要ではないかと思う．」（女性，施設，CW，10年以上）〈1件もない〉，「ご利用者は認知症

21　なお，（　）内の役所は役所・保健所・直営の地域包括支援センターを，居宅は居宅介護支援事業所，地域包括は委託型地域包括支援センター，訪問・通所は訪問介護・通所介護事業所，施設は介護老人福祉施設を，また，CMは介護支援専門員（ケアマネジャー），主任CMは主任介護支援専門員，SWはソーシャルワーカー，CWは介護職（ケアワーカー），NSは看護師，PHNは保健師の略です．各自の暴力・ハラスメントの体験回数は，それぞれが他の質問で答えたものです．

の方がほとんど．暴言や暴力があるときは認知症という病気から起こっていることなので，あまり気にすることはない．相手の病気からくるものであればうまくかわすのが，対応する介護職の力量と思っている．」（男性，施設，CW，10年以上）（無回答）

【人によって受け取り方が異なる】「セクハラも性的欲求ととらえがちだが，愛情欲求だと思う．女性と男性のとらえ方は違う．人それぞれだと感じている．」（男性，訪問・通所，CW，2-3年）〈1件もない〉，「受け取り方によってハラスメントになる場合，ならない場合があるかと思います．」（女性，居宅，CM，10年以上）〈1件もない〉，「誘われたり，ひわいな言葉を言われたことはありますが，その人の性格と判断し，自分も声にしない性格なのでハラスメントと感じません．苦痛に感じる人が相談できる所はあればいいと思います．」（女性，居宅，CM，2-3年）〈1件もない〉

これらのとらえ方を集約すると，「自分たちが支援している人たちの暴言や暴力の大半は，認知症をはじめとする病気から，また家族は介護負担や不安から起きていることだから仕方がないし，ハラスメントと判断するのはむずかしい．その点を理解し，うまく対応する力量が支援者には求められている．ただし，ハラスメント，とくにセクシュアルハラスメントは，苦痛を感じたり，戸惑う人もいるので，なんらかの配慮や対応はあったほうがよい．だが，受け取り方には個人差があるので線引きがむずかしい．だから利用者や家族からの暴力・ハラスメントの判断はむずかしい．」ということになるでしょう．

これらの意見を述べた人には，暴力・ハラスメント体験は「1件もない」という答えが目立ちました．認知症の高齢者による攻撃的行為は，本人が悪意をもって行う暴力や嫌がらせ・いじめといったハラスメントとは違う，と考えているため，暴力・ハラスメントとして認知することがない，ということのように見えます．

「対策が必要な問題」というとらえ方

【介護職・福祉職の安全や人権に関わること】「利用者に対するワーカーの暴力等は公けになることがあるが，利用者のワーカーには暴力は公になることがない．ワーカー側が悪かったのではないかと言われてしまうこともある．ワーカーには人権はないのかと思ってしまう．」（女性，施設，CW，10年以上）〈5件以上〉，「私たち（福祉職）の人権も守ってもらえる世の中になってほしいです．上司の教育もしてもらえる業界になってほしい．」（女性，居宅，CM，4-5年）〈1-2件〉，「最近でも施設職員が利用者に刺される事件があったばかり．仕事柄，常にどうなるかわからない思いでいる．安全は必ずしも確保されているものではないので，危機感を持つこと，未然に防ぐこと（どこに行く，どういう話をするなどを，職場で共有しておくことは必須）．」（男性，役所，SW，2-3年）〈1-2件〉

【介護・福祉のイメージや力関係がもたらすもの】「病院などの医療機関だとお断りすることもできるが，社会福祉法人だから，福祉だからとの意識が，家族側にもこちら側もあると思う．福祉の仕事から人が離れていかないよう是非調査をお願いしたい．」（女性，施設，SW，10年以上）〈5件以上〉，「福祉の人間なのだから，がまんするのが当然という風潮を感じる．一人の人間として，ひどい扱いを受ければ傷になるということを社会の中で認識してほしい．」（女性，居宅，主任CM，2-3年）〈5件以上〉，「社会福祉職はボランティアの延長か，“心優しい人”が行っているという社会一般のイメージがあるのか，一部の利用者家族から，高圧的な言動をされることがあります．私たちは一般の社会人であり，収入を得て生活している普通の人々であることを知ってもらいたいです．室内犬に嚙まれることも多い．」（女性，居宅，CM，2-3年）〈1-2件〉，「よく『ワーカーは利用者よりも立場が強い側にある』と言われるが，女性ワーカーと男性利用者では，必ずしもそうとは限らない．障害があったり高齢であっても力の強い方はいる（疾病により力や感情を十分にコントロールできない方もいる）ので，密室等で危害を加えられれば恐怖を感じる．利用者からのハラスメントには組織でしっかり対応してほしい．」（女性，施設，CW，1年以下）〈5件以上〉

【離職につながる問題】「男性利用者が認知症状になり，色気が出たりその部分が残っても仕方がないとわかっていても，こちらはそのようなお店の店員ではないから気分はよくないし，それでもそれを報告して何も処置がなされなければ，この仕事をしたくないという気持ちになる．」（女性，施設，CW，2-3年）〈1-2件〉，「閉鎖的な空間（相手の家）で，相手のテリトリーのなかで，利用者やその家族からのハラスメントは大なり小なりあるものです．介護職の離職が多い要因であることも．働き手がしっかりと守られ，サポート体制があれば安心して長く勤めることができます．」（女性，居宅，CM，10年以上）〈5件以上〉，「介護職の離職原因としてかなり大きな要素であると聞いています．きちんと研究をして安心して仕事ができる体制を整備してほしい．」（女性，役所，PHN，10年以上）〈5件以上〉

【予防や対応策が必要な問題】：「利用者と支援者は対等の立場なのに，利用者からのハラスメントに対しての対応策が見当たらない．どうしたらよいか．」（男性，居宅，CM，10年以上）〈1件もない〉，「クレーマー的な方が増えている．自分の思い通りにならないとすべてCMのせいだと責められる．担当をやめたくても次が見つからない．包括に相談しても『上手くかわすしかない．』と，具体的な解決にならない．事例の研修会などをしてもらいたい．」（女性，居宅，CM，10年以上）〈5件以上〉，「クライエントバイオレンスによってヘルパーの調整に苦労する．利用者への処罰を含めたヘルパーを守る方法が確立するといい．」（女性，地域包括，SW，10年以上）〈1-2件〉，「支援者・介護者の安心安全を考えること，支援者の身は組織の中で守られるべきです．そのために支援者が準備をすべきこと，やるべきこと，学ぶべきことを学びたいです．」（女性，役所，SW，2-3年）〈5件以上〉

以上の意見を集約すると，「介護職や相談援助職は福祉の人だから利用者に尽くすのが当然という社会の風潮や，女性だから，ヘルパーだからと自分より下に見る人々が少なくないため，自分たちは利用者や家族から暴力・ハラスメントに遭いやすい．なんとか対処したり，がまんしてやってきているが，本来，自分たちの人権や安全安心については組織や制度に護ってもらいたい．対応策やマニュアル等を整備してもらい，自分たちも学んでいきたい．そうでなければ，安心して長く務めることができない，離職も減らない．」ということになるでしょう．

つまり，この問題を介護職，相談援助職全体にとっての改善すべき問題としてとらえ，積極的な対策を求める意見と言えます．この意見の人たちの大半は，暴力・ハラスメント体験をもっていました．

(2)　専門職としての責任，使用者としての責任

専門職としての責任

ハラスメントは判断や線引きがむずかしいという意見には，判断には個人差があるからというだけでなく，利用者のニーズ充足，利益の最優先を図る専門職としての責任感が反映している可能性があります．利用者や家族による特定の行為をハラスメントとして上司等に報告してしまうと，結果として，当該利用者や家族をサービスから切り離してしまい，不利益を生じさせることになるのではないか．そうした懸念や不安です．

> 「些細なことで怒鳴るケースの対応について，専門職としてケースの背景を理解し，どうアプローチしていくか？　という視点と，『これはハラスメント』と切り捨ててしまう考え方のはざまで悩んでいます．」（女性，居宅，CM，10年以上）〈3-4件〉

当該行為の原因やきっかけを理解し，上司等と相談しながら適切な対処を考え実施していくことが専門職としての責任であることはわかっているものの，そのことが「ハラスメントを起こす問題利用者・家族」というラベル貼りになり，結果として，利用者に不利益をもたらしてしまうのではないか，というジレンマです．

介護・福祉の現場では，こうしたジレンマは現実的によくあることと思われます．しかしそうであっても，暴力やハラスメントをできるだけ未然に防ぐ，起きそうなとき，また，起きたときには適切な対処を行う，そうした方策や手順等の学習を含む，介護職・相談援助職の環境整備を行うために，「対策が必要な問題」という認識は重要です．介護職，相談援助職の安全や安心に資する対策の下で，利用者や家族へのサービスの質の向上を一層目指すことが専門職の責任と言えます．

使用者としての責任

介護や福祉に携わる者であろうが，他の産業の労働者であろうが，安全が確保された職場で安心して働きたい，というのは，ごく当たり前の人としての基

本的欲求です．2019年にパワーハラスメント防止対策が法制化されましたが，そもそも日本の労働契約法（2008年制定）は，その第5条で使用者の安全配慮義務を規定しています．「使用者は，労働契約に伴い，労働者が生命，身体等の安全を確保しつつ労働することができるよう，必要な配慮をするものとする．」この「生命，身体等の安全」には，心身の健康も含まれます[22]．それゆえ，使用者による安全配慮義務を果たすための施策としては，安全装置の設置，健康診断の実施，労働時間の管理といった主に身体の安全のためのものだけでなく，メンタルヘルス対策や人間関係の改善，パワハラの撲滅等も含まれることになります[23]．

介護職，相談援助職の使用者も当然，この安全配慮義務を負います．介護職，相談援助職が心身ともに，安全，健康で働けるよう，使用者は種々の取組みを行う責任があります．利用者や家族からの暴力とハラスメントのすべてが，介護職，相談援助職の心身の安全と健康を脅かすわけではないにしても，その可能性がある以上，その予防や備えは，パワーハラスメントの撲滅と同様に使用者の責任と考えるのが当然です．「相手は病気や障害を，また，介護不安や生活困難等を抱えている人たちだから，それくらいは仕方ない」，「あなたたちは，介護職や福祉の相談援助職だからそれくらいがまんすべき」といった言動を使用者がしているのであれば，使用者としての責任を果たしていないことになります．

職員であれ使用者であれ，利用者や家族の不適切な行為を暴力・ハラスメントとして判断することにためらいがあったり，仕方ないこととみなそうとするのは，そのように判断すれば，その行為の責任を当該利用者や家族に帰して，脆弱性や困難を抱えた弱い立場にあるかれらを「悪者扱い」することになる，弱い立場にある者に寄り添うべき介護・福祉の人間としてそれはできない，と

22　厚生労働省「労働契約法のあらまし」p. 8.

23　土田によれば，使用者には，労働者の正当な利益を不当に侵害してはならない義務（配慮義務）がありますが，この正当な利益には，生命・身体だけでなく人格的利益（自由，名誉，プライバシー）が含まれます．パワーハラスメントはこの人格的利益の侵害にあたる行為であり，これが社会通念に照らして許容範囲を著しく超えるようなものであれば，人格侵害の不法行為（民709条）が成立すると解されます（土田 2016. pp. 130-131）.

いった心理が働くからかもしれません．しかし，利用者や家族による暴力とハラスメントは，かれらの個人的な理由によって発生するというよりも，職員との関係や職場の組織的要因，また社会的要因や文化的要因の関わりのなかで生じます．

この点の理解を深めるために，次章では，暴力とハラスメントの発生に関わる要因を，介護職と相談援助職に分けて考えてみます．

第4章　発生に関わる要因

1.　介護職員の場合

(1)　カナダと北欧の違い

利用者・家族からの暴力・ハラスメントの発生には，どのような社会的要因や個人的要因が関連しているのか，この点を介護職員については施設職員の場合と訪問介護員（ヘルパー）の場合に分けて，文献をもとに考察します．相談援助職については，文献と副田（2019b）のインタビュー調査の結果を合わせて考察します．

施設職員の体験

三富が紹介するカナダと北欧4カ国の介護施設職員を対象とした調査は，施設利用者の暴力発生に関わる根本的な要因が人手不足であることを示唆しています．この調査は，カナダのBanerjeeらが行ったもので，カナダでの調査（2006年実施）は，3つの州の労働組合をもつ介護施設（71か所）の職員を対象としたものです．回収数（948）の約半数が介護職員で，そのほとんどが女性です．北欧4カ国の調査（2005年実施）は，デンマーク・フィンランド・ノルウエー・スウェーデンの介護施設で働く，労働組合に参加している職員を対象としたものです（回収数1,574）．

図表4-1は，施設入所者とその家族による介護職員への身体的暴力の頻度を尋ねた結果です．北欧の4カ国の数字の間には大きな差が見られないので，北欧4カ国（以下，北欧と略記）の平均値とカナダの数値を比較します．入居者から就業中に身体的暴力（叩く，殴られる，つねる，噛む，髪の毛を引っ張る，小突く，唾を吐きかける，手首を捻じる等）を，カナダでは「大体毎日」受けたと

図表 4-1　カナダと北欧における介護労働者が受ける暴力の頻度

(%)

	大体毎日	毎週	毎月	それほどではない	なし
デンマーク	5.6	10.3	7.0	43.0	34.7
フィンランド	8.1	11.6	10.5	46.5	23.3
ノルウェー	6.8	10.7	7.5	45.2	29.7
スウェーデン	6.2	13.3	10.5	43.0	26.9
北欧 計	6.6	11.4	8.8	44.6	28.6
カナダ	43.0	23.1	7.8	15.8	10.3

出典：三富（2009）p. 126.

いう回答者が全体の 43.0% います．北欧のそれはわずか 6.6% です．これに，「毎週」受けたという人の割合を足すと，カナダは 66.1%，北欧は 18.0% です．カナダの数字は実際に暴力を受けた場合について尋ねた結果ですが，北欧の数字は暴力を振るわれそうになった場合も含めて尋ねたものです．この点を考慮すれば，実際に身体的暴力を受けたという人の割合の開きは，もっと大きいはずです．

人手不足問題

図表 4-2 は，職員不足の状態を尋ねた結果です．カナダでは職員の 43.8% がそれは「大体毎日」のことだと答えていますが，北欧では 15.4% のみです．これに，職員不足は「毎週」という回答を合わせると，カナダは回答者の大半と言ってよい 78.2% にまでなります．北欧は半数弱の 45.4% です[1]．

職員不足は，職員に過重労働を求めることになります．多忙な職員の援助が，「要介護高齢者の生活リズムを無視してあわただしく行われると，入居者は脅威を感じ取り，我が身を守るために暴力的な応酬を以ってこれに対応する傾向」が見られるようになります[2]．また，職員にとって入居者との関係性は，暴力を未然に防止するだけではなく，よりよい介護サービスの拠り所となるものですが，職員不足は，関係づくりに役立つ行動，たとえば，入居者と談笑す

1　人手不足の状態を「大体毎日」か「毎週」か，といった尋ね方をするのは，パート・アルバイトなど，1 日単位や週単位，月単位の被雇用者が多いからでしょう．

2　三富（2008）p. 127.

図表 4-2　カナダと北欧における介護現場の人手不足状態

(%)

	大体毎日	毎週	毎月	それほどではない	なし
デンマーク	23.1	31.1	21.9	18.2	5.7
フィンランド	12.4	26.9	31.4	26.2	2.9
ノルウェー	13.6	32.4	18.5	31.2	4.2
スウェーデン	12.0	29.7	22.8	32.3	3.2
北欧 計	15.4	30.0	23.8	26.7	4.0
カナダ	43.8	34.4	8.7	10.6	2.5

出典：図表 4-1 に同じ.

る，コーヒーを一緒に飲む，テレビを一緒に見るといった行動を取りにくくさせます．調査によると，北欧の職員の 49.7% は，「日に 1 回以上」入居者と一緒にコーヒーを飲むことがあるのに対し，カナダの職員は 32.9% にとどまっており，それが「月に 1 度に満たない，もしくは，ない」という職員が 53.3% います．

職員間のコミュニケーションも，利用者の状況理解や対応の成功例を話し合うなどによって暴力防止に効果的であると考えられます．しかし，北欧では，同僚との話合いに十分な時間が「いつも，もしくはほとんどの場合ある」と答えた者が全体の 54.0% いましたが，カナダでは 21.5% のみでした．その結果，入居者への介護を，「ほとんど一人作業であると強く感じる」職員がカナダでは 37.6% いました．北欧では 6.0% のみです．施設における介護はチームワークを必要とするにもかかわらず，こうした状況であることは，「労働者と入居者の双方の健康と安全にとって重大な脅威」と言えます[3]．

労働者の仕事上の権限や裁量の大きさも，入居者への対応の質に影響します．入居者の介護計画作成に対する影響力を「いつも，もしくはほとんどの場合もっている」と答えた者は，北欧は 45.0% いましたが，カナダは 23.8% にとどまっています．こうした仕事上の権限のなさは，入居者のニーズへの柔軟な対応を困難にし，「入居者の心地よさと自らの安全とをないがしろにする必要に迫られて」しまうことになります[4]．カナダの職員たちのほとんどが，「結果と

3　三富（2008）p. 131.

して不十分な対応」であると感じ，自責の念に駆られています．こうした感情は就労意欲を低下させ，離職率を高めます．それは，さらなる職員不足を生み，施設内の暴力を生みやすい雰囲気を強めていきます．

人事管理政策の問題

こうした結果を踏まえ，Banerjeeらは，カナダと北欧の以上のような違いは，「人事管理政策における相違」から生じていると断じています．そして，男性優位社会における女性差別の表れとしての介護労働の過小評価，「生活の質を担保するに相応しい介護労働に求められる判断，コミュニケーション，知識，技術」を不要とする認識，すなわち介護労働非専門職論が，低賃金による慢性的な職員不足をもたらす政策の背後にあるとしています．こうした政策の下で，施設職員として働いているのは大半が女性ですから，Banerjeeらに言わせれば，入居者による暴力は，女性への暴力問題の1つです[5]．

カナダでも入居者の大半は認知症高齢者であり，職員は専門的な介護技術を習得することが必要です．しかし，暴力行為の発生を防止する上で有効と考えられる職業訓練や研修は，資金不足から制約を受けています．実施されている訓練も，勤務時間内の出席を求められることが多く，職員の参加状況は低調です．人手不足で業務過多という状況では，どこの国であっても，職員が積極的に研修に参加し，新たな学びを得ることは非常に困難ということです[6]．

(2)　介護人材不足がもたらすもの

介護人材不足

日本においても，介護の人材不足が利用者・家族の暴力・ハラスメント発生の大きな要因考えられます[7]．介護保険以後，施設サービスも居宅サービスも

4　三富（2008）p. 127, 130.

5　カナダの調査を実施したBanerjeeらは，カナダでは介護労働者の多くが移民を含むエスニックマイノリティの女性たちであることから，利用者の暴力は女性への暴力というだけでなく移民・エスニックマイノリティへの暴力として考えていく必要があるとしています（三富 2008. p. 123）．日本でも今後起き得る課題です．

6　カナダの調査対象施設は，労働組合のある施設でした．多くの労働組合のない施設では，もっと厳しい状況ではないかと想像されます．

急増しました．それに伴い，採用困難による人材不足の事業所がとくに増え，人材派遣業者に頼らざるを得なくなっていますが，それでも慢性的な人材不足が続いています[8]．大都市圏ではそれが顕著です[9]．人材不足の主要な理由の1つは，きつい労働の割に賃金が安いということです[10]．

介護サービスが「市場化」されたことで事業者がサービスの質を競いあい，介護労働者全体の賃金アップにつながるというのは幻想で，国が介護報酬単価を操作する「準市場」のために，また，介護保険の持続可能性への不安や疑心から，賃金アップより内部留保や営業利益の増加に関心を寄せる事業者が少なくないと言われています．

慌ただしい不安定な環境

深刻な人材不足は，施設入所者の要介護度が重度化していくなかで生じています．その結果，多くの施設で職員は過重労働を強いられています．限られた時間のなかで，多数の業務をこなさなければならないため，いつも仕事に追わ

---

7 「人材不足」と「人手不足」という用語は，正確には意味が異なりますが，本論では同じ意味で扱っています．

8 介護労働安定センターの令和元年の調査結果によると，施設の介護職員については回答事業所の79.7%が，訪問介護員については81.2%が不足していると答えています（介護労働安定センター 2019. p. 46）．

9 平成28年度すべての職業の平均有効求人倍率は，全国1.25，東京都1.74，介護関連職種（施設介護員やホームヘルパー等）のそれは，全国3.13，東京都5.86です（東京都福祉保健局 2018. p. 199）．

10 近年は，「介護職員改善加算」が行われ，その加算を取得している事業所の介護職員（月給・常勤）の平均給与額は30万円（H30年9月）になっています（厚生労働省 2018. p. 3）．また，介護労働職（介護支援専門員や看護職員も含む）の所定内賃金（1か月あたり決まって支給する税込み賃金額．交通費，家族手当等を含む．）は年々増加し，平均で23.4万円（H. 30. 月給）になっています（介護労働安定センター H30. p. 107）．それにもかかわらず人材不足が続いているのは，3K（きつい・汚い・危険）と賃金が安いという介護職のイメージのためだという意見もあります（長屋．2020）．しかし，所定内賃金も介護職員（月給・常勤）に限定すると21.5万円（男女計）に下がります．厚生労働省の「賃金構造基本統計調査」（H30）によると，10人以上の事業所・企業の平均所定内賃金は30.6（男性33.8，女性24.8）万円ですから，介護職員の平均勤続年数が相対的に短いことを考慮に入れても，介護職員の賃金は相対的に低いと言えます．

れ，施設内を慌ただしく移動する，職員間のコミュニケーションや助け合いも限られているため，入所者から何か頼まれても，「ちょっと待ってください.」と言って立ち去る，利用者の心身の状態や欲求を観察やコミュニケーションを通して理解するよりも，必要な介護を急いで済ませようとし，行動をせかしたり，その言動を否定することで利用者のプライドを傷つけてしまう．こうしたことが起きている職場では，認知症高齢者は不安を強め，不穏になったり，突然，攻撃行動を起こしたりします[11]．こうした職場の雰囲気や職員の態度，言動を含む居住環境が誘因となって生じる高齢者の攻撃は「環境起因型」の暴力・ハラスメントと言えます．

進行性の認知症をもつ人は，客観的には穏やかで安定しているように見える居住環境であっても，非常に混乱した状況と感じ，不安から攻撃的になることがあります[12]．居住環境の要因よりも疾患・障害要因のほうが発生により関与しているように見えるこうした「疾患・障害起因型」の暴力・ハラスメントというものもあります．しかしやはり，居住環境が安定的でゆったりとした安心感の得られるものであれば，利用者の不安は多少なりとも緩和されるはずです．

職員間のコミュニケーション不足

派遣社員や嘱託雇用，夜間勤務のアルバイトなど，さまざまな立場の非正規用の職員も含め，職員間のコミュニケーションは勤務に必要な情報の共有のためだけではありません．雑談やちょっとした会話を通した関係づくりが重要です．勤務中困ったときに助けを求める／求められる関係は，そうした日頃の何気ないコミュニケーションから作られ，維持されます．しかし，人材不足や過重労働は，利用者との間だけでなく，職員間のこうしたコミュニケーションの機会を減らします．利用者がいきなり怒り出したときに，どうしようと思っても助けを呼べない雰囲気がある職場であれば，それは利用者にとっても居心地のよい居場所にはなっていないはずです．

11　精神科・身体科ともに医療の現場でも，医療スタッフが多忙，手薄な状況では，「要求が十分に満たされない」「自分への関心が向いていない」とフラストレーションのため，患者の暴力が起こりやすい，と指摘されています（本田 2017. p. 35）.

12　Linsley, P.（2006）p. 117.

また，過剰労働等によって，職員が慢性的にストレスや強い疲弊感・消耗感をもつようになった職場では，指揮命令系統がより強化されるようになり，職員間に不安を生み出しがちとなります．そこでは，職員間のコミュニケーションや信頼関係は育たず，職員間の対立や不信，叱責やハラスメント，暴力が発生しやすくなります．そうした状況は，職場の全体の不安を煽り，利用者を不穏にさせ，利用者の職員や他の利用者への暴力を発生しやすくします[13]．

暴力と虐待

自身も介護労働の経験をもつ白崎が，仲間の労働実態をリサーチするためにインタビューした特別養護老人ホームのある職員によると，「利用者からの暴言暴力は日常茶飯事」で，「殴られるとか噛みつかれるのはいつものこと」，こうしたことに「カッとなってとか，利用者からの暴力を回避するためのノウハウを持ち合わせていなくて，叩かれないように先に利用者に攻撃するケース」もあるということです[14]．こうした虐待は，おそらく，認知症ケアの経験が浅いだけでなく，適切な認知症ケアの研修を十分受けていない職員によるものと思われます．そこには，「介護してやっているのになんだ！」といった介護者優位の意識もあるように見えます．

しかし，経験年数が浅いわけでも，認知症ケアについて学んでいないわけではない職員でも，不適切介護や虐待を起こすおそれがあります．普段であれば，認知症高齢者の暴言・暴力にもなんとか対処し，どうすればよかったのかと振り返えることができる職員であっても，その攻撃がほかの職員ではなく，自分だけに向けて繰り返し行われたりすると，その行為に悪意を感じてしまいます．憤りや怒りの感情がわき，それをコントロールできない自分を責め，追い詰め

13　組織における慢性的ストレスがもたらすこうした悪循環については，Bloom and Farragher（2011）pp. 140-170 も指摘しています．

14　この女性職員は，介護職の待遇を改善することで利用者の人権を護る意識が高まる，今のままでは利用者の優しくなれない」と決意して労働組合を立ち上げたうちの１人です．白崎は，高齢者虐待が増えてきているのは，人手不足によって利用者が不穏になりがちであること，施設側が人権を考慮して向精神薬によっておとなしくさせる方法を取らなくなったこと，人権意識が高くなり通報が増えていることなどがあるとしています（白崎 2009. pp. 132-133）．

られて虐待を疑われる不適切な行為を行ってしまうことすらあります[15]．人の感情や行為を操作してしまう，こうした「巻き込み型」の暴力・ハラスメントは，介護や社会福祉の実践現場ではまれではありません．不適切な行為を防ぐには，同僚・上司への相談やかれらからの支援が不可欠であり[16]，そのためには，日ごろからの円滑なコミュニケーションが必須です．

職員による利用者への虐待や不適切行為の引き金の１つに，利用者の暴言・暴力といった攻撃的行為があるのは確かです．しかし，それはあくまでも引き金であって，虐待や不適切行為の背景には，やはり人材不足や過重労働等の要因があると考えられます．

不適切介護や虐待につながりやすい職員の苛立ちについて，介護老人福祉施設職員にインタビュー調査を行った藤江は，分析の結果，職員の苛立ちに関わる要因を次のように述べています．職員たちは，勤務の疲れ等による「心身状態の不調」や，勤務あるいはまた組織に対する不満，介護職に対する低い社会的評価などによる「モチベーションの低下」という苛立ちやすい状態で業務につき，「終わらない業務への焦り」によって，向けようのない苛立ちを生起させていく．そうしたなかで，利用者からの攻撃的・否定的な反応を受けると，それが「利用者への苛立ち」に発展していく[17]．心身の不調をもたらすほどの勤務による疲労，次から次へと終わらない業務．やはり，人材不足がこれらを強化し，利用者に対する不適切介護や虐待につながっていくことは否めません．

仕事に対するモチベーションの低下をもたらす職場や組織に対する不満，また，社会的評価の低さに対する不満は，職員が潜在的にもっている介護者優位の意識を強化してしまう要因になっていると考えられます．女性が行う，専門的知識は必ずしもいらない仕事だとみなされて，過重労働のわりには賃金が低い，また，社会に欠かせない重要な仕事であるにもかかわらず社会的評価が低

15　越谷（2012）p. 134.

16　人材不足や賃金抑制のため，施設の職場リーダーや管理職に若い人を配置する施設もあると言われていますが，職場リーダーや管理職の指導力，職場マネジメント力が弱いとなれば，職員は支援を求めて相談することができません．

17　「多忙な業務のなか，利用者のことを考えて実施した介護が拒否されると，業務が無駄になったように感じたり，自分が否定されたように感じ，拒否した利用者に対して苛立ってしまう．」ということです（藤江 2020. p. 62）.

く，社会的劣位に置かれている[18]．こうしたことへの不満を，「介護してやっている．」と心の内で思い，心理的に利用者より優位の立場に立つことでなんとか持ちこたえる．そうした人がいても不思議はありません．こうした介護者優位の心理や意識は，利用者から攻撃や否定的反応を受けると，「介護してやっているのになんだ！」と，利用者への嫌がらせや不適切介護，虐待などをしてしまうおそれがあります．

根本的問題としての人材不足

介護職員が介護職として学んでおくべき介護の理念や知識，倫理等を知らないということは，当該職員の個人的責任というより，施設の研修体制や監督指導体制不備の問題と言えます．職員が多忙で研修時間を確保することが困難とか，職員の入れ替わりが激しく効果的な研修プログラムや指導体制を組むことが困難，ということであれば，これもまた人材不足ゆえということになります．高齢者ケアに関心をもっていない，むしろ苦手だというような人まで雇用せざるを得ず，研修をしてもその効果がでないというのであれば，施設の経営方針等に課題がある場合もあると思われますが，人材不足も主な理由の１つと言えるでしょう[19]．

それゆえ人材不足の問題は，虐待防止および暴力防止の観点からも，政策的に一層の改善を図っていかなければなりません．ただし，人材不足の状況にあっても，施設運営の工夫を行い，職員による虐待や利用者による暴力・ハラスメントを極力防止しようと努力している法人が存在するのも事実です．

18　介護労働安定センターの調査（2019. p. 57）によると，介護職（施設系）の悩み・不安・不満等のトップは「人手が足りない」(54.2%）ですが，「仕事内容のわりに賃金が低い」(51.4%)，「身体的負担が大きい」(44.2%)，「業務に対する社会的評価が低い」(31.8%）なども多くあげられています（複数回答）．

19　副田（2019b）のインタビュー調査の対象者で，民間施設での職場責任者もしていたケアマネジャーによると，施設はいつも人材不足で，「底引き網」と言っていたように，何のために面接しているかわからないくらい，とにかく来た人を誰でも採る，だから職員の質は非常に悪く，虐待もすごかった，研修もなかったということでした．

(3)　消費者優位・男性優位の意識

介護サービスの「市場化」に伴う契約によるサービス利用は，利用者・家族，およびサービス事業所・介護労働者の態度・意識の変化をもたらしました．これが，利用者・家族による暴力・ハラスメント発生要因の１つという指摘があります．ここでは，訪問介護員が受ける暴力・ハラスメントについて見ていきます．

過酷な労働条件

介護保険以後，居宅介護サービスの中心である訪問介護員，つまりホームヘルパーには登録ヘルパーが増えてきました．登録ヘルパーや非常勤ヘルパーが低賃金労働であるばかりでなく，「訪問先の増減で労働時間と給与が変わる出来高払いのような働き方」であるのは，主婦のパート労働をあてにした介護制度の設計ゆえです．今日，都市部を中心に，ヘルパーの人材不足は施設の介護職員のそれよりも著しいものになっています．そして，制度改変による訪問時間の細切れ化などもあり，時間給で働くヘルパーは訪問回数を増やすことを余儀なくされています．その結果，まともに昼食を取る間もなく「時間に追われ，利用者と話す時間もない．やりがいも削られ，ケアの質も担保できず我慢も限界」に追い込まれているヘルパーたちがいます[20]．

ホームヘルパーが時間に追われるようになると，利用者・家族との雑談や会話といったコミュニケーションの時間が少なくなり，ヘルパー自身が質のよいサービス提供のために欠かせないと考えている利用者・家族との関係形成が思うようにできなくなります．また，柔軟な対応もできにくくなり，利用者の要求に適切に対応できないことも起きてきます．気持ちのゆとりもないため，その理由の説明を省くことも出てきます．

20　こう語る女性ヘルパーが仲間２人とともに，このようなヘルパーの働き方は，就労時間が保証されず，休業手当もなく，実態は労働基準法違反であると主張し，国が規制権限を行使しないのは違法として，2019 年 11 月，東京地裁に国家賠償訴訟を起こしました．（東京新聞 Tokyo web 2020 年 2 月 29 日），本裁判の意義については，働く女性の全国センター 2020 年 1 月 20 日の記事を参照のこと．

そうなると，サービス利用料を払っている利用者や家族の不満は強くなり，ヘルパーや事業所，あるいはケアマネジャーに対してクレームを言う可能性が出てきます[21]．妥当なクレームであれば，それは利用者の消費者としての権利です．しかしときに，対話による問題解決の姿勢をもたず，度を超えた一方的な叱責や罵詈雑言，脅し，長時間にわたる拘束といった悪質な形でクレームが表現されることがあります．これらは，ホームヘルパーや事業所の担当者，ケアマネジャーを傷つけ，強い不安や不快感，脅威等を感じさせるだけでなく，作業妨害・営業妨害といった実質的な損害をもたらすおそれのあるハラスメントです．近年聞かれるようになった，カスタマーハラスメントと言えます[22]．

消費者優位の意識によるハラスメント

この種のハラスメントが多くなってきた背景として，鴻上は，介護の「市場化」による契約関係がもたらした利用者・家族と事業所・ヘルパー双方の意識の変化を指摘しています．介護保険による介護の「市場化」によって，利用者はサービスを買った側，事業者はサービスを買ってもらった側という立場が明確になり，「お金を払っているのだから」という消費者優位の意識，お客様から「お金をもらっているのだから」という事業者劣位の意識が生まれました[23]．事業者がヘルパーに，「利用者・家族は『お客様』だから，少々のことは……」というプレッシャーを与えれば，ヘルパーはそれを意識せざるを得ません[24]．利用者・家族は，介護サービス上のちょっとしたミスや「期待はずれ」のサービスに，また，サービス不足等に関する不満や苦情をクレームとして言

21　医療の現場におけるハラスメントについても，その30％程度は，サービス面の不備や軽微な医療ミスが一因といった医療側にも原因があるものと看護師たちによって捉えられていました（兼児他 2009）．

22　国のパワーハラスメント防止に関する「指針」で言う「顧客等からの著しい迷惑行為」は，もっぱらこうした行為を指していると言えます．

23　鴻上（2019）pp. 9-10.

24　介護クラフトユニオンの調査によると，ハラスメントを受けても上司に相談しない介護従事者は，相談しても解決しないと思った理由をいくつも記述しています．そのなかには，「事業所はご利用者大事，お客様至上主義」「事業所は常にご利用者への体裁しか考えていない．」「会社の代表が『すべてはご利用者のためにある』と発言．」などがあります（介護クラフトユニオン 2019. p. 61）．

いやすくなりました．他方，ヘルパーは聞き入れざるを得なくなりました．鴻上は，介護場面で起きているハラスメントの多くは，この「クレームが発展したもの」と考えられると言っています[25]．

認知症高齢者の介護を専門職に担ってもらえるようになったからこそ，家族は本人に代わっていろいろとヘルパーに伝えなければと，家族としてのケア責任を果たす一環として苦情を言うという側面もあります[26]．サービスの不備等の改善を求める正当な苦情であれば，それは消費者として当然の権利です．しかしそれが度を越しているとか，サービス提供者側や第三者から見て不当に感じられるものである，強い不快感や不安，脅威等を感じさせる，といったものであれば，それは「悪質クレーム型」のハラスメントと言わざるを得ません．

しかし，ヘルパーに対するハラスメントで目立つのは，それよりも介護保険で定められたヘルパー業務以外のサービスを強要するというものです．そもそも利用者や家族にとって，介護という仕事はその境界があいまいであるため，あれこれと要求しやすいという側面があります．「前のヘルパーはやってくれたのに，あなたはやってくれないのか」としつこく言われ，いやいややらされる，事業所のマニュアルに沿って断ると，嫌味や暴言を吐かれる，といった「過剰要求型」のハラスメントです[27]．こうしたハラスメント行為の背後にも，介護保険以降，強化されていった利用者・家族の消費者優位の意識があるように見えます．

労働社会学が専門の阿部は，全業種におけるカスタマーハラスメントの背景

25　鴻上（2019）p. 9.

26　木下は，家族介護者は認知症高齢者に関する「一種の特権的知識」をもっている存在として，「介護サービスはどのように提供されるべきかしばしば判断することになる」，そして「介護における重要な責任をいわば背負いこんでいくのだ．」と指摘しています（木下 2019. p. 187）.

27　たとえば，グループホーム利用者の息子からの理不尽な要求に対して，「介護保険に含まれないサービスはできかねます．」と断ったところ，息子は形相を変え，強い調子で理不尽な要求を繰り返し，「お前，バカじゃないの．」「お前じゃ話にならん．上の者を呼べ．」と怒鳴られた例．本例の職員は，後から施設長に「君の説明が悪かったんだ．」と言われ，「バカ呼ばわりされたのも情けなかったが，上司にかばってもらえなかったこともすごく情けなかった．」と二次被害に遭ったことを話しています（NHK「クローズアップ現代＋」取材班 2019. pp. 38–40）.

として，人々の「労働者への想像力の欠如」を上げています．労働組合と労働運動は弱体化する一方で，消費者重視の企業間競争の激化は，消費者や消費者運動のパワーを強化し，結果として，人々の「労働者への想像力の欠如」がもたらされたということです[28]．介護の世界は，介護保険の前も後も労働運動はほとんどなく，介護の仕事は家庭内での女性役割の延長として社会的に低く評価されてきました．一方，政府は，介護保険の導入にあたり利用者本位や利用者の自己決定を強調し，介護サービス事業者は顧客獲得の競争を求められてきました．介護の世界には，「労働者への想像力」を育てるパワーはどこにもなく，消費者優位の意識を育てやすい構造があります．

ヘルパーの側の「線引きの葛藤」

訪問介護員の調査を行った関本によると，訪問介護員たちは，利用者・家族の要求にどこまで応えて支援したらよいのか，「線引きの葛藤」に悩むことがあります．仕事をしていく上で利用者・家族との信頼関係は重要であるため，ヘルパーは関係構築や発展に向けて努力します．また，利用者・家族の役に立つことで満足感やヘルパーとしての「自己有用感」を得ることができます．満足感や「自己有用感」は，仕事のモラールを高めます．しかし，この満足感や「自己有用感」に自身の存在意義を見出し，利用者・家族の期待にできるだけ応えていくと，正当とは思えない要求でも断りづらくなります[29]．こうしたヘルパーの態度は，利用者・家族を依存的にさせ，要求の限度を見失わせてしまうおそれがあります．医療現場でも「専門職としての境界」の問題として注意喚起されている事柄です[30]．

28　NHK「クローズアップ現代＋」取材班 2020.（pp. 97-99）より．

29　関本（2019）p. 27　類似のことは訪問看護師に対する調査を行った三木も指摘しています．三木によると，訪問看護師は「利用者に気に入られたいという欲求」から訪問看護計画書で示された以上のサービスをしがちだが，この気に入られたい，認められたいという想いが，暴力・セクハラ等を容認する態度につながるということです（三木 2017. p. 61）．

30　Linsley は，「医療スタッフは専門職としての役割と境界を意識し，患者と一定の距離を置くことが相手の尊厳を保つことになることを認識しておくこと」と述べています（Linsley 2006. pp. 103-104）．

こうした「自己有用感」を求める姿勢には，大変な，あるいは気の毒な利用者や家族を，自分は助けてあげているといった介護者優位の意識が潜在化している場合もあると思われます．

職場の仲間や上司が側にいれば，利用者・家族と心理的距離の近さについて注意を受けることができたり，対応に迷うとき相談することもできます．しかし，直行直帰の労働形態ではそれはなかなか困難です．自身の支援のありようを上司と振り返ったり，適切な支援関係の形成・維持に関する知識やスキルを改めて学ぶといった機会は乏しいのが現状です[31]．

イメージの問題

利用者・家族の過剰な要求には，介護という対人援助サービス職に関する一般的なイメージも関係していると考えられます．そのイメージは，困っている者の要望はなんでも受け止めてくれる人，できるだけのことをやってくれる人，気遣いや配慮をしてくれる人，あるいは，そういうことをすべき人，といったものです．利用者・家族だけでなく，当事者である介護職自身も，こうしたイメージに囚われていることがあります[32]．「専門職としての境界」という自覚をもつ機会がないと，囚われから解放されず，職務外の要求にも応えてしまいがちになります．

男性優位の意識によるセクシュアルハラスメント

施設職員も入所者からセクシュアルハラスメントを受けることが少なくありません[33]．しかし，ホームヘルパーは１人で，利用者宅に入っていくことから，

31　2018 年，国が委託して実施された調査をもとに『介護現場におけるハラスメント対策マニュアル』がつくられていますが，これには，特定の職員との距離が近くなりすぎないために，曜日で，あるいは定期的に担当者を変更するといった案も出ています（p. 20）．しかしこれを機械的にやりすぎると，ヘルパーの学びには結びつきませんし，なによりも利用者・家族にとって不安定さと面倒が生じかねません．

32　こうしたイメージは，第３章２節で紹介したように，介護職・相談援助職からも語られています．

33　特養の入所者の大半は認知症高齢者になってきていますが，白崎によると，認知症であっても，セクシュアルハラスメントの行為の意味は十分に理解しており，職

そのリスクはより高いと言えます．

「サービス提供時，不必要に個人的な接触を図る．」「性的冗談を繰り返したり，しつこく言う．」「サービス提供中に胸や腰などをじっと見る．」「アダルトビデオを一緒に見るように言われる．」「金をやるからと言って性的な行為を迫る．」[34]．こうしたセクシュアルハラスメントを行う利用者は，自分がコントロールできる密室性の高い空間にいるため，「ちょっとした」性的言動を行っても，サービスの対象であり，サービス料を支払っている自分が，ヘルパーに反撃されることはないと思っている節があります．消費者優位の意識です．

また何よりも，セクシュアルハラスメントの背景には，男性優位の意識があります[35]．ホームヘルパーのほとんどは女性です．男性利用者，また，利用者の男性家族によるヘルパーへのセクシュアルハラスメントは，「社会のなかに秩序として制度化された男性による女性支配」としての「家父長制」に助長されてきた男尊女卑の文化，その文化を内面化した男性優位の意識が関わっています[36]．白崎は，男性利用者が女性ヘルパーを家政婦，あるいはまた，妻や娘のようにみなし，「DV さながらの暴言や侮辱，セクハラ」を行うことがあると言っています．また，ヘルパーから世話や介護を受けることで，自分が「弱者」として位置づけられることに反発し，「かつて自らがもっていた支配力を復権させようと，性暴力を武器にする」こともあります[37]．さらに，要介護状態という「弱者」としての社会的位置づけを利用して，必要以上の身体接触を強要するというセクシュアルハラスメントもあります．これらはいずれも「男性支配型」と言えるハラスメントです．

員が嫌がると面白がって行為をエスカレートするとか，権力をもたない，やりやすい相手を選んで行為に及んでいるように見受けられるとのことです（白崎 2019. pp. 30-31）．

34　これらは，回答者の半数が訪問介護員であった，介護クラフトユニオンの調査結果の一部です（介護クラフトユニオン 2019. p. 56）

35　施設では，女性による男性職員，女性職員に対するセクシュアルハラスメントも少なからず存在しているのは事実ですが（吉田 2008. p. 97 の表 8 参照），在宅の場合は，圧倒的に男性による女性ヘルパーに対するものです．

36　衛藤（2005）p. 16

37　白崎（2019）p. 31

(4)　まとめ

発生に関わる要因の関連性

以上述べてきた，介護施設における介護職員とヘルパーに対する暴力・ハラスメントに関わると考えられる要因を，介護職員側と利用者・家族側の【個人的要因群】，介護職員と利用者・家族との非対等の関係としての【関係性要因群】，《職場関連諸要因》と《仕事関連諸要因》から成る【組織マネジメント要因群】，社会全体の構造や文化に関わる諸要因から成る【全体社会要因群】，社会の特定の領域に関わる諸要因から成る【特定社会要因群】にまとめ，図表4-3と図表4-4を作成しました．

【全体社会要因群】が【特定社会要因群】に影響を与え，【特定社会要因群】が【組織マネジメント要因群】に，【組織マネジメント要因群】が，【個人的要因群】のなかの《介護職員側の個人的要因》に影響を与える．また，【全体社会要因群】と【特定社会要因群】の影響を受ける【関係性要因群】も，《介護職員側の個人的諸要因》と《利用者・家族側の個人的諸要因》に影響を与え，両者が関係するなかで暴力・ハラスメントが発生する．各要因の関連性をこのように考えることができます．利用者・家族による暴力・ハラスメントは，《利用者・家族側の個人的諸要因》だけで起きるわけではありません．

【全体社会要因群】，【特定社会要因群】，【関係性要因群】は，暴力・ハラスメント発生の背景要因と言うべきもので，実際の暴力・ハラスメントの発生に関与している要因は，【個人的要因群】や【組織マネジメント要因群】に含まれる諸要因です．そのなかで根本的要因と考えられるのが，【組織マネジメント要因群】のなかの〈人材不足〉という要因です．

暴力・ハラスメント発生防止として，組織が直接的にリスク度の減少を図ることができるのは，《介護職員側の個人的諸要因》と【組織マネジメント要因群】のなかの諸要因です．〈人材不足〉をはじめとする変化可能な組織マネジメントの諸要因について，リスク軽減を図っていくことが求められます．

暴力・ハラスメント発生に関わる要因：介護職の場合

諸要因を説明していくなかで，利用者による施設介護職に対する暴力・ハラ

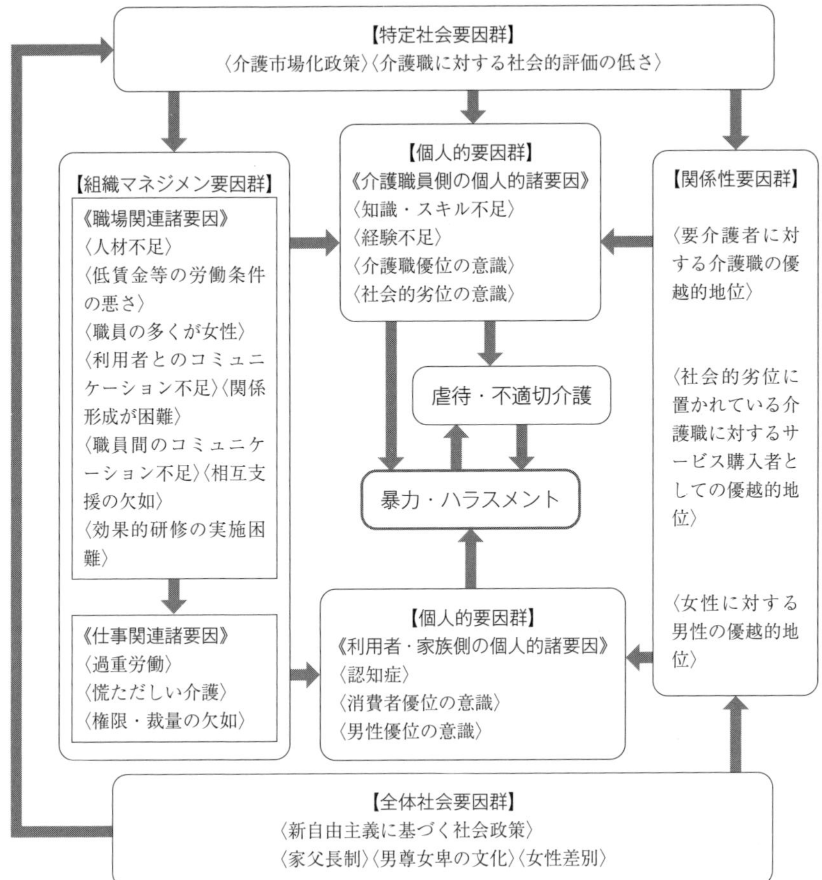

図表 4-3　暴力・ハラスメント発生に関わる要因：施設介護職員の場合

スメントとして下記のa〜cの3タイプを，また，利用者・家族によるヘルパーに対するものとしてd〜fの3タイプを提示しました．

a 「環境起因型」安定的で安心感が得られるような状態ではない環境に置かれることで利用者が不穏状態になり，攻撃してくる暴力・ハラスメント

b 「疾患・障害原因型」疾患や障害によって易怒性が高くて感情統制がむずかしく，環境要因よりも疾患・障害要因のほうが発生に強く関与するように見える暴力・ハラスメント

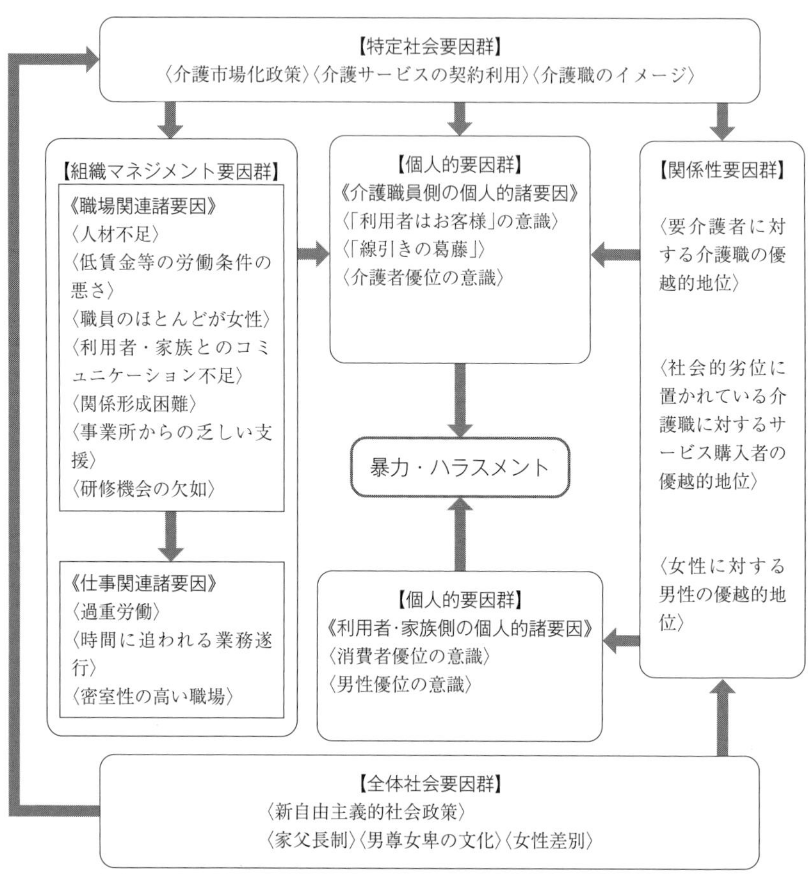

図表 4-4　暴力・ハラスメント発生に関わる要因：訪問介護員の場合

c 「巻き込み型」意図的に行われたわけではないものの，結果として職員の感情や行動を振り回してしまう暴力・ハラスメント

d 「悪質クレーム型」提供されたサービスに対する不満や苦情がエスカレートした暴力・ハラスメント.

e 「過剰要求型」妥当な要求をはるかに超えた理不尽な要求を行い，叶えられない場合に生じる暴力・ハラスメント.

f 「男性支配型」女性に対して優位な，支配的な立場に立つのが当然という感覚や意識が背景にある暴力・ハラスメント.

ただし，施設職員に対するa～cは訪問介護員にも，また，訪問介護員に対するd～fは施設職員にしても行われています．たとえば，施設職員は，一部の利用者の家族から，利用者への介護の方法等をめぐり，d「クレーム発展型」やe「過剰要求型」のハラスメントを受けています．また，少なからぬ施設職員が，利用者から f「男性支配型」のセクシュアルハラスメントを受けています[38]．訪問介護員も，認知症利用者からa「環境起因型」やb「疾患・障害起因型」の暴力を受けたり，利用者や家族からc「巻き込み型」の暴力やセクシュアルハラスメントを受けたりしています．このことから，施設の介護職員と訪問介護員への暴力・ハラスメント発生に関わる要因は重なっていると考えられます．これを表したのが図表4-5です.

2.　相談援助職の場合

(1)　クライエントバイオレンス研究から

ソーシャルワーカーら相談援助職への利用者・家族による暴力とハラスメントに関する研究は，欧米ではクライエントバイオレンスなどの用語を用いて行われています．アメリカにおける本研究の第一人者であるNewhill，またSarkisianらは，クライエントバイオレンス発生に関わる要因として，社会的背景要因から個人的要因までをあげています[39].

38　吉田が実施した特養職員に対する質問紙調査の自由記述には，次のような身体的暴力＋セクシュアルハラスメントの例が少なからず記載されています．「ひっかく，かみつく，『くいちぎってやる.』と言う．なめる，胸や尻を触り，揉む，ひげそりの確認で『顔をくっつけろ』と言う.」（女性職員）吉田（2009）p. 99.

39　アメリカを中心としたクライエントバイオレンス研究の詳細については，8章を参照のこと．なお，本節の（1）では，クライエントを利用者と言い換えせず，クライエントの用語をそのまま用います.

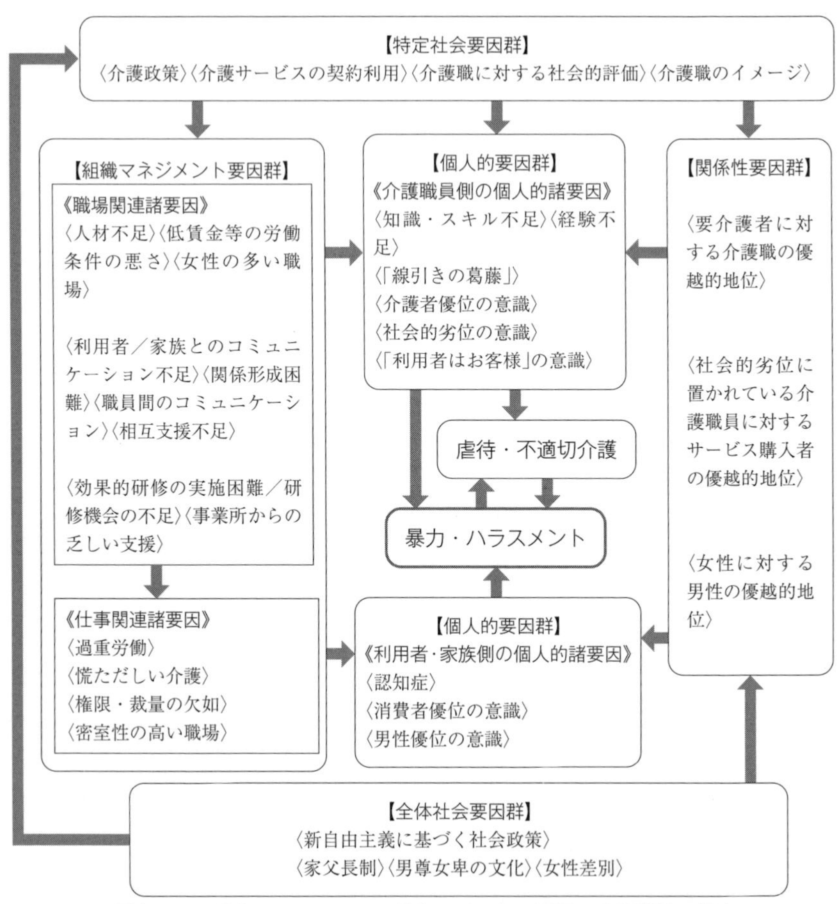

図表 4-5　暴力・ハラスメント発生にかかわる要因：介護職員の場合

社会的背景要因

Newhill によれば，かつて職場で起きる暴力と言えば，警察や軍隊といったいつも危険を伴う男性が中心の職場で生じていると考えられていましたが，この 20 年間に増えてきたのは，女性職員の多い老人ホームや教育現場，ソーシャルワーク実践の現場だということです．こうした広がりの背景について，Newhill はおおよそ次のように言っています．

「職場暴力の防止に役立つ社会統制力」というものは，「適切な賃金による正規雇用，失業者に対する適切なセイフティネット，犯罪防止のための法体系，秩序ある行動の促進と破壊的行動の抑制に貢献する文化的システム」等によって創り出される．しかし，経済のグローバル化に伴う過度の競争主義的市場経済は，こうした社会統制力を生み出す諸要因を変化させ，その暴力発生の防止機能を弱めている．またこの市場主義経済は，労働者に過度のストレスをもたらすだけでなく，家族および地域の構造を不安定にし，Hughes の言う『不平不満文化』の自称犠牲者を夥しく生み出す」ことで，暴力発生のリスク要因を強化している[40]．

政策・マネジメント問題

Sarkisian らは，クライエントによるソーシャルワーカーへの暴力増加に関わる要因として，暴力につながりやすい社会的問題の増加，その対策のための財源不足や官僚主義的な規制強化など，特定の社会領域における政策・マネジメント問題を指摘しています．増加している社会的問題には，「脱施設化運動に伴う精神疾患の退院患者による服薬・治療拒否問題，警察とのチームで介入する必要のある DV，保護観察，被虐待児童の保護・支援」などがあります．他方，対策のために「必要な社会サービス機関の財源は削減され続け，ワーカーの担当ケースや裁判所命令によるケース対応例は増加」し続けています．

また，ソーシャルワーカーは「より少ない時間でより多くの課題をこなすよう求められるとともに，より多くのクライエントに対する責任をもたらされるように」なってきています．こうしたソーシャルワークをめぐる「システムレ

40　Newhill は，ほかにも大衆文化における暴力の理想化，過剰に存在する安い銃器，葛藤・対立を生み怒りのスケープゴートを創り出しやすい職場の多文化主義・多様性・ジェンダー平等の強調など，多くの要因を指摘しています．Newhill (2003) pp. 30-31. このリスク要因の強化については，社会的格差を論じた Wilkinson も指摘しています．「外部の経済」による「所得格差の拡大や相対的貧困の拡大」，「大きな社会地位の格差や権威主義的関係」の発生は，「家族関係および子どもの生活の悪化」，「信頼性の欠如，コミュニティ参加の減少」といったソーシャルキャピタル（社会関係資本）の水準を低下させ，人々の「ストレス・社会不安・攻撃性等」を強め，「暴力・薬物・不健康・反社会的行為等」を増加させる．Wilkinson (2005) ＝池本他 (2009) p. 33.

ベルの変化」が，ワーカーの安全性を脅かすリスクを増しています[41].

非対等の関係

さらに，Newhill や Sarkisian らがともに指摘しているのが，ソーシャルワーカーとクライエントとの非対等の関係です．これは，ソーシャルワーカーという援助職がケアリングだけではなくコントロールという役割をもっていることから派生する，支援者優位・クライエント劣位という関係です．

ソーシャルワーカーには，「被虐待児を虐待する保護者から分離するかどうか，嫌がるクライエントを措置入院させ一時的にその自由を奪うかどうか，クライエントの私的生活のセンシティブな領域まで調査するかどうか，といったことを判断するパワーや，食料・衣料・シェルターなどのサービス受給の資格要件を判定するパワー」が与えられています[42]．ソーシャルワーカーはクライエントの尊厳や価値観を尊重し，対等なパートナーシップを構築するよう教育されていますが，現実には，ソーシャルワーカーは「クライエントの生活をコントロールするパワー」を保持しているわけです[43].

こうしたパワーインバランスの関係のなかで，望まないことやサービスを押しつけられたと感じたクライエントが，自分で状況をコントロールしようとして暴力を振るう，あるいはまた，期待していたサービス・資源を利用できなかった，ソーシャルワーカーが自分をバカにした，公平に扱わなかったなどと感じてフラストレーションや怒りから攻撃してくる，ことがあります．クライエントにとってソーシャルワーカーは，社会福祉組織の，また，社会のメインストリーム（主流）の代表です．ソーシャルワーカーに暴力を振るうとき，クライエントは「抑圧的な社会システムによって奪われたパワーを取り戻し，少しの間，均衡を回復しようとしている」とも考えられます[44].

41　Sarkisian and Portwood（2003）p. 43.

42　Newhill（2002）p. 80. センシティブな領域とは，細心の注意を要する事柄，つまり，経済状態や病歴，職歴，信条，家族関係等です．

43　こうしたパワーが構造的に存在するからこそ，ソーシャルワーカー養成課程では，クライエントとのパートナーシップ構築や，ソーシャルワークの倫理を重視しています．副田（1993），副田（1994）．

44　Sarkisian and Portwood, .op. cit. p. 46.

個人的リスク要因

Newhillは，こうしたパワーインバランスの関係に加え，直接的な要因としてクライエント側のリスク要因を，個人的・臨床的リスク要因，経験的要因，環境的・文脈的要因に分け，それぞれ次のような項目をあげています．

個人的・臨床的リスク要因：若さ（とくに15-40歳．年齢が上がるにつれリスクは低下，高齢期に認知機能が損傷するとリスクは高くなる．），男性，劣位の社会経済的地位（暴力に対する種々のリスク要因を抱えやすい．），精神疾患（一部の疾患は，暴力と結びつきやすい精神的兆候を表出する傾向をもっている．），パーソナリティ障害（境界性と反社会的パーソナリティのリスクが高い），薬物依存（なかでもアルコール依存はリスクが高い．），知的レベルの低さ（抽象的問題解決能力や対処行動の幅が小さいという点がリスクに．）

経験的要因：暴力経験（暴力行為の繰り返しは高リスク要因），子ども時代の逆境体験（ネグレクトや虐待・体罰を受けた体験，親を失った体験，親からの拒絶体験，貧困生活，親の精神疾患や薬物乱用等），辛い就労体験（失業経験，経済的不安定状態等）

環境的・文脈的要因：支援的でない／敵対的な他者との生活（逆に，支援的な他者の存在は暴力リスクからの保護要因），暴力の被害者となりうる人との近さ（物理的近接性，感情的結合など）．

これらの要因がいくつか重なると，それだけ暴力の危険性が高くなるということです[45]．

(2)　相談援助職に対するインタビュー調査から

以上のクライエントバイオレンス研究から見た社会的背景要因は，先に見た介護職員の場合の【全体社会要因群】に，特定の社会領域の政策・マネジメント問題は，【特定社会要因群】や【組織マネジメント要因群】に，非対等の関係は【関係性要因群】に，クライエントの個人的リスク要因は，利用者・家族の【個人的要因群】に該当すると言えます．

そして，これらは，日本の相談援助職の場合にもかなり当てはまると考えら

45　Newhill, op. cit. pp. 89-90.

れます．しかし2章で見たように，日本におけるソーシャルワーカーら相談援助職に対する暴力・ハラスメントの研究はきわめて乏しい状況です．そこで，相談援助職に対して行った副田（2019b）のインタビュー調査結果のなかから，調査対象者たちがとらえている発生要因を見てみることにします．

インタビュー調査

本調査は，ソーシャルワーカーやケアマネジャーらの相談援助職25名を対象に，利用者による暴力・ハラスメントの体験や暴力・ハラスメントに関する認識，職場における予防の実態と意識等について半構造化面接を行ったものです[46]．調査にあたっては，調査対象者が特定されることのないよう配慮するとともに，インタビュー中，利用者による暴力・ハラスメントに関するエピソードを語る際には，利用者の個人情報やプライバシー保護に十分注意し，その名前，年齢，家族構成，経歴等には触れず，エピソード中心に話すことで匿名性を確保するよう，文書と口頭で求めています[47]．調査対象者の属性は図表4-6の通りです．対象者数が限られているうえに，高齢者福祉分野で働く相談援助職にやや偏っており，分析結果を相談援助職全体に一般化することはできませんが，相談援助職の暴力とハラスメントに関する体験と認識の一端を知ることはできます．

46　本調査は2016年7月～2017年3月および2019年5月～7月の期間にスノーボール方式で実施しています（最初のインタビュー対象者は，副田が代表をしていた安心づくり安全探しアプローチ研究会（http://www.elderabuse-aaa.com/）の会員の1人．なお，2人目から4人目までは菅野もインタビューアーとして同席）．対象者の負担を減らすため，インタビューは1時間～1時間半程度に抑えています．承諾を得て録音したインタビュー結果にはサンプル番号をつけ，テープ起こしをしてトランスプリクトを作成，これをデータとしました．

47　また，調査への参加は任意であること，答えたくない質問には答えなくてよいこと，インタビューを中断したいときにはいつでもそれに応じることなどを調査対象者に文書と口頭で伝え，同意する場合には同意書にサインをしてもらっています．本調査は関東学院大学における人に関する研究倫理審査委員会の承認を受けています（承認番号人2016-1-2）．

図表 4-6　インタビュー調査対象者の属性

番号	性別	年齢	職場	職種	経験年数
No. 1	男性	40 歳代後半	学校	★ SW	26 年
No. 2	男性	30 歳代後半	保健所	★ SW	14 年
No. 3	女性	40 歳代後半	病院	★ SW	5 年
No. 4	女性	40 歳代前半	行政機関（高齢）	事務職（元 SW）	19 年
No. 5	男性	40 歳代後半	委託型地域包括	★主任 CM・管理職	24 年
No. 6	女性	40 歳代前半	委託型地域包括	★ SW・管理職	20 年
No. 7	女性	50 歳代前半	委託型地域包括	★主任 CM	4 年
No. 8	女性	40 歳代後半	直営地域包括	★管理職（元 SW）	20 年
No. 9	男性	40 歳代前半	行政機関（生保）	★ SW	16 年
No. 10	男性	40 歳代半ば	行政機関（生保）	★ SW	21 年
No. 11	男性	20 歳代後半	行政機関（生保）	★ SW	2 年
No. 12	男性	40 歳代後半	行政機関（生保）	事務職（元 SW）	3 年
No. 13	男性	30 歳代前半	病院	★ SW	4 年
No. 14	男性	20 歳代後半	行政機関（高齢）	★ SW	1 年
No. 15	女性	50 歳代前半	直営地域包括	★ SW・管理職	28 年
No. 16	女性	50 歳代前半	障害者通所施設	★ SW・管理職	8 年
No. 17	女性	40 歳代前半	委託型地域包括	CM	9 年
No. 18	男性	40 歳代半ば	委託型地域包括	★主任 CM，管理職	18 年
No. 19	女性	30 歳代後半	特養	CM・管理職	8 年
No. 20	男性	40 歳代半ば	特養	CM・SW・管理職	10 年
No. 21	女性	40 歳代前半	委託型地域包括	CM	12 年
No. 22	男性	50 歳代半ば	委託型地域包括	★ CM・管理職	17 年
No. 23	女性	50 歳代後半	委託型地域包括	★ CM・管理職	25 年
No. 24	女性	40 歳代後半	行政機関（高齢）	PHN	23 年
No. 25	女性	20 歳代後半	障害者通所施設	★生活支援員	7 年

注：地域包括：地域包括支援センター（在宅介護支援センターを含む），行政機関（高齢）：高齢者福祉部署，行政機関（生保）：生活保護担当部署
SW：ソーシャルワーカー・相談員，CM：介護支援専門員，経験年数：相談援助職としての経験年数，★は社会福祉士資格有りを示す．

【個人的要因群】から【全体社会要因群】まで

「利用者による暴力・ハラスメントがどうして起きると考えるか.」との問いに回答した13名の発言内容について，意味内容が類似のものをまとめると，17のコードを生成することができました[48]．これを，さらに意味内容が類似のものをグルーピングしたところ，介護職への暴力・ハラスメント発生に関わる要因として整理したものと同じ要因群にまとめることができました.《利用者・家族側の個人的諸要因》と《相談援助職側の個人的諸要因》をまとめた【個人的要因群】，ついで【関係性要因群】，そして《仕事関連諸要因》と《職場関連諸要因》をまとめた【組織マネジメント要因群】，さらに【特定社会要因群】と【全体社会要因群】の5つです.

日々，利用者や家族と直接関わっている相談援助職なので，【特定社会要因群】や【全体社会要因群】に該当する要因よりも，【個人的要因群】や【関係性要因群】，【組織マネジメント要因群】に該当する要因の発言がより多くなっています．要因ごとに発言内容を例示したものが図表4-7です.

【個人的要因群】のうちの《利用者・家族側の個人的諸要因》から，発言内容を見ていきます.

《利用者側の個人的諸要因》

利用者側の個人的諸要因としてまとめることができたのは，〈精神疾患・精神障害等〉，〈社会関係形成困難〉，〈強い承認欲求〉，〈孤立・孤独〉，〈ストレスフルな状況〉です．対象者たちは，これらを個人が抱える課題という意味で語っており，個人に責任がある問題として指摘したわけではありません.

〈精神疾患・精神障害等〉「精神的な病気を抱えてる人は，やっぱり症状として出てしまう方もいるでしょうし，不安定だったりすると攻撃的になる方もいると思

48　インタビューの流れや時間の制約等によって，すべての対象者にこの質問を行っているわけではありません．また，尋ねたものの回答内容が問いから逸れたものもあったので，今回，分析の対象としたデータは，女性6名，男性7名のトランスクリプトです．ソーシャルワーカーとしての経験年数が1-2年の2名を除くと，残りは10年から28年までのベテラン（平均17年）で，長期に渡る相談援助職としての経験を踏まえた発言が目立ちました.

図表 4-7　ソーシャルワーカーから見た暴力とハラスメントの発生に関わる要因（コーディング表）

カテゴリー	サブカテゴリー	コード	データ
個人的要因群	利用者・家族側の個人的諸要因	精神障害等（6件）	＊精神的な病気を抱えてる人は，やっぱり症状として出てしまう方もいるでしょうし，不安定だったりすると攻撃的になる方もいると思います．薬物の方などは，後遺症でやはりすごく短気だったりすると思います．（No. 4）　＊精神的に不安定な方が，表現手段として落ち着いた表現ができなくなってしまって，こういうクライエントバイオレンス的な表現になってしまう方が当然多いだろうなと思います．イライラしやすかった方の中には，明らかにアルコールや薬物だった方もいますし，そういうことがあったんだろうなと思わされる方のほうが多いかなと思ってますね．知的障害の問題なんかも深く関わってるだろうなとは思っています．（No. 9）
		社会関係形成困難（4件）	＊われわれが関わってる方ってつながっていかない方々なんですよ．受け皿につながらない方々の支援をしていたりするんで，相手方のスタンスもすごい強い．つながらないし，つながりを求めていない．拒絶していたり，激しく攻撃しながらでも生活を仕切ってこられた方々．（No. 5）　＊執拗な攻撃をしてきた人は，人間関係そのものの構築が厳しい人，知的には高く，プライドも大変高くて，人の話を聞かない，パーソナリティ障害まではわからないけれども，発達の過程においてなんらかの課題を抱えている人でした．（No. 8）
		強い承認要求（4件）	＊そういう方々って，多分ほんとうに誰にも褒めてもらえなかった感じです．褒めるだけじゃなくて「それでいいんですよ．」と認めてさしあげることで，多分，その経験がない人にとっては，ほんと救われると思います．（No. 8）　＊私の「胸ぐらつかんでやるっ！」て，言った人もそうだし，さっき言った人も，究極のところ，やっぱり自分の話を聴いてほしいとか，自分を認めてほしいとかっていうところが非常に強い．（No. 15）
		孤立・孤独（2件）	＊社会的交流が多いほうではない．（No. 21）＊離れていった娘さんや息子さんには（こちらから）「絶対電話するな」と言っていて，やっぱりさみしさが根底にあるのではないかと思うんですけど，そのさみしさが屈折し，訴えとして強く出てくるとか．（No. 22）
		強いストレス下の状況（2件）	＊本当に弱っていたり，危機的な状況だったり．突然家族が入院したとか，いろんなものをなくしたとか．そういう喪失の段階で出会うことが多いので，やっぱり多いかなって感じますね．（No. 6）　＊入院して急に規則正しくさせられて．一人暮らしだった人でやっぱりすごくストレスたまっている人はたくさんいらっしゃる．怒りを抱える場面がやっぱりあるのかなと思います．（No. 13）

カテゴリー	サブカテゴリー	コード	データ
個人的要因群	相談援助職側の個人的諸要因	向き合い方の問題（1件）	＊コントロールできない方がそうなった背景を理解してあげて向き合うと，だいぶ違うかなとは思います．やっぱり，認められてこなかったとか，人間関係の構築できないままずっときてる人なんかは，支援者がそういう相手になることで，心開くって場面も何人も見てきてるので，支援者サイドがどれぐらいそこの感情的な関わりじゃない部分で，もう少し冷静に向き合えるかは大きいと思います．（No.8）
		表現力不足（2件）	＊こちらはやっぱり，生きづらさだったりとか，家族の関係性をよりよくするためには，関わらなきゃいけないってことで，生活の中に入っていくので，やっぱり，抵抗感は強くなる．「この人，何してくれる人か」っていうのがわかりづらい部分もある．こちら側がどういうふうな立場で何のために関わるかっていうのを言語化できるかどうかということが大事だと思います．（No.8）　＊コミュニケーションの問題だと思います．双方に問題があって，相手方にはおそらく知的な障害のこととか，貧困だとか教育などから問題が起きている．われわれもソーシャルワーカーとして関わっているのであれば，自分の表現力を高めてそこをうまくクリアできれば，相手の表現能力を補うことができれば，それはよい支援につながってくるとも思います．（No.9）
		状況理解力の不足（1件）	＊暴言，暴力も，結局そのご家族がいろんなことを言ったとしても，そう言わざるを得ない状況というものもあるわけですね．ただ単に自分の主義主張を言ってるだけの人もいれば，お気持ちとしてそこに持っていくしかない方もいらっしゃるわけで，そこまでちゃんと考えてるかというと，考えてるほうが少ないかもしれませんね．（No.2）
関係性要因群		利用者劣位の意識（4件）	＊こういうところに来るのは恥ずかしいって思って来る方もいらっしゃるんですよね．全部さらけ出して相談したのに，すんなりはいかないっていうところで爆発しちゃう人，切れてしまうっていう方はいると思うんですよね．（No.4）　＊われわれが目上の立場みたいな感じで振る舞っていると思われていて，気に入らない部分があるのでしょう．（No.11）　＊生活保護を受けている方はどうしても他者のまなざしにすごく敏感で，ちょっとしたことでとても自尊心が傷つきやすくなっていると感じる．（No.13）
		納税者優位の意識（3件）	＊何か問題が起こっているような状況があったら対応するのが仕事だろとか，そのために給料もらってんだろ，お前ら税金で食ってるんだろとか，よくあるわけですね．権利というものを住民の方たちとかサービスの利用者の方たちも拡大解釈なさってる部分も多分にあるかなと思います．ただ，受け止める側も過敏になっていると思うので，どこが本当にバイオレンスなのかわからないこともある．（No.2）　＊市民サービスをやる所なので．「税金払ってるのに，なんであんまりサービスないんだ」って話も，高齢者からも結構ありますから．そういう意識があると，（攻撃的態度に）さらに拍車がかかるのかなと思いますね．（No.14）

カテゴリー	サブカテゴリー	コード	データ
組織マネジメント要因群	仕事関連諸要因	パーソナルな情報の収集(4件)	＊生活全般に対して支援していくので，ご本人が非常に触れてほしくない金銭に関わるところとか，病歴とか生活歴とか，その方のプライドに関わっているところ，深くはアセスメントしないときもありますが，そこの情報が支援に非常に活きたりするんで，ついそこを欲しがって衝突したりとか．あんまり深めずに当たり障りなくやっていればそんなにないですけど，その方の生活全般をていねいに支えようと思ってやるほど，自分たちの役割を果たし切ろうと思えば思うほど，リスクはたくさん転がってるのかなっていう気持ちがします．(No.5)　＊その人のパーソナルの部分にすごく触れるので，そのなかで常にその人のバイオレンスの発端になるような感情を逆なでするようなことがある．そういうリスクは誰にでもあるのかな．(No.13)
		生活全般への介入(1件)	＊攻撃を受け止める役割を担う立場になりやすいかなという感じです．医者とか看護師とかだと，もう特定の場面だけのお付き合いですむのですが，ソーシャルワーカーはその生活の中に入りながら，本人の支援だったり，変化を見届けていくプロセスに入るので，本人が自分のなかに入ってきた人に対して，どれぐらい関わりがあるかによっても違いますが，発信してくると思うんです．面接場面だけですむのだったらいいんですけど，それですまないのがソーシャルワーカー．(No.8)
	職場関連諸要因	成果主義(1件)	＊成果主義的なところとか．たとえば訪問の達成，時間がないと業務の達成率も下がっていきますし，お客さんに対しての裁量も狭まりますよね．お客さんに対してこちらが提供できることも小さくなってトラブルも増えますよね．(No.9)
特定社会要因群		介護・福祉のイメージ(2件)	＊一般の業界だって今すごく厳しく，店員さんが嫌な顔されたりとかもいっぱいあると思うが，やっぱり世の中の人から見て，福祉とか看護とかの人は優しいっていう思い込みや，こうあるべきみたいなイメージがあって，そこから外れてるところに関しては暴力が来る確率は高いと思う．(No.6)　＊福祉する人はみんないい人だから，怒れないだろう，怒らないだろう，みたいな．(No.23)
		社会における寛容さの喪失(2件)	＊世の中がシビアになってくると，人と人との関係も全体的にシビアになっていき，われわれもそれと無縁ではいられなくなってくると思いますね．ある程度の寛容さみたいなものが失われて，援助者のほうにも余裕がない．世の中全体に余裕がなくなって，自分の境遇と照らして許せないという感情が出ちゃう方も増えているのかもしれない．(No.9)　＊本当，世の中の耐性が低い，すぐ「謝れ」とか．みんな自分をちゃんと確立しているわけじゃないのに，そういうことを主張するけれど，あるときは弱くなったりとか，本当にアンバランスですよね．(No.15)

カテゴリー	サブカテゴリー	コード	データ
特定社会要因群		人々の自己中心的態度（1件）	＊ネットとかスマホとかでぽんって検索すれば要らないものは全部なくなって，自分の欲しいものだけが返ってくる．人とのコミュニケーションでも，要らないものはどんどん捨てていけばいい．そういうのを助長するような社会環境が，人の話を受け止めない人たちの増加をもたらしているような気はします．（No. 6）

注：コード欄の（ ）内の件数は，当該コードに該当する発言の数，（すべての発言については副田（2019b）を参照のこと）データ欄の文中の（ ）は筆者の補足，文末の（ ）は回答者の番号．

います．薬物の方などは，後遺症でやはりすごく短気だったりすると思います.」（No. 4）

〈社会関係形成困難〉「執拗な攻撃をしてきた人は，人間関係そのものの構築が厳しい人，知的には高く，プライドも大変高くて，人の話を聞かない，パーソナリティ障害まではわからないけれども，発達の過程においてなんらかの課題を抱えている人でした.」（No. 8）

〈強い承認欲求〉「私の『胸ぐらつかんでやるからな！』て言った人もそうだし，さっき言った人も，究極のところ，やっぱり自分の話を聴いてほしいとか，自分を認めてほしいとかっていうところが非常に強い.」（No. 15）

〈孤立・孤独〉「離れていった娘さんや息子さんには（こちらから）『絶対電話するな』と言っていて，やっぱりさみしさが根底にあるのではないかと思うんですけど，そのさみしさが屈折し，訴えとして強く出てくるとか．（No. 22）

〈強いストレス下の状況〉：入院して急に規則正しくさせられて．一人暮らしだった人でやっぱりすごくストレスたまっている人はたくさんいらっしゃる．怒りを抱える場面がやっぱりあるのかなと思います．（No. 13）

〈精神疾患・精神障害等〉は，病気の症状あるいは後遺症，障害を発生に関わる要因としてとらえているということで，Newhill が指摘していたアルコール依存症や薬物依存症，知的障害，パーソナリティ障害などをあげる人もいました．〈社会関係形成困難〉，〈強い承認欲求〉は，Newhill の言う，子ども期の逆境体験や，辛い就労体験がもたらしたものと言ってよいものでしょう．これらの要因をあげたのは，スクールソーシャルワーカー，行政職員（生活保護・高齢者支援担当職員），地域包括職員，特養職員等でした[49]．

〈孤立・孤独〉は，家族の喪失や疎遠，社会的関係の少なさと，それらがもたらす寂しさです．〈強いストレス下の状況〉は，病気による入院生活がもたらす生活環境の大きな変化と自由の喪失，家族の入院による同居家族の生活変化などの状況です．これらを指摘したのは，ケアマネジャーや医療ソーシャルワーカー，地域包括のソーシャルワーカーでした．

なお，苛立ちや不満をもたらしやすい経済的困難・生活困窮が，生活保護担当職員等からほとんど指摘されなかったのは，あまりにも当然の要因とみなされていたからかもしれません．

《相談援助職側の個人的諸要因》

これは，Newhill も指摘していなかった要因です．〈向き合い方の問題〉，〈表現力不足〉，〈状況の理解力不足〉というソーシャルワーカーとしての専門性の問題が，発生要因の１つとして語られました．

〈向き合い方の問題〉「コントロールできない方に，そうなった背景を理解してあげて向き合うと，だいぶ違うかなとは思います．やっぱり，認められてこなかったとか，人間関係の構築ができないままずっと来てる人なんかは，支援者がそういう相手になることで，心開くって場面も何人も見てきてるので，支援者サイドがどれぐらいそこの感情的な関わりじゃない部分で，もう少し冷静に向き合えるかは大きいと思います．」(No. 8)

〈表現力不足〉「コミュニケーションの問題だと思います．双方に問題があって，相手方にはおそらく知的な障害のこととか，貧困だとか教育などから問題が起きている．われわれもソーシャルワーカーとして関わっているのであれば，自分の表現力を高めてそこをうまくクリアできれば，相手の表現能力を補うことができれば，それはよい支援につながってくるとも思います．」(No. 9)

49　かれらは，支援の対象者に，精神疾患や知的障害，パーソナリティ障害，発達障害等をもつ人が多くなっていると感じているようです．「精神障害とかパーソナリティ障害と思われる方が今，本当に多い．」(地域包括職員 No. 8)，「われわれの相談窓口で対応する方で，精神障害とか知的障害などがまったくない方は少ない感じがする．」(生活保護担当職員 No. 9)，「相手の立場に立って相手の角度から見ることができないといった，発達障害の感じの人も増えている気がする．」(地域包括職員 No. 6) など．

〈状況の理解力不足〉「暴言，暴力も，結局そのご家族がいろんなことを言ったとしても，そう言わざるを得ない状況というものもあるわけですね．ただ単に自分の主義主張を言ってるだけの人もいれば，お気持ちとしてそこに持っていくしかない方もいらっしゃるわけで，ワーカーがそこまでちゃんと考えているかというと，考えているほうが少ないかもしれませんね．」(No. 2)

相談援助職が，利用者との関係形成がなかなかできなくても感情的にならず，その背景を理解して冷静に向き合う，利用者にわかってもらえる表現にするのはどのようにするのがよいか考えてコミュニケーションをとる，自分がどういう立場でどういう目的で関わっているのかをわかりやすく説明する，利用者が今，攻撃的になっている理由をきちんとアセスメントして対応する．こうしたことができていれば，それらは暴力発生の予防要因や緩和要因になるはず，それができていないと，暴力を引き起こすリスクになってしまうと考えられています．

これらの予防要因や緩和要因となりうる相談援助職の力量は，研修や自らの体験の振り返りを通して身に着けていくべきものでしょう．しかし，担当ケース数や求められる業務量が多く，スーパービジョン体制も弱いといった現在の一般的な相談援助職の職場環境では，なかなかむずかしいことかもしれません．

【関係性要因群】

利用者と相談援助職との関係性要因群としてまとめることができたのは，〈利用者劣位の意識〉と〈納税者優位の意識〉の２つです．

〈利用者劣位の意識〉「こういうところに来るのは恥ずかしいって思って来る方もいらっしゃるんですよね．全部さらけ出して相談したのに，すんなりはいかないっていうところで爆発しちゃう人，切れてしまうっていう方はいると思うんですよね．」(No. 4)，「われわれが目上の立場みたいな感じで振る舞っていると思われていて，気に入らない部分があるのでしょう．」(No. 11)

〈納税者優位の意識〉「市民サービスをやる所なので．「税金払ってるのに，なんであんまりサービスないんだ」って話も，高齢者からも結構ありますから．そういう意識があると，（攻撃的態度に）さらに拍車がかかるのかなと思いますね．」(No. 14)

〈利用者劣位の意識〉にまとめた４件の発言のうち２件は，生活保護担当ソーシャルワーカーの発言，残りの２件は高齢者虐待対応を業務に含む高齢者支援課と民間病院のソーシャルワーカーの発言です．行政機関のワーカーたちが接する利用者にとって，かれらは法制度に基づき，社会から付託された行政機関の大きなパワーを行使する存在です．利用者としては，いやでも自分をそのパワーに従わねばならない劣位の存在として意識せざるを得ません．本来なら接したくない存在にがまんして接する，それにもかかわらず，待たされる，自分の思ったようにはいかない．そのフラストレーションの強さは，怒りに，攻撃的態度に転化しやすいということでしょう．

行政職員に限らず，民間病院のソーシャルワーカーをはじめとして，国や自治体の制度・サービスの利用支援に携わる相談援助職は，〈利用者劣位の意識〉による攻撃を受けやすい存在です．以下は，発生理由ではなく，受けた暴力・ハラスメントのエピソードについて尋ねた際の医療ソーシャルワーカーの語りです．

> 「国の制度や利用の流れなどを説明しているのに，そういう面倒なことを言うのはお前のせいだと，こちらに責任を帰すような話にすり替えて，『お前はそういうことを言って，貧乏人をばかにしているんじゃないか.』と攻撃してくる．また，今後を決めていってもらうために，情報や条件を提示していくと，自分が追い詰められている気分になるのか，『お前はばかか.』『本当にわからないやつだ，殺すぞ.』とか言ってくる.」(No. 3)

ワーカーを攻撃することで優位に立ち，劣位に感じさせられている地位を少しの間でも均等にしたいということのように見えます．

〈納税者優位の意識〉に近い〈消費者優位の意識〉は，介護職だけでなく相談援助職に対しても表出されています．

> 〈消費者優位の意識〉「いろいろやって欲しいと言われるが，『制度としてそれはできません.』と説明しても，『なんとかなるんじゃないのか.』『できないのなら，別の方法を考えるのがケアマネでしょ．それができないのなら，ケアマネ失格.』『私の質問に即答できないのか，あなたはそれでも専門職か.』と言われる.」(No. 21)，「こんなにいろいろ注文を付ける，介護保険になったからなんで

すかね．権利意識が高まって，やってもらって当たり前みたいな感じの人が，やっぱり増えてきてます．」(No. 22)

これらも，暴力・ハラスメントのエピソードについて尋ねたときに出てきた発言で，前者は，要支援の利用者から人格否定を含む精神的暴力をホームヘルパーとともに受け続けたケアマネジャーの発言，後者は，ショートステイ利用者の家族から過剰な要求を受けた特養の職場管理職の発言です．

また，〈男性優位の意識〉も介護職だけでなく，女性の相談援助職に向けて表出されます．体験エピソードを聞いているときに，地域包括の女性ソーシャルワーカーが，「女であるがゆえのハラスメントを受けることはいっぱいある．やっぱり男が出ると全然違う．」と言い，つぎのように体験を語ってくれました[50]．

〈男性優位の意識〉「『あんたが男だったら胸ぐらつかんでやるからな！』など言われて，これはDVだ，ってふとわかった瞬間があった．（中略）私自身はDVを受けたことはないが，人格否定みたいな，女性だから駄目みたいなのがすごい来た．」(No. 15)

この後，「代われ！」と言われ，彼女は男性上司に交代しています．このような男性の利用者による女性ワーカーへのハラスメントの背景には，DVと同じように，女性蔑視や女性に対する支配欲求があると思われます．女性利用者でも，「女性職員より男性職員が言うほうが，同じことを言っていても，その人に入る．」(No. 15) つまり，理解してもらえるということです．残存する家父長制社会における男尊女卑，〈男性優位の意識〉の根深さが感じられます．

【組織マネジメント要因群】

これには，《仕事関連諸要因》と言える〈パーソナルな情報の収集〉および〈生活全般への介入〉と，《職場関連諸要因》と言える〈成果主義の導入〉，の

50　生活保護相談を行っているときに，薬物依存症であった男性利用者から脅された女性ワーカー（No. 4）も，交代した男性上司は脅しを受けなかったようで，「女性だと受けやすいというのがあると思う．」と言っていました．

3つがあります．

〈パーソナルな情報の収集〉「生活全般に対して支援していくので，ご本人が非常に触れてほしくない金銭に関わるところとか，病歴とか生活歴とか，その方のプライドに関わっているところ，深くはアセスメントしないときもありますが，そこの情報が支援に非常に活きたりするんで，ついそこを欲しがって衝突したりとか．あんまり深めずに当たり障りなくやっていればそんなにないですけど，その方の生活全般をていねいに支えようと思ってやるほど，自分たちの役割を果たし切ろうと思えば思うほど，リスクはたくさん転がっているのかなという気持ちがします．」(No.5)

〈生活全般への介入〉「攻撃を受け止める役割を担う立場になりやすいかなという感じです．医者とか看護師とかだと，もう特定の場面だけのお付き合いですむのですが，ソーシャルワーカーはその生活の中に入りながら，本人の支援だったり，変化を見届けていくプロセスに入るので，本人が自分のなかに入ってきた人に対して，どれぐらい関わりがあるかによっても違いますが，発信してくると思うんです．面接場面だけですむのだったらいいんですけど，それですまないのがソーシャルワーカー．」(No.8)

この2つの発言は，いずれも地域包括の管理職のものですが，〈パーソナルな情報の収集〉も〈生活全般への介入〉も，ともにソーシャルワークの本質的行為と言ってよいものです．利用者にとってよりよい個別的な支援を行うために，ソーシャルワーカーは利用者の経済状態や職歴，病歴，家族歴，成育歴等，利用者が触れて欲しくないと思っているかもしれないことまで尋ねることがあります．また，利用者に望まれなくても，できる限り関係形成を図り，関係を深めながら利用者の生活意欲や生活状況等の変化を促したり，その過程を見守ることもあります．

しかしこうした行為は，細心の注意を払って行ったとしても，利用者の「本人のテリトリーのなかに入らざるを得ない」ことなので，反発や怒りをかうおそれがあります．そのため，「そこまでやらず，当たり障りない形で支援するワーカーもいる」(No.2) ということになります．しかしそれでは，利用者へのよりよい個別的支援というソーシャルワークの本質的なタスクを遂行することが困難になります．「ソーシャルワーカーは，リスクをもって仕事をするのが当然」（No. 1）と認識し，利用者に必要な支援を行おうとする際，反発や怒りを招くことがあることも想定しながら，そして，それを適切な環境設定やコミュニケーションスキル等を用いて回避する努力をしながら，本人のテリトリーのなかに入っていくこと，ソーシャルワーカーにはそれが求められるということです[51].

つぎに《職場関連諸要因》と言える〈成果主義の導入〉について．以下は，生活保護担当職員の発言です．

〈成果主義〉「成果主義的なところとか．訪問の達成，時間がないと業務の達成率も下がっていきますし，お客さんに対しての裁量も狭まりますよね．お客さんに対してこちらが提供できることも小さくなってトラブルも増えますよね.」（No. 9）

成果主義は，民間の経営手法を公的部門に応用したマネジメント手法であるNPM（ニューパブリック・マネジメント）の基本的考え方の1つで，個人を仕事の成果，結果によって評価し，その待遇を決定していくというものです．NPMのもう1つの考え方である競争主義原理の導入による効率化とともに，成果主義は介護保険だけでなく，生活保護の領域にも及んでいます．

生活保護家庭を1カ月に何件訪問したかということが重視される状況のなかで，訪問件数を増やそうと思えば，1件当たりの滞在時間の短縮化を図ることになります．そうすると，利用者に合わせた柔軟な対応より定型的な応対を優先させることになってしまい，不平不満や度を越したクレームとしてのハラスメントが起きてしまいやすい，ということです．

51　ただし，ケースロード（担当数）が大きすぎる，職場組織や他機関からのサポートが得られない，業務が多様で時間が大幅に足りない，といった状況であれば，どのようなケースについてもていねいに踏み込んで支援することは困難になります．ある生活保護担当職員は，1人が120件以上受け持つような状況であるため，「120全体をやりながらの関わりというものをやっていかないと，全体が回らなくなってしまう．割り切りが必要」と述べています（No. 12）.

【特定社会要因群】と【全体社会要因群】

【特定社会要因群】としたのは，介護職の場合でも取り上げた〈介護・福祉のイメージ〉です．

〈介護・福祉のイメージ〉「一般の業界だって今すごく厳しく，店員さんが嫌な顔されたりとかもいっぱいあると思うが，やっぱり世の中の人から見て，福祉とか看護とかの人は優しいっていう思い込みや，こうあるべきみたいなイメージがあって，そこから外れてるところに関しては暴力が来る確率は高いと思う.」（No. 6）

一般の人々は，介護職や相談援助職に対して，優しい，困っていれば助けてくれる，何を言ってもとりあえず受け止めてくれる，話を聴いてくれる，といったイメージをもっています．やむにやまれぬ事情で相談機関を訪れる新規の利用者のなかには，そうしたイメージや役割期待を一層膨らませている人も多いはずです．相談援助職の言動がそれと違うと感じた場合，その落差が大きいほど，不満や怒りをもってしまうと考えられます．

【全体社会要因群】としてまとめたのは，〈社会における寛容さの喪失〉と〈人々の自己中心的態度〉です．

〈社会における寛容さの喪失〉「世の中がシビアになってくると，人と人との関係も全体的にシビアになっていき，われわれもそれと無縁ではいられなくなってくると思いますね．ある程度の寛容さみたいなものが失われて，援助者のほうにも余裕がない．世の中全体に余裕がなくなって，自分の境遇と照らして許せないという感情が出ちゃう方も増えているのかもしれない.」（No. 9）

行政活動の民営化や規制緩和による競争主義，成果主義の推進と，社会保障費の抑制という1980年代後半から続く新自由主義に基づいた社会政策は，社会的格差の拡大とともに，「自己責任論」をもたらしました．「自己責任論」が多くの人々に浸透していくとともに，こころのゆとりや他者への寛容が社会から失われていきます．そうしたなかで，相談援助職も利用者も，期待したような反応が返ってこないとフラストレーションを溜めてしまいがちです．そうなると，援助職のちょっとした不満そうな表情やしぐさであっても，利用者の攻撃的言動の引き金になります．

小売店の販売員が客から攻撃される，理不尽なクレームを言われ続ける，といったカスタマーハラスメントが今日，増えていると言われています．人々のこころのゆとりや他者への寛容さの減少が，これにも大きく関わっているように見えます．

〈人々の自己中心的態度〉「ネットとかスマホとかで，ぽんって検索すれば要らないものは全部なくなって，自分の欲しいものだけが返ってくる．人とのコミュニケーションでも，要らないものはどんどん捨てていけばいい．そういうのを助長するような社会環境が，人の話を受け止めない人たちの増加をもたらしているような気がします．」(No. 6)

インターネットに加えてソーシャルメディアの利用が一般化したネット社会の今日，便利さや速さの追求が一層進むとともに，気の置けない人や同じような価値観の人たちとのコミュニケーションはより活性化されるものの，異なる意見の人とのコミュニケーションは排除されていく．相手の話や説明を聞こうとせず，一方的に要求を募らせ，攻撃的態度を強めていく利用者が増えてきたように感じる背景には，こうした社会的傾向があるのではないか，ということです．

(3)　まとめ

以上，相談援助職のとらえた暴力とハラスメントの発生に関わる要因は，《相談援助職側の個人的諸要因》や，【特定社会要因群】のなかの〈介護・福祉職のイメージ〉を除けば，Newhill や Sarkisian，Weinger らが指摘したものとおおよそ同じものと言えます．

これらの要因が，どのように暴力とハラスメント発生に関わっているのを図示したものが図表 4-8 です．Newhill らの文献と限定的な調査データをもとにしたものなので，あくまでも仮定ですが，介護職員の場合で述べたと同じような関連性を指摘することができます．

図示した諸要因のうち，リスク減少という変化を与えることのできる要因は，《相談援助職側の個人的諸要因》と【組織マネジメント要因】のなかの諸要因

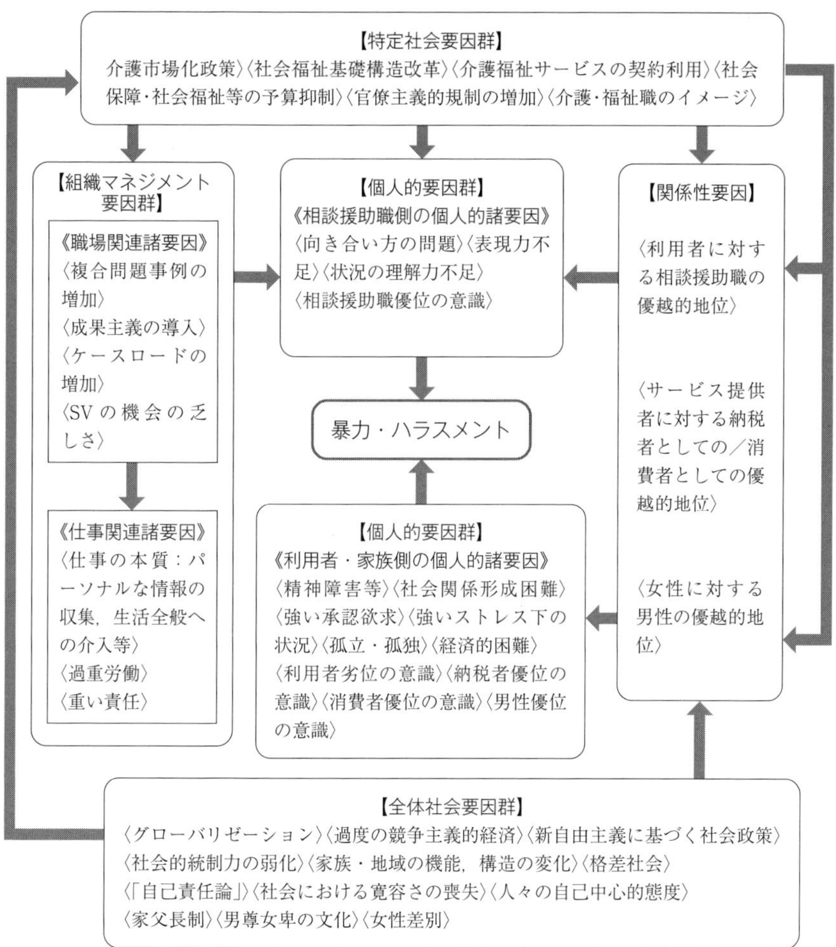

注：SV＝スーパービジョン.

図表 4-8　利用者・家族による暴力・ハラスメント発生に関わる要因：相談援助職の場合

です．前者については，複合問題事例へのチームアプローチの徹底，定期的なケースカンファレンスおよび研修等，業務遂行方法の改善等により，《相談援助職側の個人的諸要因》を改善していく可能性があります．

後者については，《職場関連諸要因》に含まれる〈複合問題事例の増加〉と，《仕事関連諸要因》に含まれる〈仕事の本質：パーソナルな情報の収集，生活全般への介入等〉は，どちらも相談援助に関連する国の制度・政策の改善によって，また，組織の働きかけによって直接的に変えていくことができるものではありません．しかしそれ以外については，制度・政策の変化や組織マネジメントによって変え得る要因です．

ただ，真摯にその職務を全うしようとしている相談援助職は，仕事上，暴力・ハラスメントは避けがたい問題であることを自覚しています．

> 「ある意味，どんなに気を付けていても宿命みたいな部分はあるでしょう，そこを援助技術だとかでカバーしていかなければ．結果として相談者を傷つける可能性もあるかなと思います．そこに，私たちは常に細心の注意を払っていかなければならないだろうと思いますね．」(No. 1)，「本人のテリトリーのなかに入らざるを得なくなったら反発が起こったりすることはあると思うけれど，今の若いワーカーたちはそういうところに入ろうとしない．入らないのか入れないのか，わからないけれど．制度の縛りのなかだけで仕事をしていればいいという感じになってしまって．」(No. 2)，「相談員であり続けるからには，それはもう避けられないから．逃げてもしょうがないという感じですよね．」(No. 4)

避けがたい問題であるからこそ，リスク軽減と安全性向上のための努力と，避けられなかったときの適切な対処が可能となるための準備を，組織全体で行う必要があります．

第 II 部
予防と対応に向けての基礎知識

第５章　体験としての衝撃・対処・影響・支援

1.　衝　撃

(1)　心理的反応と身体的反応

質問紙調査とインタビュー調査から

サービスの対象者である利用者やその家族から暴力・ハラスメントを受けたとき，介護職・相談援助職はどのような衝撃を受けるのか，衝撃を受けながらかれらはどのような対処をするのか，この体験はかれらにどのような影響を与えるのか，上司や同僚からどのような支援を受けるのか．本章では，これらの点について，副田（2019a）の質問紙調査結果と，副田（2019b）のインタビュー調査結果を中心に見ていきます．

質問紙調査はランダムサンプリングに基づくものではありません．また，インタビュー調査の対象者数は限られ，就労経験年数の比較的長い人が多くなっています．こうした制約はあるものの，２つの調査結果から，介護職・相談援助職にとっての暴力・ハラスメント体験の一端を理解することができます．日本において介護職と相談援助職，とくに相談援助職を対象とした，暴力・ハラスメントの衝撃・対処・影響等に関する調査研究は乏しいので，一定の意義はあると思われます．

衝撃としての心理的反応

暴力・ハラスメントが与える衝撃から見ていきます．ここで言う衝撃とは，暴力・ハラスメントという出来事によって，心身が強く揺り動かされることです．これについて直接尋ねた調査はあまり見当たりませんが，兼児他（2009）は，全国 16 の医療施設から収集した患者・家族によるハラスメント事例 116

図表5-1　暴力・ハラスメント体験の衝撃

M.A.（%）

回答者数	怖かった	とても不安になった	腹が立った	恥ずかしかった	胃がムカムカした	心臓がドキドキした	息苦しくなった	言葉がうまく出てこなかった	その他	N.A.
N＝649	238	249	310	26	60	215	61	201	133	8
(231.3%)	36.7	38.4	47.8	4.0	9.2	33.1	9.4	31.0	20.5	1.2

出典：副田（2019a）．介護職・相談援助職への質問紙調査結果．

について，被害者（78% が女性．大半が看護師）がハラスメントを受けた際の心理的反応を明らかにしています．それによると，全体の 58% の事例で被害者は「恐怖」を，43% の事例で「不快感」を，18% で「怒り」を感じていました[1]．

身体的反応

副田（2019a）の質問紙調査では，利用者・家族からの暴力・ハラスメント体験をもつ介護職と相談援助職（649 名）に，直近の体験について，その出来事が起きたときどのような感じを受けたか，複数回答で尋ねています．なお，かれらが受けた直近の体験の種類は，複数回答で，「精神的暴力」78.3%，「脅し」31.7%，「セクシュアルハラスメント」19.9%，「身体的暴力」19.4% です[2]．

図表5-1が示すように，「腹が立った」47.8%，「とても不安になった」38.4%，「怖かった」36.7%，といった怒りや恐怖，不安といった心理的反応（情動）だけでなく，「心臓がドキドキした」33.1%，「言葉がうまく出てこなかった」31.0% といった身体的反応を答えた人も 3 割強いました．利用者・家族からの暴力・ハラスメントによって，強い衝撃を受けた人が少なからずいることを示しています．

1　兼児他（2009）．

2　平均して 1 人が 1.5 種類の体験をあげていました．「セクシュアルハラスメント」「精神的暴力」「身体的暴力」を同時に受けるなど，実践現場では，複合的な暴力・ハラスメントが起きています．

悲しみの感情

選択肢の「その他」の欄には，選択肢以外の心理的反応や体験の内容，また，対処やその後の心身の状況等が書き込まれていました．この自由記述に書かれていた心理的反応のパターンを抽出したところ，「怒り」や「腹が立った」に近い【苛立ち】や，「不快感」に近い【気持ち悪い】といった感情のほかに，【悲しい】や【悔しい】といったコードにまとめられるものがありました[3]．

【苛立ち】「イライラした．」（男性，地域包括，CM）〈精，脅〉

【気持ち悪い】「利用者にその対象としてみられていることが気持ち悪かった」（女性，施設，CW），〈セ〉，「気持ちが悪くなった．」（女性，居宅，CM）〈セ〉，「不愉快だった．」（女性，地域包括，SW）〈セ〉，「訪問のたびに性的な言葉を言われ，不快．嫌な気持ちになる．気持ちが悪すぎて，同僚と共有せずにはいられなかった．（無記入）〈セ〉

【悲しい】「悲しい気持ちになった．」（女性，包括，主任CM）〈精〉，「悲しくなり落ち込んだ」（女性，地域包括，SW）〈精〉，「どうして自分がこんなに言われなければならないかと悲しくて涙がとまらなかった．」（女性，居宅，CM）〈脅〉

【悔しい】「悔しい気持ち，情けない気持ち」（女性，地域包括，PHN）〈精〉，「顔面に血が上って涙が出ました．」（女性，居宅，主任CM）〈精，脅，セ〉

苛立ちや不快感だけでなく，悲しい，悔しい，情けないといった悲しみの感情がもたらされるのは，自分たちがこれだけ一所懸命に支援しているのに，という想いがあるからなのではないでしょうか．

いずれにしても，介護職・相談援助職にとって，利用者・家族からの暴力・ハラスメントは，ショックによる心拍数の増加，言葉の喪失といった身体的反応や，多様な心理的反応，すなわち，苛立ち・怒り，恐怖，不快感，嫌悪感，悲しみなどをもたらす，インパクトの強い出来事であることがわかります．

3　以下の（　）の後の〈　〉内は，受けた暴力・ハラスメントの種類を示しています．セ＝セクシュアルハラスメント，精＝精神的暴力，身＝身体的暴力，脅＝脅し．

(2)「一過性型」と「持続型」による違い

先述した兼児他（2009）の調査によると，「怒り」や「恐怖」，「不快感」は，一過性の暴言や暴力，セクシュアルハラスメントの被害者に多い反応であったのに対し，「厭世的」な気分になったのは，長期に渡って繰り返し「万事に物申す」タイプのハラスメント被害者や，「死んだときの責任は？」「死んだらお前のせいや」といったような「医療職の本質に迫るハラスメント」の被害者に多くなっていました．兼児らは，前者を「一過性型」の，後者を「持続型・本質型」のハラスメントと呼び，後者は身体的暴力を伴わない，脅しや言葉の暴力が中心であると指摘しています[4]．

「一過性型」による【驚き】【恐怖】【不快】

副田（2019b）の相談援助職を対象としたインタビュー調査では，過去1年の暴力・ハラスメント体験（なければ，それ以前で印象に残った体験）で受けた衝撃を聞いています．直接受けた体験を語った21名の相談援助職のうち延べ19名が「精神的暴力」（「言葉の暴力」が11名，「脅し」が8名），3名が「身体的暴力」を体験していました．それらの暴力・ハラスメントの性質が，いっときという意味での「一過性型」か，繰り返される／継続されるという意味での「持続型」かによって，受けた衝撃の違いを整理してみました．

「一過性型」の暴力・ハラスメントは，身体的暴力と脅しでしたが，その衝撃は図表5-2に見るように，【驚き】，【恐怖】，【不快】というコードにまとめられ，兼児らの結果とほぼ同じでした．その例を紹介します．〔　〕内は体験の概要，「　」内が衝撃の内容です[5]．

【驚き】〔利用者が病院内の一室を出ようとしたのを「ちょっと待って」と手を出し

4　全体の14%の事例において，「厭世的」な気分になったという回答がありました．「厭世的」な気分とは，悲しい，いやになる，もうどうでもいい，といった気持ちと想像されます．

5　「」のあとの（　）内は，対象者番号，性別，職場，職種を指しています（SW: ソーシャルワーカー，CM：ケアマネジャー）．なお，21事例の体験の概要や衝撃等については，資料5-1として本章末尾に掲載しています．

図表 5-2　暴力・ハラスメントの種類・性質と衝撃の内容

		一過性型	持続型
身体的暴力		【驚き】「唖然とした」(No. 2),「本当にショック」(No. 13),「びっくりした」(No. 25)	
精神的暴力	脅し	【恐怖】「震えが来て手足がガクガクした」(No. 4),「怖かった」(No. 14) 【不快】「愉快な気持ちがしなかった」(No. 1)	【精神的苦痛】「精神的に参った」(No. 7),「すごく不快ですごくストレスだった」(No. 8)
	言葉の暴力		【恐怖】「怖い」(No.15),(No. 18),「手足に力が入らず冷えていく感じだった」(No. 19),「恐怖. 正常な感覚が働かず平静でいられなかった.」(No. 21) 【不快】「いい気持ちがしない」(No. 12) 【怒り】「ショックで腹立たしい」(No. 6),「心外でストレス」(No. 9),「イラっとしたり顔も見たくない, ストレスだった」(No. 20) 【精神的苦痛】「つらい, 不安」(No. 11),「苦しくなり涙も出た」(No. 17)
	脅しと言葉の暴力		【精神的苦痛】「脅しが現実になったら法人にも迷惑がかかると思うと苦しかった.」(No. 22)

注：( ) 内の番号は, 調査協力者番号.
出典：副田 (2019b). 介護職・相談援助職へのインタビュー調査結果.

た瞬間に, 本人から殴られた.〕→「唖然とした.」(No. 2. 男性, 保健所, SW),〔入院中の人に介護保険の制度上, やむを得ない課題が生じたことを知らせたところ興奮し, 殴られた.〕→「本当にショックだった.」(No. 13. 男性, 病院, SW)

【恐怖】〔生活保護の相談面接中, 出所してきた薬物使用者が説明を聞きながらイライラしてきて指をバキバキ鳴らす, 机を脚でバーンと蹴るなどされた.〕→「震えがきて手足がガクガクし放心状態のようになった.」(No. 4. 女性, 福祉事務

所．SW）

【不快】〔学校での面接時に子どもの親から「土下座してほしい．」「この子がそう言っているので伝えた．」と言われる．〕→「愉快な気持ちがしなかった．」（No. 1. 男性，学校，SW）

「自尊感情毀損型」による【精神的苦痛】

他方，「持続型」はいずれも脅しや言葉の暴力という精神的暴力で，その衝撃には，「一過性型」に共通する【恐怖】と【不快】に加えて，【怒り】と【精神的苦痛】がありました．

【精神的苦痛】〔ショートステイ先で起きた事故を巡り，利用者家族からケアマネとして「無責任」，「それだけの年数をやっていてその程度の仕事なの．」など，電話や対面で言われ続けた．〕→「全否定されているようで苦しくなり涙も出た．」（No. 17. 女性，居宅，CM），〔職員について苦情を言い続けた後，「あんたとこの職員との会話録音している．これを公にするぞ，いいのか．」と脅され，その後も「あんたの指導が悪い」など叱責される．〕→「脅しが現実になったら法人にも迷惑がかかると思うと苦しかった．」（No. 22. 男性，地域包括，CM・管理職）

相談援助職や管理職としての存在意義を否定され，自尊感情を傷つけられる体験は，精神的苦痛をもたらします．こうした「持続型」の暴力・ハラスメントは，「自尊感情毀損型」の暴力・ハラスメントと言うこともできます．

「自尊感情毀損型」の暴力・ハラスメントの体験者たちは，「自分のスキルとかマネジメント能力が足りなかったというか，支援者としての落ち度がやっぱりあったのではないかと思ってしまう．」（No. 17），「これほど言われるのは，自分たちのほうがよほど悪いのかと思った．」（No. 22）といったように，専門職，あるいは，職業人としての自分の存在に疑問や不安を覚えることがあります．そうなると，この体験を上司や同僚に話すことにためらいを，また，報告・相談する際には，つらさや心の痛みを感じてしまうことがあります．

脅しや言葉による暴力は外傷がないだけに，受けた本人ががまんをしてしまうと，周囲も気づかないことがあります．また気づいたとしても，受けた方にも問題があったのではないかと思ったり，防ぎようがないと諦めてしまうこともあります．しかし体験者は，精神的苦痛を強く感じていますから，話を傾聴してもらい，感情を受け止めてもらう必要があります．

2. 対　処

(1)「情動中心の対処」

対　処

暴力・ハラスメントへの対処とは，受けた衝撃としての心理的反応や身体的反応のつぎに，あるいは，それとほぼ同時に行われる反応に対する努力行為のことです．Lazarusらによれば，対処とは，「ストレスをもたらす状況を最小限にとどめ，それらを回避し耐えることができるよう，受け入れられるよう努力」する考え方や態度，行動です[6]．

Lazarusらは，この対処を「情動中心の対処」と「問題中心の対処」に分類しています．「情動中心の対処」というのは「情動焦点型コーピング」と言われたりもしますが，「苦痛をもたらす厄介な問題に対する情動反応を調節していく」こと，つまり，「情動的な苦痛を低減させるためになされるもの」です．これは，危険な挑戦的状況を自分では変えることができないと評価されるときに起きます．Lazarusらは，この対処法として，回避，最小化，遠ざかる，注意をそらす，肯定的な対比，積極的な価値の発見などをあげています．

他方，「問題焦点型コーピング」とも言われる「問題中心の対処」は，「苦痛をもたらす厄介な問題を巧みに処理し変化させる」ことで，危険な挑戦的状況を自分で変えることができると評価されるときに起きます．これには，「外部環境に向けられたもの」と「自分の内部に向けられたもの」があり，前者の例としては，外部からもたらされる圧力や妨害，また，環境の中にある利用可能なものを変化させるなどがあります．後者の例は，欲求レベルを低くする，自我の関与を低減させる，自分の行動のよりどころとなる新しい何かを考えだす，

6　Lazarus, and Folkman（1984）＝本間他（1991）p. 144.

図表 5-3　暴力・ハラスメントへの対処パターン

		介護職	相談援助職
「情動中心の対処」	【合理化】	「認知症の方なので仕方ないと思う．」（女性，施設，CW）〈精，身，セ〉，「認知症なので仕方がないと思いつつイライラすることはあった．」（女性，施設，CW）〈精，身〉，（女性，施設，CW）〈精，脅〉「利用者のことなので致し方ないと思った．」（女性，訪問／通所，CW）〈精，身，セ〉	「認知症があるので仕方ないと思った．（女性，施設，SW）〈身〉，「生理現象？　欲求なので仕方がない．」（女性，居宅，CM）〈セ〉，「この人だから仕方がないなと思った．」（女性，役所，PHN）〈精〉，「家族（息子）が変なのだとあきらめの気持ち．」（女性，包括，SW）〈精，脅〉
	【受け流す】	「いつものことだからどうも思わなかった．」（男性，施設，CW）〈身〉，「いつものことだと割り切った．」（女性，施設，CW）〈精，身，セ〉，「不快に思ったが軽く流した．（女性，施設，CW）〈精，脅〉，「認知症の症状なので特に何も．落ち着くのを待った．」（女性，施設，CW）〈身〉	「とくに何も感じない．」（女性，居宅，CM）〈精〉，「瞬間的にムッとしたが，直ぐ冷静になれた．」（女性，包括，CM）〈精，脅〉，「とくに気にならなかった．」（男性，包括，SW）〈精〉，「毎月の訪問で言われているので，覚悟し訪問できている．」（女性，居宅，CM）〈精〉
	【納得させる意味づけ】		「かわいそうな人，この人は人に対して信頼したり心を許すことができないのだと思った．」（女性，居宅，主任CM）〈精〉，「病状なのだろう，本人も辛いだろうと思った．」（女性，医療機関，SW）〈精，脅，セ〉，「疲れているとも感じました．」（無記入）〈精〉，「介護に疲れているのだと感じた．」（女性，居宅，主任CM）〈精〉，「体調がよくないのではないかと利用者のことが心配になりました．」（女性，包括，SW）〈脅〉
	【退却】		「その場にいたたまれず逃げ出した．」（女性，居宅，CM）〈身，脅，セ〉，「その場から退室したかった．」（女性，居宅，CM）〈精，身〉
	【心のなかでの反撃】		「心の中でののしった．」（女性，居宅，主任CM）〈セ〉，「絶対負けないぞ！と思った．」（女性，包括，主任CM）〈脅〉，「夜道で誰も見ていなかったらボコボコにしてやろうと思った．」（男性，居宅，CM）〈精，脅〉，「殺しそうになった．」（男性，居宅，主任CM）〈精，脅，身〉，

		介護職	相談援助職
			「手が出そうになって我慢した.」(女性, 居宅, CM)〈セ〉,「なんでこんな目に合わないといけないのか.」(女性, 居宅, CM)〈精〉
「問題中心の対処」	【直接制止】	「叩かれたとき痛いのでやめて欲しいと伝えた.」(男性, 施設, CW)〈精, 身, セ〉	「ダメですよと諌めた.」(女性, 居宅, CM)〈セ〉
	【安全確保】	他の利用者に暴力が向かわないようにしないとと思った.」(女性, 施設, CW)〈身〉	「利用者を守ろうと利用者の安全を考えた.」(無記入)〈精, 脅, 身〉
	【積極的対応】		「できるだけ冷静に対話を心掛けました.」(女性, 居宅, CM)〈精〉,「正当性はこちらにあるので, ぶれずに説明しようと思った. (女性, 役所, SW)〈精, 脅〉,「バイオレンスには屈しないという視線を送った (笑顔でも目は強く).」(女性, 役所, 主任CM)〈精, 脅, 身〉
	【積極的意味づけ】		「介入の機会ができたと思った.」(男性, 包括, SW)〈精〉,「原因を知りたいと思った.」(男性, 居宅, CM)〈身〉,「この手の方をうまくまわせたとき, 自信を持てる.」(男性, 包括, SW)〈脅〉

注：所：所属物の破損. 精：精神的暴力, 脅：脅し, 身：身体的暴力, セ：セクシュアルハラスメント, 施設：特養, 訪問／通所：訪問介護事業者もしくは通所介護事業所, 居宅：居宅介護支援事業所, 包括：地域包括支援センター, CW：ケアワーカー (介護職), CM：ケアマネジャー (介護支援専門員), SW：ソーシャルワーカー, PHN：保健師.

出典：副田 (2019a). 介護職・相談援助職への質問紙調査結果.

新しい技術を学び取る, などです.

副田 (2019a) の暴力・ハラスメントが起きたときどのような感じをもったかという質問に対する回答の「その他」の欄に記述されていた内容から, 対処について該当するものを介護職・相談援助職別に拾い出してみました. そして, それぞれを「情動中心の対処」と「問題中心の対処」に分類, さらに, Lazarusらの例示を参考にそれぞれ再分類したところ, 図表5-3のように整理できました.

「情動中心の対処」としては,【合理化】,【受け流す】,【納得させる意味づけ】,【退出】,【心のなかでの反撃】の5つが,「問題中心の対処」としては,【直接制止】,【安全確保】,【積極的対応】,【積極的意味づけ】の4つがあります[7].

5つの「情動中心の対処」

【合理化】は,相手の行為や生じた状況を,認知症だから,生理現象だから,性格的に変な人だから,仕方がないと相手になんらかの原因があると理屈をつけてあきらめることで,怒りやイライラ,不快,不満といった否定的情動の軽減を図る防衛機制です.

「認知症の方なので仕方ないと思う.」(女性,施設,CW)〈精,身,セ〉,「生理現象?　欲求なので仕方がない.」(女性,居宅,CM)〈セ〉,「家族(息子)が変なのだとあきらめの気持ち.」(女性,包括,SW)〈精,脅〉

介護人材不足や過重労働が続き,限られた時間内で多数の業務をこなさなければならない介護職や相談援助職にとって,ストレスをもたらす要因は多く,利用者の行為にいちいち腹を立ててはいられない,病気や性格から起きていることと割り切りらないとやっていられない,ということかもしれません.あるいは,当初は対応の仕方を変えるなど,なんとかしようとしたけれども変化なく,無理だと思い込むことにしたということもあるでしょう.

【受け流す】は,たいしたことはないとか,いつものことと気にせず,聞き流したり,気に留めないようにすることで,否定的情動をできるだけ感じないようにする対処法です.

「いつものことだと割り切った.」(女性,施設,CW)〈精,身,セ〉,「不快に思ったが軽く流した.(女性,施設,CW)〈精,脅〉

7　利用者の暴力的行為に対する介護職員の認識と対処法を,介護職員14名に対するインタビュー調査によって調べた越谷(2012)も,〈受け入れる〉〈あきらめる〉〈向かい合う〉〈発見する〉〈切り替える〉の5つの対処法を抽出しています.しかし,各カテゴリーの内容には,「情動中心の対処」も「問題中心の対処」も入っているように見えるため,ここでの結果と対比することは控えました.

【納得させる意味づけ】は，相手や相手が置かれた状況を，自分を納得させるように解釈することで，否定的情動を呼び起こさせないようにする方法です．

「かわいそうな人，この人は人に対して信頼したり，心を許すことができないのだと思った.」(女性，居宅，主任CM)〈精〉,「病状なのだろう，本人も辛いだろうと思った.」(女性，医療機関，SW)〈精，脅，セ〉,「介護に疲れているのだと感じた.」(女性，居宅，主任CM)〈精〉,「体調がよくないのではないかと利用者のことが心配になった.」(女性，包括，SW)〈脅〉

脅しや言葉の暴力，また，セクシュアルハラスメントを受けても怒りや不快感を強めるのではなく，他人に心を許すことができない人だから，体調が悪いから，介護に疲れているから，と相手を思いやって解釈しています．しかしときには，こうした解釈が一方的な思い込みの場合もあるかもしれません．思い込みは，本当にそうなのか，どうしてこういう状況になったのか，多面的に考えるという姿勢を呼び起こしにくくさせます．

【退却】は，否定的情動を引き起こす状況から物理的に離れるという行為です．問題に取り組む次の行動のためにいったんその場を離れるという「問題中心の対処」としての「退出」に対して，ここで言う「情動中止の対処」としての【退却】は，否定的情感低減を図ることを目的とした行動です．ただし，いずれも，その場を離れることで，気持ちを整理する機会を得ることができます．

「その場にいたたまれず逃げ出した.」(女性，居宅，CM)〈身，脅，セ〉

【心のなかでの反撃】とは，怒りの感情をもたらす状況を作った相手を心のなかで攻撃することで，心を平静に保とうとする態度です．

「心のなかでののしった.」(女性，居宅，主任CM)〈セ〉,「夜道で誰も見ていなかったらボコボコにしてやろうと思った.」(男性，居宅，CM)〈精，脅〉,「殺しそうになった.」(男性，居宅，主任CM)〈精，脅，身〉

立場の弱い人たちを支援する介護職，相談援助職であっても，1人の人間ですから，暴力・ハラスメントを受けたときに激しい怒りの感情を抑えきれず，つい心のなかで反撃を加えてしまうことはあり得ます．こうした「情動中心の対処」は，繰り返される暴力的行為のなかに人を困らせようとしたり，若い職員や実習生などにターゲットを絞るといった悪意を感じた場合に起こりやすいと考えられます．【心のなかでの反撃】は，感情的になって強い怒りを直接相手にぶつけてしまうという虐待の回避に役立っていると考えることもできます．ただし，繰り返し体験すると，【心のなかでの反撃】が心のなかだけですまなくなるおそれがあります．

「情動中心の対処」の課題

以上の「情動中心の対処」は，否定的情動の低減に役立ちますが，暴力・ハラスメントの体験が繰り返し起きるとそれも困難になっていき，ストレスの蓄積が進んでいきます．利用者の暴力に対する介護職員の認識と対処法を調べた越谷は，施設の介護職員に見られる〈あきらめる〉と〈受け入れる〉という対処法を取り上げ，「介護業務のなかで常につきまとう問題として消極的に引き受ける対処法は，健康障害の要因となる『慢性ストレス』を引き起こすリスクを孕む．」と指摘しています[8]．

「男性利用者は性的欲求があると思って対応してください．」，「暴力は認知症による介護抵抗です．」[9]などの職場における「指導」があれば，「情動中心の対処」としての【合理化】や【受け流す】，【納得させる意味づけ】などは，職員に学習・強化されます．また，これらの対処パターンが職場に浸透していれば，職員も同僚，上司も何がそういう行為を起こさせるのかを考え，利用者・家族が暴力・ハラスメントに至らなくてもすむ方法や，職員がそれを受けなくてもすむ方法を検討しなくなります[10]．

8　越谷（2012）pp. 135-6.

9　これらは，吉田の「ケアハラスメントの具体的内容（自由記述）」の中の一例です．吉田（2019）p. 99.

10　地域包括のセンター長（No. 8）は，「つねられたり叩かれても我慢して付き合っているヘルパーさんには，医療や他の別のアプローチがあるはずなので『できないと言っていい』と話すことがある．そういう調整をソーシャルワーカーがしなくちゃいけない場面がある」と言い，対処法検討の必要性を強調しています．また，スクールソーシャルワーカー（No. 1）は，「暴力の背景を想像するということをやっていかないと，失敗を重ねることになりかねない．」と警告しています．

(2)「問題中心の対処」

前述したように，「問題中心の対処」は，「厄介な問題を巧みに処理し変化」させようとする努力で，Lazarus らの，外部環境に向けたものと自分の内部に向けたものという区別に従えば，【直接制止】，【安全確保】，【積極的対応】は外部環境に向けたもの，【積極的意味づけ】は自分の内部に向けたものと言えます．

外部環境に向けた「問題中心の対処」

【直接制止】は，厄介な状況を作りだした相手の行為を直接止めようとすることです．

「叩かれたとき痛いのでやめて欲しいと伝えた．」（男性，施設，CW）〈精，身，セ〉，「ダメですよと諫めた．」（女性，居宅，CM）〈セ〉

【安全確保】は，危険な行為から周囲の人々や当事者自身の安全を守ろうとする対処法です．

「他の利用者に暴力が向かわないようにしないとと思った．」（女性，施設，CW）〈身〉，「利用者を守ろうと利用者の安全を考えた．」（無記入）〈精，脅，身〉

【積極的対応】は，状況を少しでも変えようとして自分で考え，積極的に対応することです．

「できるだけ冷静に対話を心掛けました．」（女性，居宅，CM）〈精〉，「バイオレンスには屈しないという視線を送った（笑顔でも目は強く）．」（女性，役所，主任 CM）〈精，脅，身〉，「正当性はこちらにあるので，ぶれずに説明しようと思った．（女性，役所，SW）〈精，脅〉

暴力・ハラスメントの質や程度，頻度，当該利用者・家族とのそれまでの関係性などにもよりますが，暴力やハラスメントを受けたときに，こうした【安全確保】や【積極的対応】といった冷静な対応を取るには，一定の経験も必要です．

自分の内部に向けた「問題中心の対処」

【積極的意味づけ】は，リフレーミング，つまり，暴力・ハラスメントという問題状況を肯定的に積極的に意味づけるということです．

> 「介入の機会ができたと思った．」（男性，包括，SW）〈精〉，「この手の方をうまくまわせたとき，自信を持てる．」（男性，包括，SW）〈脅〉

苦痛をもたらしかねない状況を，事態改善のチャンス，あるいは，自分の成長の機会と意味づけることができるのは，専門職としての技量と自信があるから，あるいは，それらを獲得していくことが重要と考えているからと言えます[11]．

「問題中心の対処」のメリット

以上の外部環境と自分の内部に向けた「問題中心の対処」は，問題状況をなんとか処理できるという感覚や，次回はうまく対処しなければという想いに基づいた対処パターンです．「問題中心の対処」がうまくいけば，当該職員だけでなく職場の仲間も，暴力・ハラスメントへの適切な対処や再発防止のための知識や技法を学ぶ機会になります．職場に学習の文化が根付いていて，対処困難な事態が起きた場合は，職場での相談や話合い，ミーティング，ケースカンファレンスを行うことなどが慣例になっていれば，うまくいかなかった場合にも，その体験をもとに「問題中心の対処」の検討，学習が行われやすくなります．

(3)　暴力・ハラスメントの性質別対処パターン

つぎに，副田（2019b）の相談援助職を対象に行ったインタビュー調査から，語られた対処パターンを暴力・ハラスメントの「一過性型」と「持続型」別に見てみます．図表 5-4 がその結果です．「情動中心の対処」としては，【あきら

11　越谷は，暴力的行為を「介護職員としての成長を促す機会として肯定的に」とらえること，また，暴力的行為への対処や予防を「自分のケア能力のバロメーター」としてとらえることによって，職員は精神的安定を得ていると述べています（越谷 2012. pp. 132-3）．

図表 5-4　暴力・ハラスメントの性質別対処パターン

		一過性型	持続型
「情動中心の対処」	【あきらめ】		「反論してもしょうがないので,『わかりました.』と言うだけ.」(No. 6),「言われても仕方ないと思った」(No. 11),「ひたすら話を聞いた.」(No. 18),「何も言えず2時間言われ続けた.」(No. 17),「謝罪しても何度も責められるので聞いているだけに.」(No. 19),「頭が真っ白になり何も言い返せないことで落ち込んだ.」(No. 21),「自分たちから切るというのは習慣的になく,とりあえず話を聞くしかなかった.」(No. 22)
	【退却】	(怖くて放心状態のようになったので)「『ちょっと失礼します』と言って退室した」(No. 4)	(長時間,怒鳴られ脅されたのを)「ひたすら聞いて最後に『上の者と相談して対処します.』と言ってやっと出た」(No. 7)
「問題中心の対処」	【直接制止】	「『そういうことを言ってはいけないですね.』と言った.」(No. 1),	
	【退出】	(怒鳴られ怖かったが)「『近いうちにまた来させていただきます.』と伝えた.」(No. 14)	「『改めて話し合う場を設けたい』と伝えた」(No. 3)
	【積極的対応】	「相手の怒りの原因について慰めるような対応をした.」(No. 13),	「こういう人にどう対応していくのがよいかすごく考えた」(No. 8),「弁護士対応を求める前に,感触を得てもらうため,施設長にも話合いに入ってもらった.」(No. 20)
	【交代】	「男性上司に代わった.」(No. 15),「別の職員が対応」(No. 2),「同僚が助けに入る」(No. 25)	「上司が対応」(No. 9),「上司に交代した」(No. 12)

注：(　) は副田による補筆.
出典：副田 (2019b)：介護職・相談援助職へのインタビュー調査結果.

め】と【退却】がありましたが,【あきらめ】は「持続型」にだけ,【退却】は「一過性型」にだけ見られました.「問題中心の対処」としては,【直接制止】,【退出】,【積極的対応】,【交代】がありましたが,前二者は「一過性型」にだけ見られました.「一過性型」の暴力・ハラスメントの種類は身体的暴力と脅し，「持続型」のそれは脅しを含む精神的暴力だったことを想い出せば，こうした傾向にも納得がいきます．

「情動中心の対処」としての【あきらめ】

【あきらめ】が先に見た【合理化】と少し違うのは，【あきらめ】は，相手や状況に問題があるという理屈づけをするわけでなく，ただ，「何を言っても無理」，「仕方ない」と積極的対応を断念するということです．

〔地域包括で相談中，利用者家族に「どの人も丁寧にやってくれたのにあなたみたいな人は初めてだ．」「あなたはこの仕事は向かない．配置転換してもらったほうがいい．」などと言われる．〕→「反論してもしょうがないので，『わかりました．』と言うだけ．」（No. 6．女性，地域包括，SW），〔生活保護利用者に前回言ったことに誤りがあったと言った途端，激高して納得せず「あなたは信じられない」「訴えるしかない」などと怒鳴られる．〕→「言われても仕方ないと思った．」（No. 11．男性，行政機関，SW）

「訴えてやる．」「働けないようにしてやる．」といった脅しや，「専門職としてよくそんなことが言えるな．」「それでもプロか．」「土下座しろ．」といった言葉の暴力．「謝罪より弁償しろ．」「悪いと思うなら施設に入所させて．」といった理不尽なクレーム．こうした精神的暴力に，当初は専門職として「なんとかしなければ」と思っても，それが繰り返し行われたり，エスカレートしてくると，次第に「何を言っても無理」「言えば逆効果になるだけ」とあきらめてしまうことになります．

「問題中心の対処」としての【交代】

ここでの上司や同僚による【交代】は，トラブルになったら上司や他の職員が代わるといった職場の了解の下で，あるいは，「相手から上司に代われ．」などと言われて交代したものです．担当者が暴力・ハラスメントにいたたまれずその場から【退却】したために，やむなく他の職員あるいは上司が代わって出たという状況とは異なり，問題を処理するのに上司や同僚という自分以外の資源を活用するという「問題中心の対処」ととらえることができます．この【交代】は，「一過性型」でも「持続型」でも見られました．

〔生活保護を利用開始した人に，不利益にならないように手続き等を説明していると，調子が悪い人間に向かって四角四面の説明をするのは非人間的だと非難され，上司にも苦情の電話が入る．〕→「上司が対応」（No. 9．男性，行政機関，SW）〈持〉，〔男性クライエントと面接中，「あんたが男だったら胸ぐらつかんでやるからな．」と言われ，これDVだってふとわかった．「女だから駄目だ，上司に代われ」とも言われた．〕→「男性上司に代わった．」（No. 15．女性，地域包括，SW）〈一〉[12]

上司，とくに男性の上司に交代すると，「丸く収まるということはよくあるパターン」で[13]，社会に残存する女性に対する偏見，蔑視が社会福祉の実践現場でも一般的に見られます．

【交代】によって，暴力・ハラスメントを受けた担当者はホッとする反面，複雑な想いをもつこともあります．男性上司に交代した女性ソーシャルワーカー（No. 15）は，男性利用者から「上司に代われ．」と言われて，「よしよし」と思ったものの，やはり自分でなんとか対処したかった気持ちが強く，交代でプライドが傷ついたと言っていました．交代してもらったほうがよいと判断しても，交代することでワーカーとして能力を疑われるのではないか，と不安を感じる職員もいます．【交代】する側には，担当者への配慮や担当者とのコミュニケーションが求められます．

「問題中心の対処」

介護職・相談援助職はともに，人材難や過重負担等の厳しい労働環境に置かれています．しかしそうしたなかでも，図表5-3，図表5-4で見る限り，【積極的対応】をはじめとする「問題中心の対処」が行われており，そこに介護職，相談援助職のプロ意識を確認することができます．ストレスの蓄積によって，

12　〈一〉は「一過性型」，〈持〉は「持続型」の暴力・ハラスメントを受けたことを指しています．

13　副田（2019b）のインタビュー調査における No. 15 の発言．

そのプロ意識が消失してしまわないように，職場や組織としてこの問題への対処のあり方を検討することが必要です．

3. 影　響

(1) 【モチベーションの低下】【離職意向】【反省】

暴力・ハラスメントの影響

暴力・ハラスメントの影響というのは，暴力・ハラスメントを体験したことで生じる身体・精神・認知・行動面などの変化を指します．体験直後の心理的反応や身体的反応として表れる衝撃が大きいほど，また，対処後に残るストレスが大きいほど，否定的な変化は起きやすいと考えられます．

心身の不調から仕事を休む，通院する，仕事に行きたくなくなる，仕事を辞めたくなる，実際に離職する，いつまでも気持ちが晴れない，思い出すと不安が強くなって落ち着かなくなるなど．暴力とハラスメントの影響は，体験後比較的早く表われることもあれば，しばらく経ってからということもあります．ときには，トラウマ（心的外傷）となって何年にも渡って影響が続く場合もあります．

副田（2019a）の質問紙調査における自由記述から，影響として抽出できたコードは，仕事の【モチベーションの低下】，【離職意向】，【反省】の３つでした．前二者は，暴力・ハラスメントの精神面に対する否定的影響と言えます．他方，【反省】は，自分の言動を振り返り，それを前向きに変化させようとすることなので，認知や行動面への肯定的影響ととらえることができます．

【モチベーションの低下】

【モチベーションの低下】とは，言うまでもなく仕事への動機づけが低下し，仕事のやる気をなくすことです．

「ケアをしたくないと感じた．」（女性，訪問・通所，CW）〈精，身，セ〉，「クレームとなっても良いから先方から嫌われて担当を降りたいと強く思った．」（女性，居宅，CM）〈精，脅，身〉，「やる気がなくなった．」（男性，地域包括，主任

図表 5-5　暴力・ハラスメントの影響

	介護職	相談援助職
【モチベーションの低下】	「ケアをしたくないと感じた.」（女性，訪問・通所，CW）〈精，身，セ〉	「クレームとなっても良いから先方から嫌われて担当を降りたいと強く思った.」（女性，居宅，CM）〈精，脅，身〉，「行くのが憂鬱になった.」（女性，居宅，CM）〈精〉，「やる気がなくなった.」（男性，地域包括，主任 CM）〈精〉，「やればやっただけバーンアウトにつながると思った.」（女性，役所，主任 CM）〈精，脅，身，所〉
【離職意向】	「退職を常に考えている.」（女性，施設，CW）〈精，身，セ〉	「ケアマネジャーの仕事をやめたくなった.」（女性，居宅，CM）〈精，脅，身，セ〉
【反省】	「認知症の方で時間が無く無理に行ったからなので，もう少し良い方法があると思っています.」（男性，施設，CW）〈身〉，「対応が悪かったと思った.」（女性，施設，CW）〈精〉，「今後の対応を考えないといけないと思った.」（女性，施設，CW）〈精，脅，身〉	「このような言葉や態度が出た利用者さんが気の毒に思った．ケアマネとしてもっとまともに対応できるようになりたいと思った.」（無記入）〈身〉「相手の言動や行動にひるむ自分がいました．自分自身がどのように接するべきなのか，考える機会を与えてもらったと数日後に考えるようにしました.」（男性，居宅，CM）〈精〉

出典：副田（2019a）．介護職・相談支援職への質問紙調査結果.

CM）〈精〉

大学病院に勤務する看護師を対象に質問紙調査を行った井上らによると，過去7か月間で「利用者・家族からの暴力をハラスメントと感じた」ことのある看護師に，精神面や仕事への影響を複数回答で尋ねたところ，「患者に接するのがストレスになった」56.2%，「患者を訪問したくなくなった」39.3%，「仕事がいやになった」25.8% などでした[14]．体験者の 2.5-4 割弱の人が，仕事へのモチベーションを下げています[15].

14　有効回答数 320 のうち，ハラスメントと感じた暴力を受けた者は 89 名（27.8%）でした（井上他 2015).

15　ちなみに，労働者一般を対象とした連合調査（2019）では，ハラスメントを受けたことで生活上，どのような変化があったかを複数回答で尋ねていますが，「仕事

【離職意向】

仕事へのやる気をなくせば，仕事を辞めたいという気持ちがわいてきます．日頃から低賃金や職場の人間関係に悩み，漠然と仕事を辞めたいと思っていれば，これを機会に辞めることを真剣に考えるようになります．

「退職を常に考えている.」(女性，施設，CW)〈精，身，セ〉,「ケアマネジャーの仕事をやめたくなった.」(女性，居宅，CM)〈精，脅，身，セ〉

3章でも紹介した厚生労働省（2019）の調査では，利用者・家族からのハラスメント体験をもつ介護職員等に，その影響として「休んだ」,「ケガや病気（精神的なものも含む）になった」,「仕事を辞めたいと思った」,「実際に仕事を辞めた」の4点があったかどうか尋ねています．表示されている職員の所属機関別の結果をみると，いずれにおいてももっとも多かったのが「仕事を辞めたいと思った」で,「介護老人福祉施設」36.4%,「訪問介護」29.3%,「居宅介護支援」34.5%でした．介護職，ケアマネジャーともに，ハラスメント体験者のほぼ3人に1人が【離職意向】をもったことがあるということです[16].

【反省】

「認知症の方で時間がなく無理に行ったからなので，もう少し良い方法があると思っています.」(男性，施設，CW)〈身〉,「このような言葉や態度が出た利用者さんが気の毒に思った．ケアマネとしてもっとまともに対応できるようになりたいと思った.」(無記入)〈精，身〉

体験を振り返って【反省】し，反省したことを次に活かすことができるならば，同様の事態を回避したり，事態にうまく対処できる可能性がでてきます．

のやる気がなくなった」という仕事へのモチベーションの低下は，53.6%と半数以上に見られました．

16　実際に離職したのは,「介護老人福祉施設」で4.5%,「訪問介護」で11.6%「居宅介護支援」で3.4%でした．「ケガや病気（精神的なものも含む）になった」は，この所属機関順に22.1%，9.2%、8.3%,「休んだ」は，同じく0.8%，0.8%，0.7%でした（厚生労働省2019. pp. 43-44).

(2) 【離職】と【精神的傷つき】

副田（2019b）のインタビュー調査では，暴力・ハラスメントの影響として，【離職】，【精神的傷つき】，【反省】，【内省】，【組織への働きかけ】が，「一過性型」でも「持続型」でも見られました．まず，否定的影響と言える，【離職】と【精神的傷つき】から見ていきます．

【離職】

【離職意向】や実際の【離職】は，利用者家族からの暴力・ハラスメントによってだけでなく，報告・相談した上司からの二次被害によっても引き起こされます．以下は，利用者家族の精神的暴力で心を痛めているところに，上司の心無い言葉によって二次被害を受け，それが引き金となって離職したケアマネジャーの事例です．

〔利用者の家族が，「母親が大事なものを失くしたのはお前のせい，だから弁償しろ．」といった理不尽な要求や，「それでも専門職か．」などと，人格否定の言葉の暴力を繰り返す．なんとかその場を凌いで職場に戻り，上司である事業経営者に事の次第を話したところ，「おまえ，なんでそんなケースを受けたんだ！」と，強い叱責を受け，目の前で，当該ケースの紹介元にも非難の電話をかけられてしまう．その後，同じ利用者家族から電話で理不尽な土下座の強要があったとき，職場の責任者として，これ以上，職場に攻撃の電話が来ると職員に迷惑がかかると思い，「土下座ですむのなら」と従ってしまった．モラールの低い職場のサービスの質をなんとかよくしようと，経営者からのサポートのないなかで日々努力していたが，経営者の叱責を受けて心が折れた．〕→「『二次被害』の結果，離職．」（No. 7）

組織にとってのコスト

インタビュー調査対象者である特養のショートステイ事業の責任者（No. 19）が体験した，利用者家族からの執拗な精神的暴力のケースは，周囲の職員に【離職意向】を引き起こしかねない事態をもたらしました．このケースは，家族と施設側との十分な情報共有ができていなかったために事故が起き，

図表 5-6 暴力・ハラスメントの性質別に見た影響

	一過性型	持続型
【離職】		「二次被害の結果，離職.」(No. 7)
【精神的傷つき】	「非常に気分がよくない.」(No. 1)，「半年くらい怖い思いが続いた．ちょっとでも相談者が声を荒げたりすると心臓がドキドキと勝手に反応していた.」(No. 4)，「交代によってプライドが傷ついた.」(No. 15)，「あとから怖くなった.」(No. 25)	「精神的に追い込まれ厳しかった」(No. 5)，「気分よくなく，仕事に向かえないし，家に帰るときも待っていたらいやだなと不安があった.」(No. 8)，「会いたくないし，電話したくない.」(No. 11)，「嫌な感じを引きずった.」(No. 12)，「他の家族に対しても疑心暗鬼になってしまう.」(No. 17)，「会いたくなく，会うと思うと息が止まる感じ.」(No. 19)，「顔を合わせたくない.」(No. 20)，「職場に足が向かない，気が重く動けない.」(No. 21)
【反省】	「位置取りに注意する.」(No. 2)，「アセスメントができていなかった．どういう接し方をしていくのがいいか考え直さないとと思い，関わり方をちょっと改めていった.」(No. 13)，「もっと話をうまくかわすというか，次につなげられる話ができたら.」(No. 14)	「時間の制約と相手への配慮を両立させるむずかしさがあるが，私の説明がもうちょっと上手であればうまくいくかもしれないので努力が必要.」(No. 9)，「もっと慎重に話さなければならないなと思った.」(No. 11)，「もうちょっと言い方があったかなと思う.」(No. 12)，「一個一個ていねいな話し方に.」(No. 17)，「過去の記録を読み返してみると片鱗が隠れていることはわかったが，そこまでやって気を付けようという時間がない.」(No. 19)
【内省】	「結果からすれば，対応は間違っていなかったという想いがあるが，クライエントを傷つけたのではないか支援者として未熟なところがあったのではないかと自問自答した.」(No. 1)	「精神の病気だということはわかっていても，距離の取り方や受け止め方がむずかしく，自分の至らなさを責めた.」(No. 5)，「利用者を信じないと信頼関係ができないと思い傾聴してきたが，そういう関係を作って行けるケースではないことに気づくのが遅かった．もう少し早く見極めができて自分や周りが攻撃される前に，関係機関が振り回される前にやれることもあったのでは．利害関係といった別の関係の結び方で支援していくことにもっと早く取りかからなければいけなかった.」(No. 21)

	一過性型	持続型
【組織への働きかけ】	「上司に男女ペア面接を要望した.」(No. 4)	「体験を若い職員への指導や担当者の決定に活かす.」(No. 5),「課内会議やケースカンファレンスの仕組みができつつあったので，意識的にそこにのせて，個人や一部の担当者だけで判断しないように，上を巻き込んでいくようにした.」(No. 8)

出典：副田（2019b）．介護職・相談援助職へのインタビュー調査結果.

その事故に関するクレームが理不尽なものにエスカレートし，事業責任者やケアマネジャー等の関係者に対する人格攻撃に拡大していったものです.

この責任者が，事故に関する事情を介護職員に慎重に確認していましたが，その過程で，介護職員たちもクレームや攻撃を知ることとなり，責任を強く感じて「私がこうすればよかったんだ，私が悪かったよね.」という職員，「ご家族だってこう言っていたのに．事故が起きるとそこまで言ってくるんですか.」と反発する職員，「ここまでやっているのに，それが裏目に出てしまうのなら，もうやりたくない.」とやる気を失う職員が出てきました．幸い今回は，【離職意向】を明確に表明した職員はいませんでしたが，以前，別の家族とのトラブルの際にはあったとのこと．厳しい人材難が続くなかで，1人でも【離職意向】をもたれてしまうのは，事業責任者として憂うべき事態です.

暴力・ハラスメントは体験者だけでなく，それを見聞きした周囲の職員にも，【モチベーションの低下】や【離職意向】をもたらすおそれがあります．そうなると，職場のモラールが低下し，休職や離職が増えかねません．こうしたことは，組織にとって大きな痛手となります．また，上司や管理職は，事実確認のための情報収集，報告者に対する助言・心理的サポート，配置転換等の支援，相手方への対応，職場チームや組織の管理職たちへの報告・説明，新しい人材のリクルートなど，数多くの職場マネジメントに時間とエネルギーを割かなければなりません．このように，暴力とハラスメントは，組織にも大きなコストがかかります.

【精神的傷つき】

これは，暴力・ハラスメントの衝撃として紹介した【精神的苦痛】に似ていますが，暴力・ハラスメントという出来事が終わった後もしばらくの間，この出来事による否定的感情に悩まされるという心理的影響を指しています．

これには，「非常に気分がよくない」（No. 1），「嫌な感じを引きずった」（No. 12）といったものもあれば，つぎの例のように，トラウマやそれに近いと言える状態のものまでありました．

〔生活保護の相談面接中，出所してきた薬物使用者（男性）が説明を聞きながらイライラしてきて指をバキバキ鳴らす，机を脚でバーンと蹴るなどされた．〕→「半年くらい怖い思いが続いた．ちょっとでも面談している相談者が声を荒げたりすると，心臓がドキドキと勝手に反応していた．」（No. 4．女性，行政機関，元SW）〈一〉，〔サービスを利用した高齢者の家族から，職場の責任者として謝罪が遅いのは無責任だとか，「責任取って保障をして」と要求が次々とエスカレートし，「どこまでやってくれるか」と頻繁に連絡を受ける．〕→「会いたくなく，会うと思うと息が止まる感じ．」（No. 20．女性，特養，CM・管理職）〈持〉，〔関係機関を動かす力をもっている非常に訴えの多い利用者から，「困っている自分のために仕事するのがケアマネ，できないあなたは失格」「あなたはそれでもプロか．」「あなたにマネジメント能力はない．」などと叱責され続けた．〕→「職場に足が向かない，気が重く動けない．」（No. 22．女性，地域包括，CM・管理職）〈持〉

【精神的傷つき】は，体験した暴力・ハラスメントが，「持続型」の場合でも「一過性型」の場合でも見られます．「一過性型」の暴力・ハラスメントのなかの１件は身体的暴力で，あとは脅しでした．「持続型」のそれは，すべて脅しと精神的暴力でしたから，相談援助職の【精神的傷つき】は，衝撃としての【精神的苦痛】と同様に，脅しを含む精神的暴力によってもたらされる傾向が強いように見えます．

看護師を対象に体験した暴力の回数と影響の有無の関係を調べた井上ら（2019）によると，「影響があった」という人が受けた暴力の回数は7.0（±5.2）回，「影響はなかった」という人は4.9（±3.3）回で，暴力を受ける回数が多いことと，精神面に影響を受けることは有意に関連していました．また，精神的暴力を受ける回数が多いことと，精神面に影響を受けることとは有意に関連していましたが，身体的暴力とセクシュアルハラスメントについては，そうした関連は見られませんでした．

井上らも言うように，患者や利用者の身体的暴力は，認知症やせん妄によるもの，あるいは，ちょっとしたことによるイライラや不満の爆発であって，他の人も同じように受けていたとか，受けるおそれがある，と理解できる場合が少なくありません．また，傷害罪・暴行罪等刑法に触れずとも，物理的暴力は許されないという社会規範のもと，その禁止を強く迫り，1回で終わらせる可能性があります．他方，脅しや言葉の暴力は，特定の人に向けられたものであることが多く，受けた者はそれを制止しにくいため，繰り返し行われやすくなます．結果として，精神的に傷つくおそれが強くなります[17]．

もっとも，刃物で脅されたり傷つけられるといった犯罪と言える身体的暴力や，密室でいきなり襲われて身体のプライベートゾーンに触られる，触られそうになるといった性暴力と言えるセクシュアルハラスメントは，一度きりであったとしても，トラウマをもたらすおそれは相当強いと考えられます．

いずれにせよ，職場の上司や管理職には，暴力・ハラスメントがもたらす【精神的傷つき】に敏感であることが求められます[18]．

(3)　【反省】【内省】【組織への働きかけ】

【離職】や【精神的傷つき】とは異なり，【反省】，【内省】，【組織への働きかけ】の3つは，自分自身や環境を前向きに変化させるという肯定的な意味をもつ影響です．

【反省】と【内省】

この2つは，暴力・ハラスメント体験の振り返りということですが，意味は

17　井上ら（2015）p. 14.

18　副田（2019b）の調査対象者のベテランワーカーは（No. 2），暴力・ハラスメントではなく，若いころ体験した利用者の突然の自殺が「精神的にこたえた．」と語っていました．よい関係ができていたと思っていた利用者の突然の自殺，その後の利用者の母親との面談は，何をしていたのかと追求されているようでやりきれない想いをもたらしたとのことです．上司・管理職，とくに利用者の自殺が起きやすい精神科病院や生活保護担当部署の上司・管理職は，この問題にも敏感であることが求められます．

多少違います．【反省】は先に記述した通りですが，【内省】は，自分の考えや行為を多面的に，また深く省みて，改めて自分を見つめなおす，そこからつぎにつなげることのできる新たな気づきや学びを得る，あるいは，得ようとすることです．

【反省】の事例です．

〔生活保護を利用開始した人に，不利益にならないように手続き等を説明していると，調子が悪い人間に向かって四角四面の説明をするのは非人間的だと非難され，上司にも苦情の電話が入る．〕→「時間の制約と相手への配慮を両立させるむずかしさがあるが，私の説明がもうちょっと上手であればうまくいくかもしれないので努力が必要．」(No. 9．男性，行政機関，SW)〈持〉

【内省】の事例です．

〔利用者家族から土下座を要求されたが，「子どもの前でそういうことを言ってはいけない．」と答えた．〕→「結果からすれば，対応は間違っていなかったという想いがあるが，家族を傷つけたのではないか支援者として未熟なところがあったのではないかと自問自答した．」(No. 1．男性，学校，SW)〈一〉，〔地域包括として利用者を訪問中，調子悪いと言ったところを触っただけで，「訴えてやる．」「二度と働けないようにしてやる．」と繰り返し職場に来て言われ続ける．〕→「精神の病気だということはわかっていても，距離の取り方や受け止め方がむずかしく，自分の至らなさを責めた．」(No. 5．男性，地域包括，主任CM・管理職)〈持〉，〔あなたはそれでもプロか」などと責められ続けた．〕→「利用者を信じないと信頼関係ができないと思い傾聴してきたが，信頼関係を築いていきながら支援していけるケースかどうかに早く気づき，自分や周囲が攻撃を受ける前に別の関係の結び方で支援していく必要があった．」(No. 22．女性，地域包括，CM・管理職)〈持〉

上記の【内省】の内容は，3人が語った【内省】過程を圧縮して記述しています．実際には，自分の対応の仕方があれでよかったのか，何がまずかったのか，何度自問自答してもなかなか答えが得られず，自分の技量や能力が足りなかったのかという無念の想いや，利用者・家族から苦情を聞かされた上司や関係機関は自分のことをどう思っているのかといった不安を強く感じる，精神的につらい振り返り体験でした.

「ゆらぎ」

自問自答の【内省】は，対人援助論の研究者である尾崎の言う「ゆらぎ」にあたると言えます.「ゆらぎ」とは，感情や判断の動揺，迷い，見通しのなさに直面し，「自分の支援が間違っていたのかという疑問や不安に襲われ，「何をすべきか」の答えが簡単にみつからないことで，無力さや挫折等を感じ，悩み揺さぶられる状態のことです．尾崎によれば，「ゆらぎ」は，援助を破綻に導くこともありますが，1つの援助観や信念に固着しない姿でもあることから「新たな発見や，支援者あるいはまたシステムの変化・成長を導く契機」でもあります[19].

3人の「ゆらぎ」としての【内省】は，これまでの自身の基本的な考え方を変える（No. 21），学んだ関わり方を若い職員の指導や担当者の決定に活かす（No. 5），自問自答しながらも利用者の変化を通して自身の考え方自体は間違っていなかったことを確認する（No. 1），といった支援者としての「変化・成長」をもたらしています.

インタビュー調査対象者のなかには，暴力・ハラスメントは避ければよいというものではないと語る人たちもいました．暴力・ハラスメントを回避するために，事例に深入りをせず，決められた枠の中でしか仕事をしない，専門職としてそれでよいのかといった意見（No. 2），別に相手を怒らせる必要はないけれども，暴力・ハラスメントに遭遇することで自分のなかに起きる感情を見つめ，本当に辞めたいのか，続けたいのかよく考える機会を，経験年数が浅いうちにもったほうがよいといった意見（No. 3）です.「ゆらぎ」体験は，専門職としての「変化・成長」の契機となり得るという実感に基づく発言と思われます.

脅しや言葉の暴力，とくに「持続型」の精神的暴力の体験は，精神的傷つきをもたらす恐れが強いので，上司・管理職や関係者によるサポートが必要です．しかしこの体験は，悩み揺さぶられる「ゆらぎ」とも言える【内省】を通して，

19　尾崎（1999）pp. i-ix.

支援者としての「変化・成長」の契機に，また，職場や制度等のシステムの「変化・成長」を導く契機になり得ます．この点を踏まえ，職員の能力や考え方，これまでの経験，個性等をよく理解し，一人ひとりに合ったタイミングでのサポートが必要です．

「精神の病気だということはわかっていても，距離の取り方や受け止め方がむずかしく，自分の至らなさを責めた．」という上記３人のうちの１人，地域包括の主任ケアマネジャー（No.5）は，苦しい【内省】の過程で，行政機関とのケースカンファレンスや他機関の専門職のコンサルテーション等，サポートを求めて自ら動きました．そのサポートをつぎのような言い方で評価しています．

「自分のいる自治体はすごくサポートしてくれるからいいけれど，自治体によっては勝手に『頑張って！』というところもあって，本当にきつい，孤立無援もいいところ．うちは，法人自体もサポートしてくれているので，こういったケースはたしかにきついけれど，この仕事から足を洗おうと思うことにはならない．」

【組織への働きかけ】

暴力・ハラスメントによる恐怖や苦痛の体験を踏まえて，職場環境を変えるべく【組織への働きかけ】を行った例もありました．【組織への働きかけ】は，今後も生じ得るこの問題を個人的体験としてではなく，職場全体で取り組むべき問題であるというメッセージを職場に送るということです．相談援助職として求められるミクロな課題をメゾ・マクロの課題につなげていく作業とも言えます．

〔薬物使用者がイライラしてきて指をならしたり，机を脚で蹴るなどした．〕→「上司に男女ペア面接を要望した．」（No.4．女性，福祉事務所，元SW）〈一〉，〔高齢者を分離保護した後，家族が怒鳴る，叫ぶ，呪ってやるなど言い続けた．〕→「課内会議やケースカンファレンスの仕組みができつつあったので，意識的にそこにのせて，個人や一部の担当者だけで判断しないように，上を巻き込んでいくようにした．」（No.8．女性，地域包括，元SW・管理職）〈持〉，〔就労支援の場で，興奮している利用者の作業をちょっと止めに入ったところ，強い力で首を引っ張られむち打ち症になった．〕→「暴力対応の研修の実施を上司に提案し

た．」（No. 25．女性，障害者通所施設，生活支援員）〈一〉

No. 25 の職場では提案が認められ，職場内で研修が実施されました．No. 8 の職場では，その後，虐待事例対応に関する多元的な仕組みづくりがなされ，多職種・多機関のケースカンファレンス開催も柔軟に実施されています．

4.　上司による支援

(1)　報告・相談の実態

以上，暴力・ハラスメントを受けたときの衝撃，対処，影響について述べ，職場の上司・管理職等による支援の必要性も指摘してきました．ここでは，実際に上司・管理職等によってどのような支援が行われているのか見ていきます．

報告・相談は慣例化しているか

上司等が暴力・ハラスメントを受けた職員を支援していくには，まず，その事柄について報告あるいは相談を受ける必要があります．

副田（2019a）の質問紙調査では，利用者・家族からの暴力・ハラスメントを受けた直近の事例について，それを体験したときに上司等に報告や相談をしたかと聞いています．結果は，介護職では，「上司・管理職に報告・相談した」が 40.2%，「同僚にだけ話した」34.3%，「誰にも話していない」15.7%，相談援助職では，「上司・管理職に報告・相談した」が 75.3%，「同僚にだけ話した」14.0%，「誰にも話していない」6.6% でした[20]．介護職はサンプル数が少ないのですが，「上司・管理職に報告・相談した」の割合が相談援助職にく

20　調査票の設計ミスで，2番目の選択肢は「同僚に相談した」として，本問を複数回答すべきところを，「同僚にだけ話した」として単一回答としてしまったのですが，自主的に複数回答をした人が少なからずいたため（「上司・管理職に報告・相談した」と「その他」，「同僚にだけ報告した」と「その他」など）本問を複数回答として扱いました．それゆえ2番目の選択肢の回答には「同僚に報告・相談した」も多少含まれています．「その他」の欄には，行政，地域包括，ケアマネ，サービス事業所等の他機関に相談したという記述もありました．

図表 5-7　暴力とハラスメントの報告・相談

（上段：実数，下段：%）

	回答数	上司・管理職に報告・相談した	同僚にだけ話した	誰にも話していない	その他
合計 （N＝627）	676 107.8	439 70.0	110 17.5	48 7.7	79 12.6
介護職 （N＝102）	113 110.8	41 40.2	35 34.3	16 15.7	21 20.6
相談援助職 （N＝458）	488 106.6	345 75.3	64 14.0	30 6.6	49 10.7
その他 （N＝67）	75 111.9	53 79.1	11 16.4	2 3.0	9 13.4

注：その他（N＝67）は，看護師，一般事務職など．

出典：副田（2019a）．介護職・相談援助職への質問紙調査結果．

らべると低く，「同僚にだけ話した」と「誰にも話していない」の割合の高さが目立ちます．

3章でも紹介した，厚生労働省（2019）の介護職等を対象とした調査は，過去1年間で受けた利用者・家族等からハラスメントの1例（複数の場合は，もっとも悪質だった，あるいは精神的に影響が大きかったと思うケース）について，体験した際に「相談した」かどうかを尋ねています．「相談した」は，回答者の所属機関別に訪問介護79.4%，介護老人福祉施設53.6%，居宅介護71.9%でした．相談相手は，いずれも「上司」が80%以上，「職場の同僚」が60%以上です（複数回答）．誰にも「相談しなかった」は，訪問介護20.5%，介護老人福祉施設46.4%，居宅介護28.1%と，介護老人福祉施設に多くなっています[21]．

これらの調査結果からすると，相談援助職の職場や居宅介護の職場，また，訪問介護の職場は，大半のところで上司・管理職への報告・相談が慣例化しているように見えます．ただし，介護老人福祉施設では必ずしもそうは見えません．

21　厚生労働省（2019）p. 46.

報告・相談しない理由

介護老人福祉施設の職員が誰にも「相談しなかった」理由は，「利用者・家族等に認知症等の病気または障害があるから」(46.0%)，「相談するほど大きな問題と思わなかったから」(25.2%)，「相談しても解決しないと思ったから」(19.1%) などでした．病気または障害があるから仕方がない，何か相談しても変わらない，そういう気持ちから，よほどのことでない限り暴力・ハラスメントには，【合理化】や【受け流す】といった「情動中心の対処」をし，上司に報告・相談することをしない．こうした傾向が，訪問介護員や相談援助職よりも，施設職員には目立つということでしょう．これ以外にも，忙しく時間がない，他の業務を優先させ後回しにしているうちに面倒くさくなる，セクシュアルハラスメントなどは思いだしたくもない，口にしたくもない，といった理由もあると思われます．

セクシュアルハラスメントについて言えば，上司が異性の場合，報告・相談をためらう傾向はより強まります．セクシュアルハラスメントは女性がより受けやすく，役職者は男性であることが少なくありません．ケアハラスメント調査を行った吉田 (2008) によれば，「恥ずかしい」ことに対する配慮をしてもらえるのかという不安や不信から，女性たちはセクシュアルハラスメントを「仕方ない」こととして割り切ろうとする傾向があるようです[22]．

利用者・家族からの暴力とハラスメントの上司への報告・相談は，当該職員への直接的支援を行うためだけでなく，利用者・家族への支援のために必要です．職場として，あるいは組織全体として，利用者・家族へのサービスの質や提供のありようを，また，職員の労働体制等を再点検するための契機になるからです．潜在化しやすいセクシュアルハラスメントも安心して報告・相談できるような，また，多忙なときでも報告・相談できるような，報告・相談しやすい体制づくりが求められます．

(2)　支援となる対応

報告・相談するとき，自分の対処はこれでよかっただろうか，上司は自分の

22　吉田 (2008) p. 102.

図表 5-8　上司・管理職の対応

（上段：実数，下段：%）

回答数	話をよく聞いてくれた	然るべき対処をすると言った	やり過ごすように言った	対処がまずかったのではと言った	とくに何も言わなかった	その他	N.A.
456	264	100	19	12	24	22	15
100.0	57.9	21.9	4.2	2.6	5.3	4.8	3.3

出典：副田（2019a）．介護職・相談援助職への質問紙調査結果．

ことをどう評価するだろうか，注意・叱責を受けるだろうかなど，不安をもつ職員もいます．上司は，これらの不安を受け止め，安心感を与えるとともに実質的な支援となる行動を取る必要があります．

支援として行われた対応

副田（2019a）の質問紙調査結果によると，上司や管理職に報告・相談したところ，「話をよく聞いてくれた」57.9%，「然るべき対処をすると言った」21.9% と，合わせて 79.8% が，報告・相談した職員を支援しようとする対応でした．しかし，「とくに何も言わなかった．」5.3%，「やり過ごすように言った」4.2%，といった支援にはならない対応や，「対処がまずかったのではと言った」2.6%，のような二次被害をもたらす対応と思われるものも，合わせると 12.1% ほどありました．必要な支援がなされていないという意味でこれらは問題のある対応ですから，後に改めて取り上げることにし，支援として行われた対応がどのようなものであったかを先に見ておきます．

上司や管理職が「然るべき対処をすると言った」と回答をした人に，実際にはどのような対処であったかと尋ねました．その自由記述回答について類似しているものをグルーピングし，さらにその結果を対応の対象ごとにまとめたところ，図表 5-9 のようになりました[23]．文章の後の（　）内の数字は，回答数です．【利用者・家族への対応】（33）や【当該職員への対応】（21），【職場外

23　自由記述があった 81 の回答のうち，意味不明なものと明らかに支援とは言えない内容のものを除いた 76 の回答について分析しました．

図表5-9　上司・管理職による支援

（質問紙調査結果）

当該利用者・家族への対応	当該職員への対応	他の職員への対応	職場外（法人本部・関係機関等）への対応
•直接話をし，相手の言い分を聞く.（5）•面接に同席する.（2）•単独で／同行訪問して家族と話し合いをする.（16）•話を聞いた上で「やめるよう」伝える.（3）•法人理事長より話をしてもらう.（1）•面談してルールを説明.（3）•面談の上，サービス利用中止を説明.（1）•面談の上，事業所変更の提案.（1）•面談の上，重要事項説明書および契約書の内容に沿って契約解除の手続きを実施.（1）	•話を傾聴した上で助言.（1）•「あなたは悪くない」と言う.（1）•対応を一緒に考える.（1）•電話／窓口対応を交代.（4）•担当を別職員／男性職員に交代.（8）•今後は2人体制／男性職員との2人体制で対応（3）•今後の対応を全面的に交代／共同で対応.（3）	•職場ミーティングを実施.（1）•カンファレンスを実施(1)•誰が電話に出ても共通対応できるよう情報共有.（1）	•会社本部に報告．指示を受ける.（2）•本社社員を含めた話合い.（1）•行政機関へ相談するよう指示.（1）•役所に相談，役所と共同対応／役所が対応.（9）•役所を含む関係機関，当事者とともに今後のための会議開催.（4）•法的措置を整えるため弁護士や関係部署に確認を取る.（1）•外部の専門職に相談.（1）

注：／は，あるいは，の意味.
出典：副田（2019a).

（法人本部あるいは関係機関）への対応】（19）が多くなっています.

【利用者・家族への対応】のなかでは，「単独で／同行訪問して家族と話し合いをする.」が多くなっていますが，これは，回答者に家庭訪問を業務の1つとするケアマネジャーや地域包括職員が多かったためです.【当該職員への対応】としては，「担当を別職員／男性職員に交代.」,「今後は2人体制／男性職員との2人体制で対応」などが目につきます[24]．男性職員に交代，男性職員との2人体制は，セクシュアルハラスメントに対する対応です.

【職場の他職員への対応】は相対的に少ないのですが，ミーティングや朝礼などを活用した状況や対応に関する情報共有は，当たり前のこととして行われていて，回答者がとくにこれを意識することがなかったためかもしれません.

24 「話を十分に聞く」という記述がないのは，すでに前の質問の選択肢に入っており，ここでは，それ以外の対応を聞いたからです.

図表 5-10　上司・管理職による支援（インタビュー調査結果）

当該職員への対応	他の職員への対応	職場外（法人本部・関係機関等）への対応
「上司が男性管理職を呼ぶ．とりあえずドアの向こうで待っていてくれたので，ちょっと安心感があった.」(No. 3)，「放心状態の自分に代わって上司が対応」(No. 4)，「上司が担当を交代してうまく対応」(No. 9)，「上司に相談，助言が心強かった.」(No. 11)，「上司に相談.『少し距離を取った方がいいんじゃないか』とアドバイスをもらった.」(No. 13)，「同行訪問してくれた上司に後で相談したとき，『大丈夫だよ』といってくれたので安心があった.」(No. 14)，「男性上司が担当を交代」(No. 15)，「管理職にその都度報告し，話を聴いてもらった.」(No. 17)，「利用者から指定されて上司が電話応対を担当」(No. 21)，「脅しについて施設長に話したら，『大丈夫よ』と言ってくれて安心できた.」(No. 22)	「2分間なら感情表現してよいという職場の『2分間ルール』に沿って状況を話し，同僚から共感してもらった.」(No. 6)，「上司・管理職を含めた会議で話合い，組織的対応を行った.」(No. 8)	「私たちではもう限界，弁護士に頼めないかと施設長に話したところ，理事長等も入った会議で弁護士対応することが決定された.」(No. 20) 「他機関の専門職に相談したり，行政や他機関とのケースカンファレンスを実施した.」(No. 5)

出典：副田（2019a）.

【職場外（法人本部あるいは関係機関）への対応】としては，「役所に相談，役所と共同対応／役所が対応」，「役所を含む関係機関，当事者とともに今後のための会議開催」が目に付きます．

副田（2019b）のインタビュー調査における上司・管理職による支援の内容に関する語りでは，図表 5-10 に見るように，「放心状態の自分に代わって上司が対応」(No. 4)，「管理職にその都度報告し，話を聴いてもらった.」(No. 17) など，【当該職員への対応】についての言及がほとんどでした．図表 5-10 の【他の職員への対応】や【職場外への対応】の例は，いずれも暴力・ハラスメントを受けた本人が職場チームの責任者や管理職であったため，自身でそうした対応を行っていました．

経験年数の比較的浅い生活保護ワーカーは，「クライエントからいろいろ言われるのも仕事のうちと思う．そう思って耐えられるのは，上司や周りの味方がいるからで，それ以上に上司からきついことを言われると，味方がいなくなり，つらくなる．この仕事に向いているんだろうかとまで．」（No. 11）と述べていました．サービスの対象者である利用者・家族からの暴力・ハラスメントというつらい体験をなんとかしのぎ，対応していくには，とくに経験の浅い職員には，上司の傾聴，助言，労い，励まし等の支援が欠かせないということです．

(3)　支援にならない対応

【聞いただけで何もしない対応】

先述したように，副田（2019a）の質問紙調査で上司や管理職の対応を尋ねたところ，「とくに何も言わなかった．」，「やり過ごすように言った．」，「対処がまずかったのではと言った．」という，支援にならないような対応や二次被害をもたらす対応と思われる回答が1割強ありました（図表5-8）．選択肢の「その他」の欄に記述されていた内容も，支援にならない対応や二次被害をもたらす対応がほとんどでした．以下がその例です．

【聞いただけで何もしない対応】「話は聞いてくれたが，仕方ないという感じでとくに対処はしてくれなかった．」（居宅．CM），「『元気だからね』と仕方ないというようなニュアンス」（地域包括，SW）

【二次被害をもたらす対応】「『うまく対応できないあなたの能力不足．みんなどんな利用者様へも柔軟に対応している．』と一蹴された．心の行き場がなくとてもつらい仕事だと思っている．」（居宅，CM），「『利用者に謝れ』と言われたのでとりあえず謝った．」（施設，PT）

副田（2019b）のインタビュー調査でも，**【聞いただけ／見ていただけで何もしない対応】**や**【二次被害をもたらす対応】**が見られました．

【聞いただけ／見ていただけで何もしない対応】〔病室から出ようとした利用者に待ったをかけたところ殴られた．〕→「電話で上司に報告を入れたがとくにコメントなし．」（No. 2），〔興奮している利用者の作業を止めに入ったところ，利用者から強い力で首を引っ張られた．〕→「その場にいた同僚が助けに入ってくれたが，状況を見ていた上司と深く話すことはなかった．」（No. 25）

【二次被害をもたらす対応】が見られたのは，先の【離職】のところで見た事例と，自分の立場を否定されてしまった事例（No. 12）です．

［生活保護利用者に家賃トラブルに関する話をしたところ，「俺を信用していないのか」「あんたはもういい，話したくない．代われ！」などと言われる．］
→「上司に交代したところ，上司は自分が認められないと言っていたことを，認めると言ってしまい，利用者にとってわかってくれるのは上司のほうだとなり，自分の立場がなくなったと思った.」

【二次被害をもたらす対応】をされると，仮に職員の側に振り返るべき点があったとしても，気落ちをして振り返るどころではなく，仕事にやる気を失い，辞めたくなってしまいます．この対応は極力避けなければなりません．

【聞いただけ／見ていただけで何もしない対応】も一般的に言えば，職員からの信頼を失い，今後の報告・相談を抑制してしまいますから，望ましくありません．しかし，上記の No. 2 は，ソーシャルワーカーとしての就労年数が 14 年というベテランでしたから，管理職は大丈夫だろう，そのうちうまくやっていくだろうと思い，傾聴や助言・労いをあえてしなかったのかもしれません．

状況や職員に合わせた支援

インタビュー調査対象者の１人で，職場の管理者でもある地域包括の主任ケアマネジャー（No. 5）は，暴力・ハラスメントを受けている職員への上司としての介入のタイミングはむずかしいと述べていました．「職員のなかには，こういうことを上の者に伝えると力量を疑われるのじゃないかという思いをもつ者がいる．比較的優秀な職員は自分たちのラインでなんとか収めようとするところもある．大きな問題になってしまう前に，もう少し早いタイミングでコミュニケーションをよく取っていればよかったという想いもあるが，優秀な職員たちなのでたぶん，大丈夫だろうという想いもあった．早めに介入し過ぎると，かえって信頼関係を崩すことになってしまう．日々の攻撃から守るには異動させないといけないが，他の仕事は全部円滑にいっているので，異動は悩ましい．頑張ろうとしている職員を異動させることで敗北感をもたせてしまっては，とも思う．担当を代えるタイミングはむずかしい.」

３節の【内省】のところでも述べましたが，上司・管理職は，暴力・ハラスメント体験の内容や，利用者・家族の状況，職員の力量や利用者・家族に対する想い，両者の関係性の経過，職場での支援体制など，種々のことを考慮に入れながら，職員の早めの報告・相談を促し，よく話し合いながら状況に合わせてタイミングよく職員への支援を行っていくことが必要です．こうした職員の育成を考慮に入れた業務内容の管理という職場マネジメントは，前述の主任ケアマネジャーが述べているようになかなかむずかしいことですが，インタビュー調査対象者たちは，以下のようなことを心掛けていました．

職場で雑談をする機会をできるだけ取る（No. 5）．「２分間ルール」を作り，自分の気持ちを言いたい，話を聞いてほしいといったときには，時間を区切って話してよいとし，そのときは皆が話を傾聴する（No. 6）．自分のちょっとした体験を雑談のように皆の前で話したり，話しやすい職員に「どう思う？」など話しかけ，職場のコミュニケーションの活性化を図る（No. 18）．職場の皆の前で，年長の自分が課長にケースの相談をすることで，若い職員でも気軽に相談できる雰囲気を作る（No. 3）．身の危険を感じたときは，その場面から離れこちらに言ってくるなど，自分から白旗あげて支援を求めないと周りは動きようがないよと伝える（No. 3）．

資料 5-1　ソーシャルワーカーたちが受けた衝撃・影響・支援

	属性		暴力・ハラスメント			衝撃	対処
	性別	年数	種類	頻度	概要	感情／身体反応	
No1	男	26	脅	一	学校での面接時に子どもの親から「土下座してほしい.」「この子がそう言っているので伝えた.」と言われる.	愉快な気持ちがしなかった.	「子どもの前でそういうことを言ってはいけない」などと言った.
No2	男	14	身	一	利用者が病院内の一室を出ようとしたのを「ちょっと待って」と手を出した瞬間，本人から殴られた.	唖然	別の職員が対応
No3	女	5	脅	持	病院内の相談室で面接中に「お前はバカか.」「本当に話がわからないソーシャルワーカーだな，殺すぞ.」転院先調査の結果を毎日ファックスせよなどと要求された.		「改めて話し合う場を設けたい」と伝えた.
No4	女	19	脅	一	生活保護の相談面接中，出所してきた薬物使用者が説明を聞きながらイライラしてきて指をバキバキ鳴らす，机を脚でバーンと蹴るなどされた.	振るえがきて手足がガクガクし放心状態のようになった.	「ちょっと失礼します」と言って退室した.
No5	男	24	脅	持	地域包括として利用者を訪問中，調子悪いと言ったところを触っただけで，「訴えてやる.」「二度と働けないようにしてやる.」と繰り返し職場にきて言われ続ける.		

影響					上司等の支援
モチベーションの低下	精神的影響	離職意向	反省／内省	組織への働きかけ	内容
	非常に気分がよくない		内省➡結果からすれば，対応は間違っていなかったという想いがあるが，クライエントを傷つけたのではないか支援者として未熟なところがあったのではないかと自問自答した．		
			反省➡位置取りに注意する．		電話で上司に報告を入れたがとくにコメントなし．
					上司が男性管理職を呼ぶ．とりあえずドアの向こうで待っていてくれたので，ちょっと安心感があった．
	半年くらい怖い思いが続いた．ちょっとでも相談者が声を荒げたりすると心臓がドキドキと勝手に反応していた．			働きかけ➡上司に男女ペア面接を要望した．	放心状態の自分に代わって上司が対応．
	精神的に追い込まれ厳しかった．		内省➡精神の病気だということはわかっていても，距離の取り方や受け止め方がむずかしく，自分の至らなさを責めた．	働きかけ➡体験を若い職員への指導や担当者の決定に活かす．	他機関の専門職に相談したり，行政や他機関とのケースカンファレンスを実施．

	属性		暴力・ハラスメント			衝撃	対処
No6	女	20	精	持	地域包括で相談中，利用者家族に「どの人も丁寧にやってくれたのにあなたみたいな人は初めてだ.」「あなたはこの仕事は向かない．配置転換してもらったほうがいい.」など言われる.	ショックで腹立たしい	反論してもしようがないので「わかりました」というだけ
No7	女	4	脅	持	利用者家族から役所に呼び出され，「母親が大事な物をなくしたのはケアマネのお前のせい．だから弁償しろ」と．3，4時間怒鳴られたり脅されたりした.	精神的に参った	ひたすら聞いて最後に「上の者と相談して対処します」と言って出た
No8	女	20	脅	持	身体的虐待で高齢者を分離保護した利用者の家族が，頻回，怒鳴る，「返せ」などと叫ぶ．利用者死亡後も位牌をもってやってきて「呪ってやる」など言われる.	すごく不快，すごくストレス	こういう人にどう対応していくのがよいかすごく考えた.
No9	男	16	精	持	生活保護を利用開始した人に，不利益にならないように手続き等を説明していると，調子が悪い人間に向かって四角四面の説明をするのは非人間的だと非難され，上司にも苦情の電話が入る.	心外でストレス	上司が対応
No11	男	2	精	持	生活保護利用者に前回言ったことに誤りがあったと言った途端，激高して納得せず「あなたは信じられない」「訴えるしかない」などと怒鳴られる.	仕方ないがつらい，不安	言われても仕方ないと思った.

影響					上司等の支援
					２分間なら感情表現してよいという職場の「２分間ルール」に沿って状況を話し，同僚等から共感してもらった．
		「二次被害」の結果，離職．			上司に報告したところ，「おまえ，なんでそんなの受けたんだ」といった叱責を受けた．
気分よくなく，仕事に向かえないし，家に帰るときも待っていたらいやだなと不安があった．				働きかけ➡課内会議やケースカンファレンスの仕組みができつつあったので，意識的にそこにのせて，個人や一部の担当者だけで判断しないように，上を巻き込んでいくようにした．	上司・管理職を含めた会議で話合い，組織的対応を行った．
			反省➡時間の制約と相手への配慮を両立させるむずかしさがあるが，私の説明がもうちょっと上手であればうまくいくかもしれないので努力が必要．		上司が担当を交代してうまく対応
会いたくない，電話したくない．			反省➡もっと慎重に話さなければならないなと思った．		上司に相談，助言が心強かった．

	属性		暴力・ハラスメント			衝撃	対処
No12	男	3	精	持	生活保護利用者から訪問時に「何度も来るな」といった感じで拒否されることが多かったが，家賃のトラブルに関する話をすることになったとき「俺を信用していないのか」「あんたはもういい．話したくない．代われ．」などと言われる．	いい気持ちがしなかった	上司に交代
No13	男	4	身	―	入院中の人に介護保険の制度上，やむを得ない課題が生じたことを知らせたところ興奮し，殴られた．	本当にショックだった．	相手の怒りの原因について慰めるような対応をした．
No14	男	1	脅	―	虐待通報に基づいて家庭訪問．「誰の許可を得て来たんだ」「それはもう不法侵入だ，訴えるぞ．」と怒鳴られた．	怖かった．	「近いうちにまた来させていただきます．」と伝えた．
No15	女	28	精	―	面接中，「あんたが男だったら胸ぐらつかんでやるからな．」などと言われ，これDVだってふとわかった．女だから駄目だ，上司に代われ」とも言われた．	つかんだら公務執行妨害だと思ったけれど，怖かった．	男性上司に交代
No25	女	7	身	―	就労支援の場で，ちょっと興奮している利用者の作業をちょっと止めに入ったところ，強い力で首を引っ張られた．	そういうことがなかった人だったのでびっくりした．	同僚が助けようと間に入った．
No17	女	9	精	持	ショートステイ先で起きた事故を巡り，利用者家族からケアマネとして「無責任」，「それだけの年数をやっていてその程度の仕事なの．」など，電話や対面で言われ続けた．	全否定されているようで苦しくなり涙も出た	何も言えず2時間言われ続けた．

影響					上司等の支援
嫌な感じを引きずった.			反省➡もうちょっと言い方があったかなと思う.		自分が認められないと言っていた話を，上司が認めると言ったことで，利用者がわかってくれるのは上司のほうとなってしまい，自分の立場がなくなったと思った.
			反省➡アセスメントができていなかった．どういう接し方をしていくのがいいか考え直さないとと思い，関わり方をちょっと改めていった.		上司に相談.「少し距離を取った方がいいんじゃないか」とアドバイスをもらった.
			反省➡もっと話をうまくかわすというか，次につなげられる話ができたら.		同行訪問してくれた上司に後で相談したとき，「大丈夫だよ」といってくれたので安心があった.
	交代によってプライドが傷ついた.				男性上司が担当を交代
	あとから怖くなった.			働きかけ➡暴力対応の研修の実施を提案した.	その場にいた同僚は助けに入ったが，状況を見ていた上司とは深く話すことはなかった.
	他の家族に対しても疑心暗鬼になってしまう.		反省➡一個一個ていねいな話し方に.		管理職にその都度報告し話を聴いてもらった．朝礼でも報告した.

	属性		暴力・ハラスメント			衝撃	対処
No18	男	18	精	持	No18とともに話を聞かされたとき，管理者としてスタッフのやりとりを「注視」しているかと問われる．	何を考えているのかわからない怖さ	ひたすら話を聞いた．
No19	女	8	精	持	No18と同じ家族から職場の責任者として謝罪が遅いのは無責任だとか，「責任を取って保障を」と要求が次々とエスカレートし，どこまでやってくれるかと頻繁に連絡を受ける．	手足に力入らず冷えていく感じ	謝罪しても何度も責められるので聞いているだけに．
No20	男	10	精	持	No19の上司として対応した際，責任追及と要求発言がどんどん出され「全然答えない」「うそつきだ」といった非難をされた．	イラっとしたり顔も見たくない，ストレスだった．	弁護士対応を求める前，感触を得てもらうため施設長に話合いに入ってもらった．
No21	女	12	精	持	関係機関を動かす力をもっている非常に訴えの多い利用者から，「困っている自分のために仕事するのがケアマネ，できないあなたは失格」「あなたはそれでもプロか．」「あなたにマネジメント能力はない．」などと叱責され続けた．	恐怖感や圧迫感で正常な感覚が働かず平静でいられなかった	頭が真っ白になり，何も言い返せず落ち込んだ．

影響					上司等の支援
					法人が弁護士対応にした.
	会いたくなく，会うと思うと息が止まる感じ.		反省➡過去の記録を読み返してみると片鱗が隠れていることはわかったが，そこまでやって気を付けようという時間がない.		
	顔を合わせたくない.				私たちではもう限界，弁護士に頼めないかと施設長に話したところ，理事長等も入った会議で弁護士対応することが決定された.
職場に足が向かない，気が重く動けない.			内省➡利用者を信じないと信頼関係ができないと思い傾聴してきたが，そういう関係を作って行けるケースではないことに気づくのが遅かった．もう少し早く見極めができて自分や周り攻撃される前に，関係機関が振り回される前にやれることもあったのでは．利害関係といった別の関係の結び方で支援していくことにもっと早く取りかからなければいけなかった.		利用者から指定されて上司が電話応対を担当.

	属性		暴力・ハラスメント			衝撃	対処
No22	男	17	精・脅	持	No22の上司として電話を受けるようになり，職員について苦情を言い続けた後,「あんたとこの職員との会話録音している．これを公けにするぞ，いいのか.」と脅され，その後も「あんたの指導が悪い」など叱責される.	脅しが現実になったら法人にも迷惑がかかると思うと苦しかった.	自分たちから切るというのは習慣的にな，くとりあえず話を聞くしかなかった.

注：1. 年数はソーシャルワーカーとしての経験年数，暴力の種類は，精：精神的暴力，脅：脅し，
　　2. No. 17～No. 20とNo. 21～No. 22は，それぞれ同一事例に関与している.

出典：副田（2019b）：相談援助職へのインタビュー調査結果.

影響					上司等の支援
					脅しについて施設長に話したら，「大丈夫よ」と言ってくれて安心できた．

身：身体的暴力，頻度は，一＝一過性型，持＝持続型．CC＝ケースカンファレンス．

第6章　予防と対応：多様な主体による推進活動

1.　介護の世界における推進活動

(1)　国の推進施策

予防と対応の取組み

介護や相談援助サービスを提供する事業主は，職員の利用者・家族に対する虐待やハラスメントへの取組みとともに，利用者・家族による暴力・ハラスメントへの取組みを行っていくことが求められています．2005年に「高齢者虐待の防止，高齢者の養護者に対する支援等に関する法律」が制定されて以降，高齢者虐待については，国による対応状況等に関する毎年度の調査や，国・地方自治体，また，職能団体等による防止のための手引きやマニュアルの刊行および研修等，事業主の取組みを推進する活動が行われてきています．各事業主が積極的に暴力・ハラスメント防止に取り組んでいくためにも，高齢者虐待と同じように，国や自治体，業界団体・労働組合・職能団体等が推進活動を行っていく必要があります．

ILOの「2019年の暴力およびハラスメント条約」では，暴力とハラスメントの防止を促進するために，加盟国は「暴力とハラスメントを一切許容しない総合的な環境を醸成するという重要な責任を有している」とともに，「仕事の世界におけるすべての関係者が，暴力とハラスメントを断ち，防止し，対処しなければならない.」と言っています．各事業主はもちろんのこと，政府と業界団体，労働組合，職能団体等，すべての関係者がこの問題に立ち向かわなければなりません．図表6-1は，これらの主体に期待される取組みの例です．

本章では，国をはじめとする多様な主体に期待される推進活動が，実際にはどのような形でどの程度進んでいるのか，そこに見られる課題は何かについて，

図表 6-1　介護・福祉現場における暴力とハラスメントの予防と対応：主体と取組み内容

主体	取組み内容例
国	•法的規制　•事業主の取組み推進政策　•関連制度の改善
自治体	•事業主の取組み推進施策の展開　•関連制度の改善
業界団体／労働組合／職能団体	•事業主の取組み推進政策の要求　•関連制度の改善要求 •事業主の取組み推進活動
事業主 （経営幹部・本部管理職）	•組織としての方針　•労働環境整備 •物理的環境整備　•他機関との連携 •意識啓発　•研修　•発生後の対応手順　•再発防止計画等
職場管理職・リーダー層	•コミュニケーションの活性化と情報共有　•SV 体制 •発生後の対応　•再発防止等
職員	•職員間のコミュニケーションと相互支援 •すみやかな報告・相談等

注：SV: スーパービジョン.

1 節で介護の世界を，2 節は福祉の世界を取り上げて記述します．事業主に期待される包括的取組みについては，次章で説明します．

介護の労働組合の訴えが契機

国は，2018 年度から介護事業の事業主の取組みを推進させる活動を展開しています．そのきっかけは，3 章でも紹介した介護クラフトユニオンによる介護の現場におけるハラスメントの実態調査です．

介護事業で働く人々の職業別労働組合である介護クラフトユニオンは，介護業界ではじめてこの問題を取り上げ，調査結果をもとに，2018 年 8 月，厚生労働大臣に下記の 5 項目から成る「ご利用者・ご家族からのハラスメント防止に関する要請書」を提出，国としての対応強化と防止策の策定等を訴えました．

①　利用者と家族への周知啓発：介護サービスは公的介護保険による福祉サービスであることをしっかり認識させるとともに，サービス利用にあたってのルールを守るよう周知啓発すること．

②　介護従事者を守るための法整備：介護サービスの運営基準には「介護サービス提供拒否の禁止」が規定され，利用者の権利が守られている．ハラスメントから介護従事者の人権を守るために，サービス提供拒否を可能とする「正当な理由」

にハラスメント行為を規定すること．

③　地域ケア会議の有効活用とハラスメントに対する自治体の対応強化：地域ケア介護においてハラスメント対策としての困難事例の検討と対応を行うことを必須とすること，ハラスメント発生時の自治体の積極的関与を指導すること．

④　訪問介護サービスにおける2人体制時の利用者負担に対する補助：ハラスメントに伴う2人体制の訪問介護において，利用者負担の補助を行うこと．

⑤　家族介護者に対する支援の強化：家族介護者教室等の積極的開催，家族介護者支援の強化等，自治体を指導すること．

介護人材確保は介護政策における喫緊の課題の1つです．ハラスメント問題は，介護職のモチベーションの低下や離職につながるおそれが強いため，厚生労働省は速やかに動きました．

国の動き

同年度にハラスメントに関する全国規模の調査を委託実施し，年度末にはその『介護現場におけるハラスメントに関する調査研究報告書』（以下，『調査報告書』と略記）を刊行，翌2019年度末には，『介護現場におけるハラスメント対策マニュアル』（以下，『対策マニュアル』と略記）を，2020年度には，地方公共団体や関係団体が介護事業者に行う研修のための『管理者等向け研修のための手引き』と，介護事業者の管理者等が職員向けに実施する研修のための『職員向け研修の手引き』（以下，合わせて『研修の手引き』と略記），さらに『介護現場におけるハラスメント事例集』（以下，『事例集』と略記）を公表しています．これらは老人保健健康増進等事業として三菱総合研究所によって実施されていますが，その実施にあたって設置された「検討委員会」には，介護の業界団体，当事者団体，職能団体等の代表に加えて，介護クラフトユニオンの代表も入っています[1]．

また国は，2020年度，地域医療介護総合確保基金（介護従事者確保分）によ

1　介護クラフトユニオンは，2018年度末に報告書を出した国の「職場のパワーハラスメント防止対策についての検討会」の委員にもなっています．

る「介護事業所におけるハラスメント対策推進事業」を新規メニューとして創設しています．これは，各都道府県に設立した基金に，消費税財源を活用して国が3分の2，都道府県が3分の1を拠出し，ハラスメント対策を講じるために行うつぎの事業の費用を支払うというものです．

ｱ）　ハラスメント実態調査：都道府県等が行う管内の実態調査，ｲ）　各種研修：都道府県等，または事業者が行うハラスメント研修，都道府県等が行うヘルパー補助者のための研修，ｳ）　リーフレット作成：利用者に配布するハラスメント防止のためのリーフレット作成費，ｴ）　弁護士相談費用：ハラスメント防止条項を重要事項説明書へ入れるなど法律の専門家に相談する費用，ｵ）　ヘルパー補助者同行事業：有償ボランティア等を想定したヘルパー補助者として同行する者への謝金，ｶ）　その他：ハラスメント対策のために行う事業で都道府県が認めるもの等

介護サービスの運営基準にサービス提供拒否を可能とする正当な理由として，ハラスメントを規定すること以外は，介護クラフトユニオンの要請項目に概ね応えた形になっています．今後は，都道府県がこれらの推進事業を積極的に実施するとともに，市町村を通して，事業者がマニュアルや研修手引き，事例集等を積極的に活用していくよう働きかけることが求められていきます[2]．市町村には，小規模事業所等のためにこの問題に関する専門の相談窓口を設置することが期待されます．また，地域ケア会議の有効活用とハラスメントに対する自治体の対応強化という要望に応えるよう，地域包括支援センター等と本テーマについての協議を行っていくことが求められます．

国は，介護人材確保の観点から，介護業界における利用者・家族からのハラスメント防止を一層推進するために，2021年度4月の介護報酬改定で，すべての介護サービスの運営基準（省令）に，「勤務体制の確保等（ハラスメントの防止）基準告示第4条」を盛り込みました．そこでは，職場におけるセクシュアルハラスメントやパワーハラスメントの防止のための雇用管理上の措置を講

2　『介護現場におけるハラスメント事例集』には，政令指定都市である神戸市や，兵庫県が利用者や家族に向けて作成した啓発チラシや，神戸市の地域包括支援センターが相談できる弁護士相談事業の例が掲載されています．

じるとともに，セクシュアルハラスメントについては，上司や同僚に限らず，利用者やその家族等から受けるものも含めて対策を講じることと明記しています[3]．また，利用者・家族からのカスタマーハラスメントの防止については，雇用管理上の配慮として行うことが望しい取組みとして，国による「マニュアル」と「手引き」を参考にした取組みを行うことを求めています．

(2)　業界団体・職能団体・労働組合の取組み

この介護サービスの運営基準には，感染症対策や虐待の防止，認知症介護基礎研修，非常災害対策等，13項目があげられています．とくに虐待の防止については，「虐待の防止のための対策を検討する委員会」の設置や指針の整備，研修の実施，専任の担当者の配置など，制度として整備しなければならないことが明記されています[4]．

これら多くのことが求められていると，大都市部を中心に慢性的な人材不足状態にある介護の法人や事業所では，利用者・家族からの暴力・ハラスメント対策，上記の運営基準で言うところの利用者・家族からのセクシュアルハラスメントやカスタマーハラスメント対策は，後回しになるのではないかと懸念されます．業界団体や職能団体には，各法人・事業所等がこの点も合わせて取組みを進めていくよう，広く支援していくことが期待されます．

その支援方法の1つがホームページによる情報提供です．しかし，上記の厚生労働省による調査実施の際の「検討委員会」に委員として参加した8つの業界団体と職能団体のうち，ハラスメントに関連する情報をホームページで提供しているのは，今のところ，最初に問題提起を行った介護クラフトユニオンと，介護より早く取組みを始めていた医療領域の事業者団体である訪問看護事業協会のみです．

3　資本金が3億円以下または常時使用する従業員が300人以下の中小企業は，令和4年4月1日から義務化となり，それまでは努力義務ですが，厚生労働省は「適切な勤務体制の確保等の観点から，必要な措置を講じるよう努められたい．」としています．

4　この義務付けの適用は，3年間の経過措置があり，令和6年3月31日までの間は努力義務です．

労働組合の「協定書」

介護クラフトユニオンがホームページで提供しているのは，厚生労働省が公表した対策マニュアル，研修の手引き，事例集等に関する情報と，2019年に労使関係のある法人との間で発足させた「介護業界の労働環境向上を進める労使の会（労使の会）」において締結した「ご利用者・ご家族からのハラスメント防止に関する集団協定」に関するものです．

この協定書には，①背景，②目的，③ハラスメントの定義，④ハラスメント防止に資する教育システムの構築と実践，⑤事業所内での情報共有，⑥利用者や家族への啓発活動，⑦相談窓口の設置とその周知，⑧相談・苦情の申し立て，などの項目が掲げられています．現時点で労使の会に参加する株式会社等の42法人が，日本介護クラフトユニオンと本協定を締結しています[5]．

訪問看護事業協会の研修と補償制度

訪問看護事業協会が提供している情報は，ハラスメント防止に関する図書[6]，研修，事業者の補償制度に関するものです．研修は，2カ月間に渡って5つの講義を約15時間かけて行う「訪問看護におけるリスクマネジメント～利用者とスタッフと事業所を守る～プログラム」のなかに，「訪問看護事業所におけるハラスメント対策」という講義が約2時間半組まれています．補償制度は，訪問看護事業者総合補償制度に「クレームサポート補償特約」がオプションでついています．特約は，訪問看護事業者が第三者から過度なクレームを受けた際の弁護士費用等を補償するものです[7]．業界団体である訪問看護事業協会のハラスメント防止に関する積極的な姿勢は，早くから患者や家族による暴力対策を検討してきた職能団体である日本看護協会の影響が強いと思われます[8]．

5　ただし，労使の会への参加や協定締結への参加を呼びかけるメッセージは掲載されていません．

6　三木監修・全国訪問看護事業協会編著（2019）『暴力・ハラスメントの予防と対応——スタッフが安心・安全に働くために』等．

7　特約には，クレーム対応に関する専門相談窓口（クレームコンシェル）があり，相談，アドバイス等のサービスを受けることができます．hokan_kyosai.org/Kango/insurance_details03.html.

8　日本看護協会は，暴力やハラスメントに関する実態調査や，ハラスメント防止の

介護の領域でも，県や市町村が事業所を対象として行う研修開催や利用者・家族向け啓発チラシ等の配布を待っているだけではなく，職能団体や業界団体が共同して，研修事業を展開することが期待されます．

(3)　BPSDとしての暴言・暴力は除外？

判断能力の有無

ところで，上記の厚生労働省の一連の取組みのなかで気になる点があります．それは，防止・対策の対象範囲に関するものです．『調査報告書』でも『対策マニュアル』でも，身体的暴力，精神的暴力，セクシュアルハラスメントを合わせて介護現場におけるハラスメントとし，それぞれについて例をあげた上で，ハラスメントには「認知症等の病気や障害にある方による行為を含む．」とわざわざ注記しています．ところが，そのあとに出された『研修の手引き』と『事例集』では，同じように介護現場におけるハラスメントを例示したあと，「ただし，以下の言動は『ハラスメント』ではありません．」として，「認知症等の病気または障害の症状として現れた言動（BPSD等）」をあげています[9]．調査ではBPSDとしての暴言・暴力を対象行為に含めるとしていたのに，『研修の手引き』ではそれを除き，暴力を含むハラスメントは判断能力のある人が理不尽に行う行為に限定しています．

組織的取組みを考えるためのセミナーの開催，厚生労働大臣に対する医療現場におけるハラスメント対策推進についての要望書の提出など活発な活動を展開しています．日本看護協会会員を対象とした看護職賠償責任保険には，専任の看護師が状況の整理，支援体制の確認，今後の対応への助言などを行う電話相談と，ハラスメントによるダメージへの心理的サポートとして，臨床心理士による電話相談サービスが用意されています．『保健医療福祉施設における暴力・ハラスメント対策指針』も作成されています．

9　このほか，利用料金の滞納，苦情の申し立てもハラスメントではない，としています（『管理者等向け研修のための手引き』p. 11）．しかし，当初は苦情の申し立てとして受け取れる言動も，次第にエスカレートして理不尽な要求や暴言になっていくこともまれではなく，どこまでが苦情の申し立てで，どこからがハラスメントか判断は簡単ではありません．

暴力をケアする

しかし，認知症による認識の障害や妄想等が引き起こした暴言・暴力であったとしても，それは受け手の心理面，肉体面を傷つけるおそれのある行為です．1章でも触れたように，ILOの「2019年の暴力とハラスメント条約」では，意図していなくても結果的に身体的，精神的，性的または経済的損害を与える行為・慣行・脅威を，仕事の世界における暴力とハラスメントに含めています．また，これまで数多く行われてきた看護職への暴力やハラスメント調査においても，予防と対策に関するガイドブックにおいても，病気や障害に起因する暴力を予防と対策の対象としての暴力・ハラスメントから除外していません[10]．

精神科領域で活用される包括的暴力防止プログラム（CVPPP: Comprehensive Violence Prevention and Protection Program）は，当事者も援助者もともに人として，その人らしさを尊重され守られるべき存在であるという基本理念のもと，暴力は症状から来る不安や恐怖，環境のなかでそうせざるを得ない状況で起きるのだから，ケアとして介入することが重要ととらえています．まず「援助者は苦しんでいる当事者の味方であり，当事者にとっての援軍となる」ことで，当事者が安心できる状況をつくる，つまり，「暴力をケアする」ことが暴力を予防することになり，スタッフの安全につながるという考え方を取っています[11]．認知症者についても，同じ考え方でその暴言・暴力をケアすることが必要と考えます．

『研修の手引き』において，身体的暴力，精神的暴力，セクシュアルハラスメントを合わせてハラスメントとするとしながら，「認知症等の病気または障害の症状として現れた」暴言や暴力はハラスメントではないとすることは，当該行為がBPSDかそうでないのかの，当該行為をした認知症の人の判断能力の程度はどれほどのものかといった判断を，受けた職員に任せることになります．明らかにひどい暴言・暴力であれば，上司に報告・相談するでしょう．しかし，これくらいがまんしようと思えばできるとか，経験が浅くBPSDかど

10　三木が監修し訪問看護事業協会が編集したガイドブックでは，「暴力・ハラスメントは危害を加える要素をもった行動で容認できないと判断されるすべての脅威を与える行為」と定義しています．三木監修（2019）p. 24.

11　下里他（2019）p. 3.

うかよくわからない，忙しくつぎの業務があるので考えている暇はないといった場合，結局，認知症だから仕方ない，で片づけてしまうことになりやすいのではないでしょうか[12].

『研修の手引き』には，「暴言・暴力を受けた場合には，職員が1人で問題を抱え込まず，上司や施設・事業所へ適切に報告・共有できるようにすることが大切です.」という注記はあります．しかし，5章でも見たように，『調査報告書』によれば，利用者・家族等から「ハラスメントを受けた際に相談しなかった」と答えた介護職員は，「介護老人福祉施設」で36.5%いましたし，相談しなかった理由でもっとも多かったのは「利用者・家族等に認知症等の病気または障害があったから」でした（「介護老人福祉施設」50.5%）．認知症の病気または障害を起因とする，あるいは，そう考えられる暴言・暴力は仕方ないという意識が，介護現場に一定の割合で存在している現状にあっては，個々の職員に判断をまかせているのでは，暴力・ハラスメント防止の認識は高まっていきません．原因がなんであれ，また，原因が何かわからない場合でも，暴言・暴力を受けたら上司・管理職に報告・相談することを正式のルールとすべきです.

そもそも，認知症の人の暴言・暴力として表現される怒りは，症状そのものというよりも，安心できる落ち着いた雰囲気が失われている環境や，周囲からの不用意な対応や発言，不適切な刺激に対する認知に起因する場合が多いと言われています[13]．認知症の人の暴言・暴力は，「症状として現れた言動だから仕方がない」のではなく，認知症による強い不安や易怒性，興奮を少しでも弱めるにはどうすればよいか，怒りを暴力的に表現しないですむようにするにはどうケアするのがよいかを検討し対処していく，認知症の人が興奮して暴言・暴力を振るうといったことがないようにする，つまり，暴力をケアすることが重要で，そのことが職員の安全を守ることにつながります.

12　先のCVPPPの文献でも，実際の現場では，判断能力があり理不尽に暴力を振るう場合と，障害や療養環境の結果として暴力を振るう場合との中間のような状態に遭遇する場合が多く，援助者はやりきれなさを感じることも多いと述べています．しかしそうであっても，当人には障害等がありケアされる対象であるのだから，援助者は専門職としてケアの技術を用いるべき，つまり，暴力をケアすべきとしています（下里他 前掲書. p.3）.

13　高橋（2011）p.201.

2.　福祉の世界における推進活動

(1)　行政機関の場合

2章で述べたように，相談援助職への暴力・ハラスメントに関する研究関心は低調で，全国規模の実態調査も，実態調査を踏まえた対策推進の取組みも行われていません．

行政対象暴力対策

ただし，福祉の相談援助職を含む行政機関の公務員に対する暴言・暴力に関しては，行政対象暴力対策があります．行政対象暴力という用語は，2000年代に入ってから，行政機関に対する暴力団等の反社会的勢力の不当要求や脅迫等に対応するため，企業対象暴力になぞらえて用いられるようになったものです．国レベルでは，警察庁が中心となり，内閣官房，内閣府，厚生労働省を含む16の関係省庁が参加する「行政対象暴力に対する関係省庁連絡会議」が2003年に開催され，未然防止と排除の徹底を図るための措置について申し合わせが行われています[14]．地方公共団体も，コンプライアンス（法令順守）条例や行政対象暴力対策要綱などを制定しています[15]．

たとえば，千葉県は，2003年に対策要綱を定めた上で，「行政対象暴力対応マニュアル」を作成しています[16]．暴力団等の反社会的勢力の不当な行為に対応するために作成されたものですが，行政対象暴力の定義には，誰によるものという記述はありません．記載されている「暴行，威圧する言動その他の不正な手段」の具体例のいくつかは，暴力団に限らず，今日，一般市民にも見られるものです[17]．また，マニュアル記載の「一般的対応要領」および「具体的な

14　警察庁（2003）．

15　2006年度の警察白書によれば，2005年末で全国の地方公共団体の87.9%が条例や要綱等を設置しています（警察庁 2005）．

16　『適正な行政執行の確保に向けて～行政対象暴力対応マニュアル～』（2003）．

17　たとえば，殺してやるといった恐怖心を生じさせる行為，大声を出したり相手を

事例と対応要領」の具体例は，福祉の相談援助職が利用者からの暴言・脅迫等を受けた際の対応要領としても活用できるものです．実際，厚生労働省社会・援護局保護課が作成した『生活保護における相談対応の手引き』（2009年）には[18]，「クレームの深刻化や行政対象暴力が生じるまでの状況の悪化」を避けるための「トラブル発生時の対応」と，千葉県のマニュアルを参考にしたような「行政対象暴力への要領」や「対応後の処理」が記載されています．

副田（2019b）の相談援助職へのインタビュー調査では，行政機関に勤務するソーシャルワーカー10人のうち7人が，全庁的に係長クラスが受ける行政対象暴力の研修や，ハードクレームに対する研修があると話していました[19]．ただし，「行政対象暴力マニュアルをもとにした全庁対象のクレーム対応研修は古い．職域別の研修があるといい．」という声もありました．

現場のニーズに合ったものであるかどうかは別として，とりあえず，行政機関には，国や地方公共団体が推進する，職場の暴力防止のためのマニュアルや手引きが存在します．

(2)　民間機関・事業所の場合

他方，民間機関・事業所に所属する相談援助職への暴力とハラスメントに関する防止と対応策の検討，推進は各機関・事業所の自覚に任せられたままです．

自治体の責任

副田（2019b）のインタビュー調査では，委託型地域包括のソーシャルワーカーたち8人のうち7人が，相談援助技術やアセスメント力向上等の外部研修

罵倒したり，机を叩いたりして相手に不快感や脅威を与える行為，危険物を所持しまたは持ち込む行為などは，副田（2019b）のインタビュー調査の，生活保護担当ワーカーや地域包括職員等が体験したまた，見聞きした行為そのものです．

18　これは，厚生労働省社会・援護局保護課長の事務連絡として，各都道府県・指定都市・中核市の民生主管部長に送付されたもので，生活保護における相談対応を行う新任職員が理解しておくべきこと，保護の実施機関が共通認識として備えておくべき事項を整理したものです．

19　ある自治体の生活保護課職員は，自分の職場には，職員の代表たちが作成・改正しているハードクレーム・不当要求行為対応マニュアルがあると話してくれました．

を受ける機会は多いが，暴力やハラスメントに関する研修はないと言い，権利意識の高い人たちへの支援方法やハラスメント対応方法，支援困難を感じることの多い精神障害やパーソナリティ障害などに関する研修があるといいと話していました．

委託型地域包括は，行政機関における高齢者福祉分野の相談支援業務がアウトソーシングされた機関であり，暴力とハラスメントが起きやすい高齢者虐待事例や複合問題事例への対応を求められている機関です[20]．委託型地域包括における暴力・ハラスメント防止の取組みを推進していくことは，自治体の責任と言えます．障害者虐待対応に連携，協働を求められている障害者の相談支援事業所における暴力・ハラスメント防止対策についても同様です．

職能団体・業界団体への期待

相談援助職は，職場が施設でも相談機関や病院であっても，比較的大きな機関を除けば，同じ職種は職場に１人とか２人と非常に少ないことが一般的で，暴力・ハラスメントを受けても相談の機会が少なく，仕方ないと諦めがちになります．公益法人日本社会福祉士会，一般社団法人介護支援専門員協会等の職能団体，あるいは，全国地域包括・在宅介護支援センター協議会等の業界団体は，相談援助職への暴力とハラスメント防止と対応に関する研修を自ら提供していく，また，実態調査を行い，その結果等に基づいて自治体に各法人・事業所の取組みを推進する活動を求めていくことが期待されます．

3.　関連制度の改善

(1)　介護に関わる制度の改善

暴力とハラスメントに直接関わる対策の推進に関する事業や活動だけでなく，間接的に関わる対策の推進にも力を入れる必要があります．

20　国は，地域包括を地域包括ケアシステム構築の要の１つとして位置付けており，委託型地域包括には多様な業務が委託されています．

介護職員の処遇改善

4章1節で述べたように，介護職員が経験する暴力とハラスメントの発生に関わる重要な要因として考えられたのが，《職場関連諸要因》に含まれる〈人材不足〉でした．〈人材不足〉をもたらす主な理由の1つが，労働内容に見合わない低賃金です．これについては，公益社団法人全国老人福祉施設協議会（以下，老施協）等の業界団体が給与アップのための処遇改善を政府に求め，人材不足改善を急務とする政府は，処遇改善加算や特定処遇改善加算の制度を成立させています．

しかしそれでも，介護クラフトユニオンの『2020年度就業意識実態調査』によると，月給制の組合員の平均賃金は23万5千円で，厚生労働省の『令和2年賃金構造基本統計調査』による一般労働者の平均賃金30万7千円よりかなり低くなっています[21]．介護報酬のアップには限度があります．今後の一層の介護人材不足を考慮すれば，公費投入による処遇改善は必須と言えます．業界団体，政府ともに外国人介護人材の受け入れと定着に関する諸制度の一層の改善も必要でしょう．

(2)　相談援助に関わる制度の改善

組織マネジメントによる安全性の向上

複雑な問題を抱え，支援に時間もエネルギーも多大に必要な事例が増加しているにもかかわらず，財源抑制のため人員増とはならず，増えるのは1人当たりのケース数や業務の効率性を求める声で，適切なスーパービジョンの機会は乏しいまま．こうした相談援助職の置かれた状況は，相談援助職のサービスの質を下げかねず，利用者・家族からの暴力・ハラスメントのリスクを高めます．しかし，人員増や効率性重視の運営方針の改善は容易な話ではありません．

また，相談援助職への暴力とハラスメント発生に関わる直接的な要因としての，仕事の本質，すなわち，パーソナルな情報の収集と生活全般への介入は，4章2節でも述べたように，制度・政策の改善によって変わるものではありま

21　介護クラフトユニオン（2020）https://nccu.meclib.jp/2020shuugyouisiki/book/#target/page_no=13　厚生労働省（2020）　https://www.mhlw.go.jp/toukei/itiran/roudou/chingin/kouzou/z2020/dl/05.pdf

せん．組織全体で暴力とハラスメントの予防と対応に包括的に取組んでいくなかで，複合問題事例へのチームアプローチの徹底，ケースカンファレンスの定例化，関係機関との協働の推進，多様な介入アプローチの採用，職場内コミュニケーションの円滑を図る組織文化の定着といった，組織マネジメントによって，安全性を高めることをまず行う必要があります．

第７章　予防と対応：事業主による包括的取組み

1.　安全性を高める組織運営

(1)　包括的取組み

より効果的な取組み

事業主には，暴力・ハラスメントの予防と対応に関して包括的な取組みを行うことが求められます．取組みの効果に関する実証研究の結果は，多様な活動を包括的に実施するほうが，単発の取組みより効果的であることを示しています．

たとえば，Somani らは，医療現場で看護師を対象として行われている暴力防止の取組みの効果に関するシステマティック・レビューを行っています．かれらが取り上げた効果研究は，おおよそ以下に示す３種類のタイプの取組みについて，その効果を調べていました．

(a)　１回の研修：職場暴力への自覚を促す数時間のトレーニング

(b)　継続研修：コミュニケーションスキルの練習やロールプレイ等を含む構造化されたプログラムの教育トレーニング

(c)　多元的な方法による包括的な取組み：①利害関係者の関与による職場暴力へのポリシー・安全手順等の作成・改定，②パニックボタンや安全ロック等の環境整備，③経営者が支援する職場暴力予防のための看護師トレーニング，④標準化されたインシデント報告様式の導入，⑤報告されたインシデントをめぐるフィードバック・セッションの設定等

(a) に分類された効果研究では，トレーニングを受けた看護師のアサーティブネス（相手を尊重した上での自己表現力）の向上や，同僚間のコミュニケー

ションの増加が見られました．(b) に分類された研究では，看護師の離職の減少，攻撃への対処能力の向上が示されたものの，職場暴力の割合の減少は見出されませんでした．他方，(c) に分類された研究では，看護師にリスクアセスメントの自覚や暴力への対処能力および報告に関する自信の増加などが見られるとともに，職場暴力の比率を下げる効果が見られました．この結果，かれらは，(c) の包括的取組みのほうが，職場暴力の発生を減じる効果があるという結論を得ています[1]．

期待される包括的取組みの全体像

Newhill (2003)，Chappell and Di Martino (2006)，三木 (2019)，鈴木 (2019)，Somani and Muntaner (2021) 等を参考に，事業主に求められる包括的取組みを，図表 7-1 に示しました．これは，高齢者向けの複数の施設・事業所を営んでいる比較的規模の大きい法人を念頭に置いて提示したものです．しかし，高齢者以外を対象とする施設・事業所でも，また，規模の小さな事業所でも実施が望まれるものです．

包括的取組みには，大きく分けて組織全体で取り組む【安全性を高める組織運営】と【「安全委員会」の取組み】があります．前者には，《人間中心の職場文化づくり》，《コミュニケーションの活性化》，《労働環境の整備》といった取組みが含まれます．これらは，4 章で整理した，暴力・ハラスメント発生に関わる【組織マネジメント群】の諸要因のリスクレベルを下げる取組みに当たり，職場の安全性を高める土壌づくりとでも言えるものです．〈安全な職場づくり宣言〉など，〈　〉で示したものは，それぞれの取組みの具体的な方法です．後者の【「安全委員会」の取組み】というのは，組織が設置する「安全委員会」が中心となって行う，暴力・ハラスメントの予防や対応に直接関わる多面的な取組みのことです．

本節では，【安全性を高める組織運営】について説明し，【「安全委員会」の取組み】については次節で行います．

1　Somani and Muntaner. et al. (2021). pp. 291-294.

図表 7-1　事業主が取組むべき包括的取組み

【安全性を高める職場運営】
《人間中心の職場文化づくり》…〈安全な職場づくり宣言〉〈参加型マネジメント・スタイル〉
《コミュニケーションの活性化》…〈職員間のコミュニケーションの活性化〉〈利用者・家族とのコミュニケーションの活性化〉
《職務と労働時間の管理》…〈職務設計方針〉〈職務充実〉〈過剰な労働圧力の回避〉

【「安全委員会」の取組み】
政策面：《安全ポリシーの確認》《規定の作成》
制度面：《発生時・発生後の対応手順の確認》《マニュアルの作成》
環境面：《職場環境の整備》《利用者・家族への基本方針の周知》《他機関との連携体制の整備》
教育面：《研修体制の整備》

(2)　職場の安全性を高める土壌づくり

《人間中心の職場文化づくり》

《人間中心の職場文化づくり》というのは，第一に，組織として，安全・尊厳・反差別・寛容・機会の平等，協調といった価値を重んじることを，また，それらの価値に基づき，虐待も暴力・ハラスメントもない職場を作っていくというポリシーを組織運営の中心に据えることです．そして，こうしたことを組織トップが〈安全な職場づくり宣言〉として組織内外に公表することです．

また，組織として〈参加型マネジメント・スタイル〉を採用することです．職場は，できるだけ垂直的管理（管理職による統制）ではなく，水平的管理（職員同士・チームによる統制）で運営し，相互監視ではなく，支持的な雰囲気の職場環境を作ることで，職員間の相互支援を強化します．以下はその手法の例です．

- 組織では広範囲に渡っての対話やコミュニケーションを重んじる．
- 管理職や上司，職員のみなが現場の問題に気づきやすく，適切に対応できるようにするために，責任と権限を適切な範囲で委譲しておく．
- グループやチームによる問題共有・問題解決を奨励する．
- 職員の努力を認め，それに対するフィードバックや，専門職としての成長の機会が与えられるような環境を作る．

《コミュニケーションの活性化》

職場における《コミュニケーションの活性化》は，職場における人々の緊張やフラストレーションを和らげることで，すべての形態の暴力・ハラスメントの防止に役立ちます．〈職員間のコミュニケーションの活性化〉は，例えばつぎのような活動を組織として奨励することです．

- 管理職から職場リーダーや職員に，職場リーダーや年長職員から他の職員に，積極的に声掛けをし，最近気になっていることや嬉しかったことなどについて聞く．
- 職場リーダーや年長職員は，自分から「こんなことがあったのだけれど，どう思う？」と職員に問いかける，あるいはまた，年長職員が他の職員の前で職場リーダーや管理職に，「こうしたことを経験したのだけれども，どうしたらよいでしょうか．」と相談するなどして，仕事の上で不安なことやつらいことは職場で話し，フィードバックをもらうことが大事ということを自然に学んでもらう．
- 職場リーダーや年長職員は，職員の「ストレングス」（ちょっとしたよい点，できているところ，悪くないことなど）を発見し，その場で，その点をコンプリメントする（肯定的評価：労う，ほめる，称賛するなど）．
- 職員に仕事中に見つけた「うれしかったこと，ホッとしたこと，いいなと思ったこと」などをカードに書いてもらい，結果をボードに表示する，家族向けのニューズレターに掲載するなどして共有する．

管理職や職場リーダーが職員の間に，こうしたコミュニケーションを進めていけば，職員間に不安や心配ごとを受け止めてもらえるという安心感や，肯定的な感情が生まれ，職員同士のコミュニケーションも活性化していきます．職員間に支持的な雰囲気が形成されていれば，それは利用者・家族にも伝わります．

〈利用者・家族とのコミュニケーションの活性化〉もまた，職場の安全性を高めます．利用者や家族との何気ない会話やちょっとしたおしゃべりは，相互に安心感や信頼感をもたらすものです．職場文化として，忙しいなかでも利用者・家族とのコミュニケーションを大切にし，実践することを奨励します．

《職務と労働時間の管理》

過重労働や慌ただしい業務遂行の回避という〈職務設計方針〉を採用し，仕事に一定の権限を付与して自律性をもたせるという〈職務充実〉を図ること，また，長時間勤務や夜勤の連続をやめて〈過剰な労働圧力の回避〉を図ること．これらは，職員にゆとりややりがいをもたらすことで，サービスの質が向上し，虐待や利用者・家族からの暴力・ハラスメントのリスクを減じます．

〈職務設計方針〉

- どの職務も組織運営に欠かせないという認識を職員間に浸透させる．
- それぞれの職務が過重なものにならないようにする．
- 仕事のペースを過度に早めない．
- 同僚やチームメンバーの相互支援を奨励する．
- 職務計画は固定せず，改善していく．

〈職務充実〉

- 職務は適度な自律性をもつものにする．
- 課題達成には十分なフィードバックと職員にスキル発達の機会を与える．

〈過剰な労働圧力の回避〉

- 勤務日程・勤務時間は，可能な限り関わる職員と相談しながら調整する．
- 長時間勤務は避ける．
- 労働時間スケジュールは規則正しく予想可能なものにしておく．
- 可能な限り夜勤の連続は避ける．

2. 「安全委員会」の取組み

(1)　事務局・ワーキンググループの設置

つぎに，組織として利用者・家族からの暴力・ハラスメント対策に取り組むため，法人の理事長など，組織トップも参加する委員会のなかで，このテーマを議論し，対策を決めていきます．職場のパワーハラスメントやセクシュアルハラスメントに関する委員会，あるいは，苦情対応やリスクマネジメントに関する委員会，利用者に対する虐待防止委員会などがあれば，このテーマ単独の委員会を設立するより，それらの委員会が取り上げるテーマの1つに位置付け，委員会の名称を「安全委員会」などとするのもよいと思われます[2]．この委員会が，図表 7-1 の下半分【「安全委員会」の取組み】に示したような多元的な項目を実施します．

「安全委員会」（以下，委員会と略記）には，法人の理事，法人本部の管理職，各施設・事業所の長・管理職等が参加します．検討事項の整理や下案の作成，決定後の取組みの実施等は，一定の権限と責任をもった委員会の事務局（以下，事務局と略記）が担います．事務局は，たとえば，法人本部の管理職と複数の職員を専任とするのがよいでしょう．

また，委員会には，取組み案の作成のためのワーキンググループを設置し，各施設・事業所の管理職，職場リーダー，職員代表等に参加してもらいます．組織の各階層が暴力・ハラスメント対策に関わり，協働することが望ましいからです[3]．小規模な事業所では，委員会や事務局の設置は現実的ではないかもしれませんが，担当チームを作り，可能な範囲の取組みを行うことが望まれます．

なお，委員会，事務局，ワーキンググループのいずれにおいても，できる限り性別や世代，職種の多様性に配慮します．職員が介護職中心の組織であっても，相談援助職が中心の組織であっても，この取組み例の項目は基本的に変わりません．ただし，項目によっては，その内容に多少の違いがありますので，その場合は区別して紹介します．

以下，図表 7-1 に示した【「安全委員会」の取組み】について，政策面，制度面，環境面，教育面の取組みを順次，説明していきます．

2　2024 年度から，中小の事業主も職場のパワーハラスメント，セクシュアルハラスメントに関して雇用管理上講ずべき措置をとっていく義務が課せられていますので，こちらの措置を検討する委員会の設置に合わせて，利用者・家族からの暴力・ハラスメント対策を検討・実施することが望まれます．同じく 2024 年度から介護サービス事業者には「虐待防止のための対策を検討する委員会」の設置等が義務づけられますから，この委員会で合わせて行うことも考えられます．

3　Somani らはシステマティックレビュー結果，職場暴力の防止・緩和の取組みが成功する基本的な要因は，経営者と医療従事者との協働であったと言っています（Somani and Di Muntaner et al., op. cit., p. 294）．

(2)　安全ポリシーの確認

委員会がまず取組むべきことは，組織の基本方針と委員会としての安全ポリシーの確認です．介護職・相談援助職による利用者・家族への虐待・ハラスメントを組織として全力で防ぐとともに，利用者・家族から暴力・ハラスメントをできる限り受けない職場を作るという「安全な職場づくり宣言」を，組織の基本方針として確認した上で，委員会として以下のような《安全ポリシーの確認》を行います．

- 働くすべての人が安全な職場で働くことができるよう，経営者・管理職・職員が協働して安全性向上のための諸制度を整備する．
- 暴力・ハラスメントを受けた職員が報告・相談できる窓口を明確にし，職場や組織として対応できる仕組みを作る．
- 暴力・ハラスメントを受けた職員に対する支援策を検討する．
- 発生した暴力・ハラスメントについては，上司との面談や職場での事例検討会，報告書の分析等を通して，職場の安全向上につなげる．

基本方針や安全ポリシーは，委員会の委員長の公式声明として全職員に発信します．《規程の作成》を行う場合は，基本方針や安全ポリシーに加えて，暴力・ハラスメントの定義，委員会と事務局，ワーキンググループの設置とそれぞれの役割等を規定に盛り込みます．

(3)　発生時・発生後の対応手順の確認

暴力・ハラスメントが発生した場合の，組織として行う対応の手順を決め，報告用紙・記録用紙等を用意しておきます．標準的な対応の流れとして，図表7-2のような対応フローチャートを作成しておくと，対応の手順が誰にでもわかりやすくなります．以下では，図表に示したステップごとに，そこで行うべきことや留意点等を記述します．

報告・相談窓口

まず，職員からの報告・相談を受ける窓口を明確にしておきます．利用者・

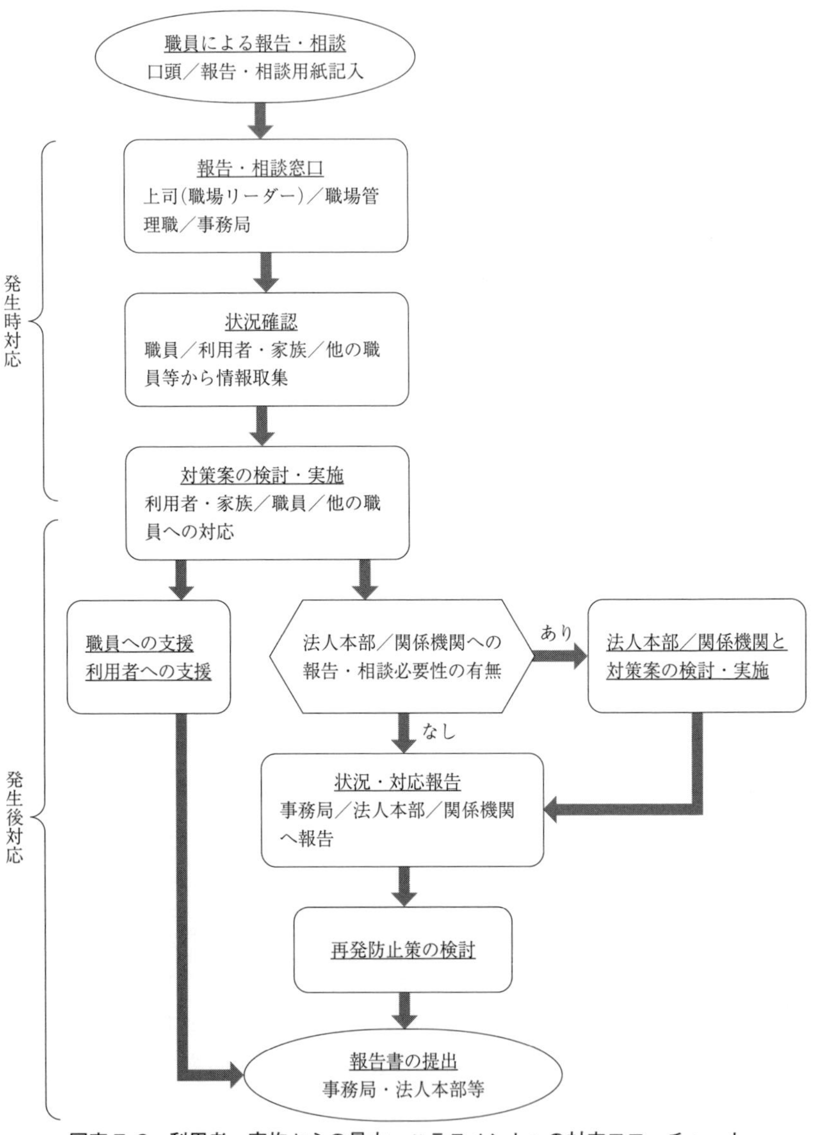

図表 7-2　利用者・家族からの暴力・ハラスメントへの対応フローチャート

家族から暴力・ハラスメントを受けたら，その事を組織に報告することを原則とします.「気持ちがよいことではないけれど，これを暴力・ハラスメントと言ってよいのだろうか.」と報告を躊躇するような場合には，言ってよいかどうかを相談することを奨励します．そのためにも，窓口は，報告・相談窓口としておきます.

基本的に，職員の上司にあたる職場リーダー（主任，係長等)，もしくは，職場の管理職（課長，職場責任者等）が報告・相談を受ける窓口になります．しかし，職場リーダーや管理職が休みで不在ということもあります．また，セクシュアルハラスメントを受けたが，職場リーダーや管理職が異性で話しにくいということもあります．こうした点を考慮して，可能であれば，「安全委員会」の事務局に少なくとも男女２人を配置し，事務局も報告・相談窓口の担当とすることが望まれます.

報告・相談を受けた際に，絶対に避けなければならないのは，当該職員に二次被害を与えることです．受けた上司が話を十分に聞かないまま，「その対応はまずかったね.」「なぜそうしたの？」「そのくらいはがまんしてもらわなければ.」などと言い，当該職員に，責められている，否定されている，わかってもらえないといった気持ちにさせてしまえば，すでに傷ついている職員のダメージを広げてしまいます．また，この忙しいのに面倒なことを言ってきた，と思ってしまえば，それは表情やしぐさに現れ，職員に失望感を与えてしまいます.

かりに職員の対応にも問題があったのではないかと思ったとしても，職員の動揺や不安，怒り，悔しさなどの気持ちを受容することが大切です[4]．どうすればよかったかなどを話し合うのは，当面の対応を行ったあとです.

二次被害やそれに近いことを行ってしまうと，その職員が今後，報告・相談しなくなるおそれがあるだけでなく，当該職員への非同情的な雰囲気を生む，あるいはまた，報告・相談をしても無駄という心理を職場全体に生んでしまうおそれがあります．報告・相談窓口を担当する人への教育・研修は大変重要で

4　二次被害を助長する一言，二次被害を招かない対応については，三木・友田（2010. p. 35）が詳しく説明しています.

す．

職員からの報告・相談

職員は利用者や家族からの暴力・ハラスメントを受けたら，報告・相談窓口にその件を報告します．方法は口頭でよいとしますが，報告・相談用紙を用意しておき，手書きまたはダウンロードして書き込むことができるようにしておくのもよいでしょう[5]．

当該職員が忙しいから，いつものことだから，ケガをしていないから，あとが面倒だから，と報告しないようであれば，話を聞いた同僚あるいは先輩職員が職員の了解を得た上で，代わって報告するようにします[6]．また，自分でなんとか対処しようとして事案を抱え込み，悩んでいるようであれば，同僚や上司が相談するように声をかけます．早期に第三者である上司等が関わることで，利用者・家族に暴力・ハラスメントを繰り返させないことが重要です．それが，利用者・家族の利益を守り続けることに[7]，また，当該職員と他の職員の安全も守ることにつながるからです．

状況確認

上司は報告・相談を受けたら，状況確認，事実確認のために当該職員の話を聞きます．そして，他の職員から，また，相手の利用者や家族からも話を聞き，状況を複数の視点から確認することを原則とします．

「ホームの利用者に面会に来ていた家族が，利用者にひどい言葉を浴びせ，

5　報告・相談用紙の例は，このあと「報告書の提出」のところで，図表7-3として紹介します．

6　「ハラスメントは日常．一つ一つ言っていたら切りがないくらい．」というヘルパーの発言（毎日新聞朝刊「深刻な介護ハラスメント」2021年9月2日）が実情を表しています．直行直帰の登録ヘルパーは話す相手もいないということで，結局がまんを続けることになるのでしょう．報告したとしてもサービス提供責任者も多忙で，結局そのまま放置されてしまう，そういうことも結果として報告を抑制してしまいます．結果として，ヘルパー業界の人材不足は一層深刻化します．

7　繰り返す利用者・家族については，契約を打ち切る判断をせざるを得なくなります．

乱暴に扱っていたのを見たので，『もう少し優しく言ってあげてください.』と言ったら，『お前は関係ないだろ.』と言っていきなり肩を突いてきたので，後ろに倒れて頭を打った．家族はすぐに帰ってしまった.」といったような迅速対応が必要な場合には，その場ですぐに職員に受診を指示します．そして，その場に他の職員がいたのなら，その職員からも，また，当該利用者からも話を聞きます．さらに，受診を終えた職員から詳しく状況を聞いた上で，面会の場合の留意点を心にとめ，なるべく早く家族に会って話を聞きます．在宅ケースの場合は，家庭訪問をして利用者・家族と面談することになります．利用者・家族と会う場合は，上司１人よりも，もう１人いることが求められます．

迅速対応が必要な場合に上司がいないとか，セクシュアルハラスメントのことは同性に話したいなどの理由で，事務局の女性スタッフが報告・相談を受けたならば，事務局スタッフが話を聞き，そのあとは上司に引き継ぐ，上司とともに対応するなどケースバイケースで対応します[8].

対策案の検討・実施

これもまた事案によって異なりますが，原則としては，得た情報をもとに発生の背景要因，直接的要因，きかっけ（引き金）などを分析し，当該職員の希望や意見も考慮するなどして対策案を考えます．ここまで職場リーダーが行ったとしたら，緊急事態を除き原則として職場リーダーはこの時点で，職場の管理職に報告・相談して，対策案を実施します．以下は，その例です[9].

身体的暴力：新人の介護職員が，認知症の男性入所者のおむつ交換をしようとしたとき，身体を足で蹴られるという身体的暴力を受けたと報告してきた場合，新人職員にケガがなかったかどうか確認の上，その場の状況について話を聞くとともに，男性入所者の様子を把握する．職員はいきなり蹴られたので，わけがわからないと言い，その場を見ている他の職員はいない．入所２年目の当該男性が，これまでこうした暴力を振るったという報告はない．職員はびっくりし怖がって

8　セクシュアルハラスメントの相談ということで事務局の同性職員に連絡してきた場合は，もちろん，事務局職員が話を聞き，その後の対応を上司と相談します.

9　いくつかの文献に記載されていた事例や副田（2019b）のインタビュー調査で聞いたエピソードをもとに作成したものです.

いるので，当面，居室担当を外し，ベテラン職員と交代させる．翌日の朝礼で本件の概要を伝えるとともに，他の職員から男性に関する情報を聞く予定．

セクシュアルハラスメント：女性ヘルパーが，利用者宅で利用者から介護中に，卑猥な言葉をかけられながら胸をいきなり触られ，とても不快だったと報告してきた場合，当該ヘルパーを同行させず，他のヘルパー等と家庭訪問をし，利用者に事実確認をする．利用者が否定しても，利用者と家族に当該ヘルパーは嫌な想いをし，傷ついているのでこういうことはやめて欲しい，担当は当面，男性ヘルパーに交代させてもらう（できなければ別の女性ヘルパーに交代）と伝える．それを聞き入れてもらえないようであれば，別の事業所を紹介させてもらう．また，ヘルパー交代で支援を続けることになっても，今後同様のことが起きれば，別の事業所を紹介させていただくと伝える．

精神的暴力：地域包括の社会福祉士が，数回家庭訪問をしていた家の娘さんから，「あなたが母を散歩にでも連れ出したらどうか，と言ったのでそうしたら，転んで足をケガし，しばらく通院することになってしまった．どうしてくれるの．ボケが始まっているから家から出さないようにしていたのに．えらそうに言っちゃって．大体生意気なのよ，人に説教をして．すぐに謝りに来なさい！」と，すごい剣幕で，一方的に電話で叱られた，会って話していたときはそんな感じの娘さんではなかったので，とてもショックで訪問できないと報告してきた場合．家庭訪問時の様子を聞いた上で，娘さんに電話を入れ，お母さんが転倒してケガしたことについて「大変でしたね，ご心配なことでしょう．」などと娘さんに気持ちに寄り添った言葉をかけ，訪問してお話をお伺いしたいと伝える．センター長として主任ケアマネとともに家庭を訪問する．当初，相手の言いたいことを聞いた上で，こちらの社会福祉士が伝えたかったことを話して理解を求めようと考えていたが，実際には娘さんはこちらの話をまったく聞こうとしない．一方的に社会福祉士を悪く言い，「治療代，慰謝料を支払いなさい．そうでないと，役所に訴えるから．」といった話をしだすので，「私の一存で決められることではないので，持ち帰って上の者とも相談します．」とその場を辞す．本ケースのことを相談してきた別居の息子さんや民生委員，役所の地域担当ワーカーなどと地域ケア会議で検討することにする．

対策については，当該職員や利用者・家族に対するものだけでなく，職場の他の職員に対するものも検討します．現場を見たり，話を聞いて動揺したり，不安がっている職員たちに状況を説明する，利用者・家族への対応に協力してもらうよう情報共有を図る，他の職員の意見を聞くなど．いずれにしても，共有する情報の範囲等については，事前に当該職員と話し合っておくことが望まれます．

ここまでの対応が事案発生後早期に行われるべきことですから，ここまでを発生時対応，このあとを発生後対応と呼びます．発生後対応は，当該職員への支援と再発防止に力点を置くことになります．しかし事案によっては，早期に対応を終了することができず，職場だけでなく，法人本部や行政など関係機関に報告・相談する必要のある場合もあります．

法人本部／関係機関へ報告・相談必要性の有無

たとえば，利用者・家族と面談しようとしてもまったく応じない，対策案に頑として納得しない，精神的暴力が一層ひどくなる，一方的に「訴える」と主張するなど，職場だけでは対応が困難になってしまった場合です．当該事案がこうした対応困難な事例に該当しそうであれば，早めに法人本部や関係機関に報告・相談することを判断し，連絡を入れます．

法人や事業所によっては，各職場の管理職同士のネットワークや勉強会等を設けています．対応に困ったり，迷ったときには，そこに相談を投げかけて各自の工夫を聞いたり，苦労への共感を得ることができれば，精神的に負担の大きい管理職にとって大きなサポートになります．

法人本部／関係機関と対策案の検討・実施

法人本部や関係機関と会議を開くなどして情報共有の上，対策案を検討します．その対策案の内容によっては，法人本部や事務局，あるいは，行政機関等の他機関が中心となってその後の対応を行うこともあります[10]．

10　5章4節の図表5-8は，以上の発生時および及び発生後の実際の対応例と言えます．

状況・対応報告

法人本部／関係機関への報告・相談の必要がない事案についても，対応の経過途中で，あるいは対応が終了したところで，委員会の事務局や法人本部，関係機関等に，状況や対応内容，対応結果等を報告します．法人本部や関係機関に相談し，対策を検討・実施した場合にも，その経過や結果を関係機関に報告します．

職員への支援・利用者への支援

当該職員への支援は，発生時に受診を指示する，話を傾聴し助言をする，労う，利用者・家族との面談を代わって行うなど，すでに広い意味での支援は行っています．ここで言う職員への支援は，上司等による対応策が実施されたあと，あるいはその途上で，あるいはまた，状況・対応報告の目処がついた時点で行われる，ストレス緩和，PTSD 予防，通常の勤務状態への回復等を目的として行われる支援です．必要に応じて，心身の健康状態の確認，病気休暇への配慮，労災手続き，勤務日・勤務時間・ローテーション・担当地区・職場における机の位置等の変更，配置転換，デブリーフィング，カウンセリング等を行います．

施設や相談機関内で暴力・ハラスメントを体験した場合には，一般的には，すぐに上司に報告を入れることができ，話を聞いてもらうことができます．上司が不在であれば，同僚に話すことも可能です．それだけでも，体験時の不安や恐怖，怒りなどを多少なりとも表出することができます．他方，1人で家庭訪問するときは仲間はおらず，リスクの高い人を訪問する場合は，それだけでも不安になります．そして実際に訪問先で体験した場合，すぐに感情を受け止めてくれる人がおらず，所属機関に戻る間に不安や恐怖が増幅してトラウマになる危険性が高まります．訪問先で体験した職員への支援は，一層の配慮が必要です．

デブリーフィング

ここで言うデブリーフィングは心理学的デブリーフィングのことで，暴力・ハラスメントを受けた職員に，その体験のときの感情を話すよう促し，その感情を受け止めることです．ただし，デブリーフィングを受けるよう強制することは避けます．職員によっては，不安や恐怖，怒り，また，罪悪感や自責の念など，いろいろな感情を抱いていることもあります．「誰にでも起こり得ること」「あなたのせいではない.」などと受容的に話を聞きます．

通常，上司が職員と１対１で行いますが，職場の他の職員とともに行うことも考えられます．また，職員がもっとも信頼する先輩や管理職等からデブリーフィングを受けることも考えられます．委員会の事務局職員が担当する，あるいは，外部の相談機関を利用する，といったことも選択肢の１つです．職員の心理的ダメージが大きいようであれば，外部の専門カウンセリング・サービスを受けることができるよう配慮します．

利用者へのデブリーフィング

暴力・ハラスメントを行った利用者への支援として，障害をもつ利用者に行うデブリーフィングがあります．この場合のデブリーフィングは，暴力・ハラスメントがもたらす不利益に気づき，再発防止の動機付けを高め，再発防止のためにはどうすればよいかを考えてもらうことを目的として，時間をかけて話を聞いていきます．これは，障害者を直接ケアしている職員やその上司よりも，職場責任者等の直接ケアを行っていない人が行うことが望ましいと言われています[11]．

副田（2019b）のインタビュー調査対象者の１人で，精神疾患や高次脳機能障害，知的障害，パーソナリティ障害など多様な障害をもつ人が参加する地域活動支援センターの管理職（課長）の話によると，センターでの利用者へのデブリーフィングは，つぎのように行われています．

> 職員が利用者から攻撃された場合に限らず，センター内で暴言や脅しといった攻撃が起きると，課長のところに報告がなされ，その後は課長が対応する．原則として，当該利用者にはプログラムの利用を控えてもらい，当面は他の利用者に会

11　デブリーフィングは，引き金となった問題の解決や人間関係の修復を含みますが，当事者は自身の置かれた状況や処遇について不公平感をもつ場合があるので，肯定的な関係を取れる責任をもつ立場の者が行うほうが，当事者が公平を感じることができると考えられています（平田・杉山 2016. p. 85）．

わない時間帯に別室で話を聞く．利用者が何を言いたかったのか，何が怒りを引き起こしたのか話をよく聞き，その点が理解できたら「こう言ったらよいのでは」といった話を繰り返し行う[12]．こうした話合いを，利用者がいる時間帯に，そして，活動が行われる時間帯に行い，プログラムに復帰できるようにする．こうした支援のプロセスについては，毎年行う利用更新のための面談で，すべての利用者に予め伝えている[13]．

コミュニケーションがうまくいかず，易怒性が高いために攻撃的になる傾向が強いからといって攻撃してよいわけではなく，何を言いたいのか明確化し，うまく言葉で表現できるようにすることを学んでもらうこと．課長によれば，これは，「利用者さんへの支援」ということです．言い換えると「暴力をケアする」ことです．

再発防止策の検討：ケーススタディ（事例検討）

同じような暴力・ハラスメントが起きないように，また，起きた場合にはどのように対応するのがよいか，職場全体でケーススタディ（事例検討会）を行います．当該職員や上司の他，職場の他の職員もできるだけ参加して行います．会のファシリテーターは，経験年数が豊富な職員で当該事例に直接関与していない職員，あるいは，委員会の事務局担当者など，第三者が担うほうが望ましい場合もあります．

もちろん，すべての暴力・ハラスメントのケースについて事例検討会を開催することは，時間的に困難とか非効率的という職場もあるでしょう．その場合には，職場ミーティングとしてあまり時間をかけずに行う，類似のケースは報告を中心とするなどします．

12　繰り返し話したからといって，「すぐにわかって行動が変わるということはないが，1年間かかって変化が現れた人もいる．」ということです．

13　攻撃行動を取った利用者を排除するのではなく，その行動を改めてもらうよう支援していくという考えを「利用者にわかってもらえるようくり返し説明することは，職員側にも『排除』ではなく『支援』するという考えを根づかせる機会になっていると思う．」(No. 16) ということです．

上記の地域活動支援センターの場合，毎月1回は課内で事例検討を行い，職員全員がどう対応，支援していけばよいのか，個別的なケアプランを検討し，対応を統一しているということでした．職員はこの事例検討会を通して学び，力をつけているので，課長に報告すればそれでいいとか，なんでも課長に言えばよい，といった雰囲気は生まれていないとのことでした．

ケーススタディを開催する場合，その冒頭で，ファシリテーターは参加者に，なぜこうしたのか／しなかったのか，といった発言は控えるように伝えます．そして，暴力・ハラスメントが発生した状況やきっかけ，経緯，対応内容や経過および結果等を振り返り，当該利用者・家族に対する今後の対応の方法や，類似の状況にある他の利用者・家族への対応のあり方を検討します．ケーススタディの運営に参考となる文献は少なからずありますが，当該職員に対してサポーティブな雰囲気を創り出していける運営方法を紹介しているものがよいと考えます[14]．

報告書の提出

ケーススタディ，職場ミーティングのいずれでも，話し合ったことを今後に活かすために，その記録をとり，最終的な報告書を作成します．作成した報告書をケース記録やケーススタディ記録簿，あるいは，「暴力・ハラスメント報告書ファイル」等に入れて職場で保管し，必要に応じて参照できるようにします．また，個人情報に配慮した上で，委員会事務局や法人本部に提出し，必要に応じて行政などの他機関にも渡します．

多忙ななかで報告書を書くとなる億劫になってしまいますが，できるだけ労力を省く方法を採用します．たとえば，図表7-3のようなA: 暴力・ハラスメント報告・相談票と，図表7-4のようなB: 暴力・ハラスメント対応記録票を紙と電子ファイルで用意します．A: 暴力・ハラスメント報告・相談票のほう

14　ケーススタディの運営に参考となる文献は少なからずありますが，安心づくり安全探しアプローチ研究会による『多機関協働ケースカンファレンス』は，解決志向アプローチに基づくケースカンファレンスの様式とファシリテーションの方法を説明しており，ケーススタディをサポーティブな雰囲気で行っていく上で参考になると思われます（安心づくり安全探しアプローチ研究会 2019）．

図表 7-3　報告・相談票

A：暴力・ハラスメント報告・相談票　　番号：

【報告・相談内容】

1．行為者（どちらかに○をした上で，氏名等を記入）
① 利用者：氏名（　　　　　　　　）年齢（　　　）
② 家　族：氏名（　　　　　　　　）続柄（　　　）

2．発生日時　　　年　　月　　日　　時　　分

3．発生場所（該当するものの番号に○）
① 利用者の居室　② 施設の浴室・トイレ　③ 利用者宅　④ 相談室
⑤ その他（　　　　　　　　）

4．発生状況の概要（該当するものに○をした上で，どのような場面で，何がどのように起きたか，どう対処したかなどを記述.）
① 身体的暴力　② 精神的暴力　③ セクシュアルハラスメント
④ その他（①～③に分類できない場合を含む.）

5．相談・報告者の要望

報告・相談者氏名（　　　　　　　　）所属（　　　　）
記入者氏名（上記と同じであれば不要）（　　　　　　　　）所属（　　　　）
記入日時　　　年　　月　　日

図表 7-4　対応記録票

B：暴力・ハラスメント対応記録票　　　番号：

【発生時対応】

6．発生時対応の概要(該当するものすべての番号に○をした上で，それぞれどのような対策を取ったのか，その経過や結果はどのようなものであったかなどを記述.)

① 行為者への対応　② 報告・相談者への支援　③ 職場の他の職員への対応

④ 法人本部・行政等の他機関への対応

【発生後対応】

7．発生後対応の概要(行為者への支援や，職員支援として行ったこと，事例検討会の概要などを記述.)

【再発防止策】

8．再発防止策

記入者氏名(　　　　　　　　　　)　所属(　　　　　　)

記入日時　　　年　　　月　　　日

は，暴力・ハラスメントを体験した職員が口頭ではなく文書で報告・相談するという場合に，紙の用紙かファイルをダウンロードして使ってもらいます．口頭による場合は，その報告・相談を受けた上司等が記載します．電子ファイルを使ったほうが，加筆修正が楽です．ただし，情報流出のリスクには十分に配慮する必要があります．

B: 暴力・ハラスメント対応記録票のほうの【発生時対応】のところは，原則として，対応を指示したり，自ら対応を行った上司が記述します．ただし，上司の支援を受けながら報告者自身が対応した場合，報告者が記述したほうがよいでしょう．

事例検討会や事後ミーティングを行う際には，記載されたA: 暴力・ハラスメント報告・相談票と，【発生時対応】まで記述されたB: 暴力・ハラスメント対応記録票の２つを資料として使うことができます．そして，事例検討会や事後ミーティングの後，B: 暴力・ハラスメント対応記録票の後半の【発生後対応】と【再発防止策】の部分を記述します．

前半と後半を記述したB: 暴力・ハラスメント対応記録票の上に，記述されたA: 暴力・ハラスメント報告・相談票を，さらにその上に，『暴力・ハラスメント報告書』と書いた表紙をつければ，保管，提出用の報告書は完成します．できるだけ重複作業を避け，時間を節約するための工夫です．

委員会の事務局は，提出された報告書のなかでも，再発防止のために法人全体で検討すべき点が記載されている報告書については，定例の委員会にあげ，議論してもらいます．１年間に報告書が一定数提出されるようであれば，年度末には，それらの報告書をもとに，項目ごとの整理を行うなどして，報告書を提出してきた職場にフィードバックします．こうしたフィードバックがなければ，事例検討会や報告書提出等の作業を行うモチベーションの維持はむずかしくなるおそれがあります．職場では，フィードバックをもとに，改めて再発防止策を確認していくことが期待されます．

(4)　マニュアルの作成

暴力・ハラスメントに関する認識と予防および対応方法を組織として標準化するために，また，職員や管理職の意識啓発と予防および対応方法の原則を認識してもらうために，《マニュアルの作成》に取り組みます．マニュアルは，法人のホームページにアップするとともに，少なくとも職場リーダーと管理職には全員配布します．

マニュアルの項目

マニュアルに入れるべき項目としては，①基本方針と安全ポリシー，②暴力・ハラスメントの定義・判断基準，③発生時・発生後対応のフローチャートとその説明，④報告・相談票，対応記録票等の記録用紙，⑤組織外の相談窓口情報[15]，⑥事例集などがあります．作成にあたっては，適度な分量でだれにでもわかりやすい書き方にすることに留意します．《マニュアルの作成》は，最初から完璧なものを目指すのではなく，事例対応を重ねながら改良していくことを意識します．なお，事例集には，過去に自分の法人・事業所等で起きた事例を，プライバシーに配慮し加工した上で入れるようにすると，職員の関心を強めることができます．

比較的規模の大きい組織では，組織全体に共通する基本マニュアルの作成の後に，事業所ごとに必要な事項を追加した「○○事業所版マニュアル」を作るなどの工夫も望まれます．

暴力・ハラスメントの定義

ここで，マニュアルに入れるべき項目である，②暴力・ハラスメントの定義について触れておきます．1章でも触れたように，暴力・ハラスメントの用語は，互換的に用いられたり，用いられなかったりするため，この2つの用語を定義するのは必ずしも容易ではありません．マニュアルでは，「身体的暴力とは身体的な力や物を用いて危害を及ぼす／及ぼそうとする行為」，「精神的暴力とは言葉や態度によって個人の尊厳や人格を傷つけたり貶める行為」，「セクシ

15　その例としては，各都道府県労働局・労働基準監督署内に設置されている総合労働相談コーナー，都道府県労働局雇用均等室，各都道府県警察の性犯罪被害者相談電話（#8103），日本司法支援センターなどがあります．今後，地域医療介護総合確保基金を活用した，都道府県による介護職員に対する悩み相談窓口設置事業が展開される可能性があります．

ュアルハラスメントとは望まない性的な誘惑や性的嫌がらせ行為」などと，種類ごとに簡単に定義し，具体例をあげておくほうが，誰にでもわかりやすくなります．

しかし，具体的な例を際限なく載せるわけにはいきません．職員から報告・相談を受けた暴力・ハラスメントの行為がマニュアルに記載の具体的な例に入っていないとき，それが暴力・ハラスメントに該当するかどうか迷うこともでてきます．そのときは，まず，当該行為が，「職員が仕事をしていく上であってはならない言動」であるかどうかで判断し，「あってはならない言動」であれば，暴力・ハラスメントと確定します[16]．

セクシュアルハラスメントについては，「人によってその感じ方は違う」といった言い方をされることがあります．ある職員はセクシュアルハラスメントを受けて不快に思っていても，別の職員はセクシュアルハラスメントというほどのことではないと言い，利用者・家族は「親しみを込めて触れただけ」と言い張るといったことも起きる可能性があります．そうした場合は，状況確認で得られた事実をもとに，「そのような状況下であれば，行為者の言動をセクシュアルハラスメントと感じたのは無理もない．」と言えるかどうかで判断します[17]．つまり，その気持ちに合理性があると判断できれば，職員が仕事をする上であってはならない言動としてのセクシュアルハラスメントと確定します．

しかし言うまでもなく，職員から報告・相談を受けた上司にとって重要なのは，報告・相談を受けた行為が暴力・ハラスメントかどうかを正確に判断するということではありません．暴力・ハラスメントと確定する／しないにかかわらず，職員への支援と利用者・家族への対応をきちんと行うことです．この点もマニュアルに記載したほうがよいでしょう．

(5)　安全性を高める環境の整備

さて，制度面の取組みからつぎに環境面の取組みに移ります．仕事における安全性を高め，リスクを減少させるための環境整備として，《職場環境の整

16　鈴木によるハラスメントのブラックゾーンとグレーゾーンを分ける基準を参考にしています（2019. p. 17）.

17　鈴木（2019）. p. 76.

備》と《利用者・家族への基本方針の周知》,《他機関との連携体制の整備》を行います.

《職場環境の整備》

組織の目的や種類，規模等によって，また，職場が組織内か訪問先の家庭かによって，職場環境の安全性を高めるためにチェックする項目には違いがあります.

入所施設や通所施設では，まず，利用者の生活の安全に配慮した環境面の整備が行われており，それは，職員の仕事上の安全にもつながっている部分が多いはずです．通常，見知らぬ人が多く出入りすることもなく，入口でチェックもなされています[18]．入所者の居室も，職員が入ったときにはドアを解放しておくことができます．もちろん，職員の目線で，職員の仕事上の安全性を高めるために何が必要かをチェックし，環境整備に反映させることは重要です.

他方，相談機関の場合は，見知らぬ人が出入りする程度が相対的に高く，入口でのチェックも通常なされません．相談に来所する人々のなかには，多様な生活困難や強いストレスを抱えていて切迫性が高い人も少なくなく，何かが引き金となって攻撃的になってしまうおそれが強いと言えます．そのため，相談機関では職場の環境面での安全性をチェックし，改善点があれば速やかに改善することが求められます.

相談機関の相談援助職が家庭訪問を行う場合は，より安全性への配慮を行う必要があります．機関内と違って，何かあってもすぐに人が駆けつけてくれるわけではないからです．訪問介護の場合も同じです．家庭訪問にあたっては，訪問者としてすべき行為，すべきではない行為を記したガイドラインを作成することも考えられます.

図表7-5は，相談援助機関のなかでも危険度が相対的に高いと言えそうな役所の生活保護担当部署を想定して作成した職場環境の整備項目例です．生活保護担当部署では，いきなり包丁をもった男が事務所に乱入してきた，血だらけ

18　DVのためのシェルターや被虐待児等が入所している児童相談所の一時保護所等は，加害者が押しかけてくる危険性が高いため，安全性への配慮は非常に高くなっています．ただしその反面，入所者の生活の不自由さが強まります.

図表 7-5　安全性を高めるための職場環境の整備：相談機関の場合

相談機関	面接室	家庭訪問
• 適温，適度に明るい照明 • 清潔なトイレ • 適切なサイズで，居心地のよい待合スペース • 職員のいるスペースへの侵入を防ぐ仕切り	• 相談室は職員のいる部屋の近くに配置 • 出口は2カ所 • 座り心地の良い椅子 • 腕2本分くらいの幅のある机 • 投げると危ない物の排除 • リスクが予想される場合は複数で面接	• 危険な地域やハイリスクの人を訪問する際には複数で訪問 • 家庭内に危険物がないか確認 • ケータイを必ず持参 • ハイリスクが予想される場合，できるだけ機関で面接
• 建物の入口に監視カメラの設置	• 緊急ボタン，ブザー，サイレントアラーム，警察通報ボタン，ホイッスル，コードワード • 小型テープレコーダー	• 緊急コール • 携帯用テープレコーダー

注：コードワード：あらかじめ決めておく安全を求める言葉.

の手でカッターナイフをもった男がだれにも遮られることなく，スーッと受付を通り過ぎ相談係のところに入ってきた，家庭訪問先で利用者の包丁を出され，慌てて2階の踊り場に出て下に逃げた，といった危険度の高い事案がまれというわけではありません[19]．児童虐待事例に日常的に対応している児童相談所，高齢者虐待事例に対応している行政の高齢者支援課や民間の委託型地域包括および居宅介護支援事業所，障害者虐待事例等を担当する障害者相談支援センター等にも，部分的に当てはまると思われます．しかし，それぞれ独自に環境面の安全性項目を確認することが必要です．

なお言うまでもなく，緊急コールや緊急ボタン等，脅しや暴力発生といった緊急時に用いる道具については，その活用のタイミングや条件，活用された場合の応対について，職場での明確な取り決めが必要です．

19　これらの例は，副田（2019b）のインタビューで，職場であった暴力事件として語られたものです．なお，図表には入れていませんが，警察官OBを採用し，受付窓口や相談室近辺の警備を，また，暴力的・威嚇的行為等から職員の安全を守るといった業務を担当させている市町村もあります．

《利用者・家族への基本方針の周知》

「○○（組織あるいは事業所の名称）からのお願い」といったタイトルで，暴力・ハラスメントを防止する組織としての基本方針をわかりやすく書いたチラシを作成したり，自治体の作成する周知啓発用のリーフレットを活用して，利用者・家族に周知を図ります．自治体がリーフレット作成に着手していなければ，法人や事業所等の業界団体で要請することが望まれます．

介護関係事業の場合，職員に対する暴力・ハラスメントを契約解除の「正当な理由」として事前に〈重要事項説明書等に記載〉しておき，サービス契約時に周知する方法もあります．ただ実際には，起きた暴力・ハラスメントが「正当な理由」に該当するかどうかは，その内容や程度，頻度，被害の程度，発生の経緯や状況などによって個別的に判断する必要があります．また，契約解除にあたっては，他の事業所の紹介等の措置を取ることが求められます．これらの点については，研修等において管理職や職員に周知しておく必要があります．

《他機関との連携体制の整備》

サービス提供に関して気になる点や暴力・ハラスメントのリスクが予想される事例の受け入れ，訪問等にあたっては，他機関から関連情報を得ることがリスク減少をもたらす可能性があります．また，暴力・ハラスメントが発生した場合にも，他機関との情報共有や連携が必要です．訪問看護ステーションの管理職を対象とした武（2018）の調査では，地域の他機関との連携度が低い訪問看護ステーションは，それが高い訪問看護ステーションにくらべて，訪問看護師に対して言葉の暴力とセクシュアルハラスメントを行う利用者の割合が多いという結果が見られました．逆に言えば，地域連携度が高いとさまざま情報共有が図られ，暴力・ハラスメントの予防や対策についての検討もなされるがゆえに，暴力・ハラスメントを受けるおそれが減るということです．

個人情報

介護関係事業所の場合，通常，サービス担当者会議等で利用者の個人情報を用いる場合の利用者の同意を，契約の際の文書であらかじめ得ています．ただし，こうした場合の個人情報の提供や共有等に関して，他機関と〈安全のためのプロトコル（協定）作成〉を行っておくと，その迅速性と確実性を高めます．

行政機関や地域包括等の相談機関のソーシャルワーカーらが，暴力・ハラスメントの発生リスクをもつ高齢者虐待事例等，多様なニーズを抱える複合問題事例に介入・支援していくには，関係機関間の情報共有と協働が不可欠です．高齢者虐待事例に関しては，高齢者虐待防止法の規定により，本人の同意がなくても必要な個人情報等を関係機関間で共有することが可能です．また，その他の複合問題事例についても，暴力・ハラスメントが生じれば，従来どおりのサービス・資源の利用は困難となり，本人にとって不利益が生じるおそれがありますから，行政機関の保有する個人情報を関係機関で共有することは可能です．高齢者虐待防止にあたっては，多くの自治体がフォーマルな関係機関間ネットワークを作り，情報共有をしやすくしていますが，その他の複合問題事例についても〈多機関協働のネットワーク構築〉が期待されます．

いずれにせよ，関係機関間の情報共有や協働において，個人情報保護を気にし過ぎると本人や家族への介入・支援が遅れてしまい，結果としてかれらに不利益が生じるおそれがあります．個人情報の扱いについては，市町村を中心に関係機関間で基本的な方針と共有手順等について合意しておくことが望まれます．

(6)　研修体制の整備

研修のやり方としては，外部研修に各職場の職員代表を参加させ，その学習成果を職場内研修として仲間に伝達させる方法がありますが[20]，比較的規模の大きな法人等では，内部で研修プログラムを企画し，講師を呼ぶなどして法人内研修を行うこともできるはずです．委員会の事務局が核となり，ワーキンググループとともに，規程や対応フローチャート，マニュアルの作成等を行ってきたのならば，その作成過程で明らかになってきた当該法人の課題に焦点を当

20　6章で述べたように，2020年には，地方公共団体や関係団体が介護事業者に行う『管理者等向け研修のための手引き』と，介護事業者の管理者等が職員向けに行う研修のための『職員向け研修の手引き』が公表されていますから，今後，地方自治体や関係団体がこうした手引きを用いた研修を行っていく回数は増えると予想されます．

図表7-6　階層別研修（例）

	ステップ1	ステップ2
管理職研修	【共】基礎研修 「研修の目的」 「組織の基本方針と安全ポリシー」 「暴力とハラスメントの用語の定義」 「実態と発生要因」 「対応フローチャート」 「報告・相談票」	【管】対応研修 「安全な職場づくり」 「報告・相談窓口」 「発生時対応」 「発生後対応」 「報告書」
職員研修	【共】基礎研修 「研修の目的」 「組織の基本方針と安全ポリシー」 「暴力とハラスメントの用語の定義」 「実態と発生要因」 「対応フローチャート」 「報告・相談票」	【職】対応研修 「包括的リスクアセスメント」 「ディエスカレーション」 「暴力・ハラスメント発生時の対処」 「安全性を高めるケア／支援アプローチ」 「精神疾患，パーソナリティ障害，発達障害等の理解」

注：「　」は，それぞれの研修項目.

てた研修プログラムを企画することができます.

ここでは，自前の研修プログラムにおいても外部研修のプログラムにおいても，採用されることが望まれる研修方法と研修内容について記述します.

階層別研修

これまで見てきたように，発生時・発生後の対応においては，職場リーダーや管理職等，上司の役割が極めて重要です．そのため，職員のための研修と管理職のための研修という階層別研修が必要です．管理職研修には委員会の委員である法人管理職等にも参加をしてもらいます．委員会の事務局メンバーも参加することは言うまでもありません.

図表7-6に示したように，職員研修と管理職研修は，それぞれ共通パートと階層別パートによって構成します．共通パートは【共】基礎研修として，「研修の目的」「組織の基本方針と安全ポリシー」「暴力・ハラスメントの用語の定義」「暴力・ハラスメントの実態」「対応フローチャート」「報告・相談票」等の基礎項目を学ぶようにします．このパートについては，管理職と一般職員を一緒に研修を行ってもよいと思われます.

「研修の目的」は，利用者・家族の暴力・ハラスメントを正しく理解し，できる限りその発生を予防する，そして起きた場合には，適切に対応する方法を学ぶことです．これは，職員の安全と安心のためであるとともに，利用者・家族への否定的なラベル貼りやサービスの中断・終了といった不利益をもたらさないためのもので．このことを正しく理解してもらうことが重要です．利用者・家族からの強い要求や訴えを，なんでもただちに暴力・ハラスメントだとして抑え込んだりすることがあってはならないことを明確に伝えます．

「組織の基本方針と安全ポリシー」「暴力・ハラスメントの用語の定義」「暴力・ハラスメントの実態」「対応フローチャート」「報告書」の内容は，これまで説明してきたようなものになります．最初から最後まで一方的な講義で各項目を説明するよりは，暴力・ハラスメントとは何か，体験があるか，体験してどうしたか，などをグループで話し合う時間をもつ，法人内で起きた実際の事例を一部加工し，それを用いて対応フローチャートを説明するなど，できるだけ実感をもって学べるようにします．

管理職研修における階層別パート（【管】対応研修）の場合，「安全な職場づくり」「報告・相談窓口」「発生時対応」「発生後対応」「報告書」等の項目，つまり，本節（3）の《発生時・発生後の対応手順の確認》で説明した項目と留意事項を，模擬事例を用いたロールプレイ等を通して実践的に学びます．

職員研修における階層別パート（【職】対応研修）では，「包括的リスクアセスメント」「ディエスカレーション」「発生時の対処」「安全性を高めるケア／支援アプローチ」「精神疾患・パーソナリティ障害等の理解」などを，やはりロールプレイ等を通して実践的に学べるようにします．職員研修におけるこれらの項目については節を改めて概説し，いくつかの項目については，介護と相談援助の場面に分けて例を紹介します．なお，基本的な対人援助職としてのコミュニケーション技術の学習も，暴力・ハラスメント防止のために重要ですが，他の研修で学ぶ機会があると思いますので，ここでは省きます．

共通パートと階層別パートを一度に学ぶことは困難ですし，一度きりの研修よりも何回かに分け，ステップアップ研修として行ったほうが，学びが深まります．図表7-5には，共通パートをステップ1として，階層別パートをステップ2として示してありますが，職員研修のステップ2はすべての項目を一度に学ぶというのではなく，職場のニーズに応じて項目を選択し，数回に分けて実施したほうが消化不良にならずに済みます．なお，職場リーダーや職場責任者は，職員向けの対応研修のほうも学んでおくことが望まれます．

3.　職員対応研修

職員研修で学ぶことが望まれる項目としてあげた「包括的リスクアセスメント」は，新規利用者の家庭を訪問する際，少しでもリスクを感じたときに実施するものです．「ディエスカレーション」は，利用者やその家族が強い不安や興奮，苛立ち，怒りなどを見せたときに，その攻撃性の高まりを抑えるために行います．「発生時の対処」は，実際に利用者や家族から身体的暴力，精神的暴力，セクシュアルハラスメントを受けたときの対処法，「安全性を高めるケア／支援アプローチ」は，予防のためのケア／アプローチです．

「精神疾患，パーソナリティ障害等の理解」は，とくにケアマネジャーやソーシャルワーカー等の相談援助職が仕事上，出会うことが少なくないにもかかわらず，養成課程や実務者研修においても学ぶ機会が少ない疾患・障害について理解を深めることです．統合失調症，アルコール依存症，発達障害，パーソナリティ障害など，疾患や障害の原因・特性，配慮すべき点などを実践的に学ぶことで，そうした障害をもつ人々に暴力・ハラスメントをさせないですむ状況を創り出す可能性が出てきます．この項目について学ぶことのできる文献は数多くありますので，ここでは解説を省き，他の項目について説明します．

(1)　包括的リスクアセスメント

ここで言う「包括的リスクアセスメント」は，リスク，つまり，暴力・ハラスメントの発生に関連する要因を多面的にとらえて，今後の発生の可能性を予測するとともに，ストレングス（強み，良い点，悪くないこと等）をとらえることです．ストレングスは，暴力・ハラスメント発生の可能性を弱めたり，その防止策検討の糸口となり，予防に役立ちます．

気になる新規利用者宅を訪問する前に

「包括的リスクアセスメント」の実施は，とくに，介護職や相談援助職が利用者の家庭訪問を行う事業所・機関に求められます．訪問介護事業所では，新規利用者についてはケアマネジャーから，また，サービス担当者会議における対面等を通して一定の情報を得ています．そうした情報のなかに，利用者や家族についてなんらかの暴力・ハラスメント発生に関わる要因や，サービスを提供していく上で心配になる点，気になる点があった場合，サービス提供責任者やチームリーダー等が，関係機関からも情報を求めるなどして，包括的リスクアセスメントを行い，注意点を話し合います．もっとも，事前の情報では利用者の生活史や家族の状況など，不明なことが多いのが一般的です．その場合，サービスを開始してから，担当者の１人が少しでも違和感や不安，困惑，怖さなどを感じたら，サービス提供責任者と担当している者たちで包括的リスクアセスメントを行います．

相談機関の場合，新規利用者については事前の情報がほとんどないのが一般的です．他機関からの相談・通報や紹介の場合も情報は限られていることが少なくありません．初回の電話や対面での応対の際の印象や，話の内容から気になる点があれば，関係者や関係機関から情報を得る努力をし，可能な範囲で包括的リスクアセスメントをします．以前相談を受けたことのあるケースであれば，改めてケース記録を読むなどします．初回面接後にあらたな情報を得たら，日付を付記しながらそれを記録に追加します．

いずれにしても，気になる情報がある家庭を訪問する際には，できる限り事前にリスクと注意すべき点を認識しておくようにします．そうすれば，訪問先の利用者や家族が暴力・ハラスメントにつながるような素振りを見せても，ひどく驚いたり慌てたりせずに済みます．また，ストレングス情報を活かしたコミュニケーションをとるなどして，予防を試みることも可能になります．

包括的リスクアセスメント・シート

包括的リスクアセスメントのためには，たとえば，図表7-7のようなシートを活用するのもよいと思われます．リスクの最初の項目である暴力・ハラスメント歴は，今後の発生をもっと予測する要因です．ここにチェックを入れたときには，それがいつ起き，誰に対してどのような状況で，どのような行為がなされたのか，わかる範囲で記述します．それ以外のリスク項目についても，わかる範囲でチェックを入れますが，チェックが多くなれば，それだけ発生リスクは高まると考えることができます[21]．★印の欄は，リスク状況を踏まえて判断し，「あり」の場合，今後どのような暴力・ハラスメントがどのように起きる可能性があるか，予測を簡略にまとめます．

ストレングスの項目についても，情報のなかから，「あり」と言えそうな項目にチェックを入れます[22]．記載されている項目以外にもストレングスをできるだけ発見して，その他の欄に記述するようにします．これらは，先述したように，会話や予防策の糸口になる可能性があるからです．なお，本シートは，訪問介護事業やケアマネジャー，地域包括などを想定して作成したものです．

バランスのとれた見方を

ストレングスにも目を向けるのは，暴力・ハラスメントの防止策の糸口を見出すためだけではありません．サービス提供や相談支援が始まる前から，あるいは，開始間もないときに，リスクアセスメントをした結果，利用者を暴力・ハラスメントの「危険人物」と見なしてしまうと，その見方に囚われて不安感や恐怖感から利用者との関係づくりがむずかしくなってしまいます．また，その見方は，介護職や相談援助職の間に，関わりは必要最小限にとどめるといった姿勢や態度を生み出すおそれがあります．そうした姿勢や態度は利用者に伝わり，暴力・ハラスメント発生のリスクをさらに高めます

しかし，解決志向アプローチの基本的信念に基づき，どのような人でもなんらかのストレングスをもっているという考え方に立てば，暴力・ハラスメントのハイリスクの人であってもストレングスを見出すことはできるはずです．危険はあるかもしれないが，○○というよい点や悪くない点もある人という，多

21　本シートは，筆者の参加する安心づくり安全探しアプローチ研究会による，高齢者虐待事例に対する「危害リスク確認シート」と「安全探しシート」を参考にして作成したものです（副田他 2013. pp. 36-37）.

22　強みやよい点が見つからなくても，悪くない点，まあまあの点，と思えることは比較的見つけやすいはずです．

図表 7-7　暴力・ハラスメントの包括的リスクアセスメント・シート

□利用者氏名： □家族氏名（続柄）：	記入日：　　年　　月　　日 記入者：
リスク	□過去の身体的暴力／精神的暴力／セクシュアルハラスメント歴 具体的に： □認知症・精神疾患・知的障害・アルコール・薬物依存症等／その疑い 具体的に： □パーソナリティ障害／性格の著しい偏り 具体的に： □態度や言葉が乱暴　□他者への敵意や不信感 □家族／利用者への攻撃的態度 □支援者に対する非協力的態度／拒否　□支援者に対する不適切な性的言動 □細かな指示／支援者に対する上から目線　□女性蔑視の発言／女性に対する上から目線 □経済的問題　□社会的孤立 □室内が乱雑／非衛生的状態　□室内に卑猥な写真や雑誌，アダルトビデオ等 □その他 具体的に：
	★今後の暴力・ハラスメントの可能性：不明　なし　あり 具体的に：
ストレングス	□コミュニケーションスキル　□家族／利用者への思いやりや気遣い □家族・親族からの具体的な支援　□民生委員や隣人等の訪問の受け入れ □公的サービスの利用　□友人・知人との付き合い □生活意欲　□趣味活動／余暇活動　（具体的に： □好きな物・好きなこと（具体的に：　）□得意なこと（具体的に：　） □その他（具体的に：　）

注：①アセスメントの対象者が利用者本人か家族なのか，☑を入れる．
②該当するものに☑を入れ，具体的に記述．とくに，過去の暴力・ハラスメント歴については，いつ，どのような状況で，だれに，どのように，何を行ったか，わかる範囲で記述．
③★印の欄は，リスク状況を踏まえて判断し，「あり」の場合，今後どのような暴力・ハラスメントがどのように起きる可能性があるか，予測を記述．
④ストレングスはチェック項目以外のこともできるだけ見つけるようにし，「その他」欄に記述．ストレングスを踏まえて，会話や対応の糸口を探る．
⑤支援者：ヘルパー，ケアマネジャー，ソーシャルワーカー等の専門職．

少なりともバランスの取れた見方が可能になります．またそれにより，危険人物という思い込みから来る不安感や恐怖感も多少は和らぐはずです．

(2)　ディエスカレーション

介護や相談援助サービスの利用者が，不安やおそれ，興奮，苛立ち，怒りなどの様子を示したら，できる範囲でそれが暴力的な攻撃に発展しないように支援する必要があります．疾患や障害，多様な生活困難などを抱えている利用者の暴言・暴力は，苛立ちや怒りなどを適切な言語で表現することがうまくできないために起きる傾向があります．暴言・暴力をしたくてやっているわけではありません．ディエスカレーションによってその発生をできるだけ予防することが求められます．ディエスカレーションとは，怒りや衝動性，攻撃性を言語および非言語コミュニケーション技法によって和らげ，落ち着きや安定を取り戻すよう手助けすることです．

これは，精神科医療や精神看護の領域では，行動制限や力の誇示（多数の職員で取り囲む等），薬物療法，隔離，身体拘束等に先立って用いられるべきとされている介入技法です．当事者も援助者も同じ人として互いに尊重され守られるべき存在であること，当事者は症状から来る不安や恐怖から，また，環境のなかでそうせざるを得ない状況から攻撃や暴力に至ることから，援助職が当事者の味方になり，ケアとしての介入，つまり，ディエスカレーションを行うことで攻撃や暴力行動のリスクを下げようとするわけです[23]．

こうした考え方に基づくディエスカレーションは，障害者施設や認知症者の多い介護施設でも，また，過酷な体験によるPTSDやいくつもの生活困難を抱え苦しんでいる人に出会うことの多い相談機関でも活用できるはずです．

介護場面でのディエスカレーション

認知症の高齢者が多く利用している介護施設では，精神看護の領域で生まれ

23　下里らは，ディエスカレーションは苦しい状態にある当事者を「助ける」といった明確な意思をもち，個別性と主体性を尊重して関わることが必要で，「治療的に」活用しようとすると，結果的に当事者を追い詰めてしまうことになると述べています（下里 2019. p. 69）．

てきたカンフォータブル・ケアが参考になります．カンフォータブル・ケアとは，「心地よい刺激」を言語・非言語コミュニケーションによって継続的に提供するというもので，ディエスカレーションとして活用することができます．

アルツハイマー型認知症では，中期以降，大脳皮質，とりわけ理性をコントロールする前頭葉機能の低下によって感情抑制が困難になります．一方，身体と情動の反応を起こす大脳周縁系は障害を受けず，不快刺激に対しては，身体的に防御反応を，情動としては「怒り，不安，恐れ，興奮」など攻撃性，暴力性につながる反応をとります．快刺激に対しては，身体的にリラックスし，情動は「安心，うれしい，楽しい」といった反応をとります．前頭葉機能の低下により，この不快刺激による情動反応が抑制されず，攻撃，暴力といった行動が生じますが，意識的に快刺激を与えるならば，そうした行動の可能性を減少させることができます．攻撃性，暴力性を表している高齢者にカンフォータブル・ケアが効果的と言われる理由です[24]．

図表7-8がカンフォータブル・ケアで行う10項目です．提唱者の南によれば，状況に応じて適切にこれらの技術を複合的に使うこと，スタッフ全員でこれを取り組むことが，BPSDの緩和に役立ちます．研修の方法としては，座学だけでなく，外部研修でカンフォータブル・ケアを学んだ職員が講師となって行うデモンストレーション，職員同士によるロールプレイなどがありますが，それらをやった上でさらに，このケアを根づかせるための方法を考えるグループワークを行い，出てきた案を実践することも考えられます．

相談援助場面でのディエスカレーション

ソーシャルワーカーらの相談援助職が体験する利用者やその家族から暴力は，精神的暴力が多いのですが，これは面接の前からの不機嫌や苛立ちが高じたり，面接の途中から急に不機嫌になった後に生じる傾向にあります．相談援助職もやるべきことを多く抱え，面接に使える時間も限られています．相手の不機嫌や苛立っている状態がわかっているのに，支援のために必要なことを聞いておかねば，こちらが伝えるべきことを言っておかねば，と焦って先を急ぐと，相

24　平田・杉山（2016. pp. 63-67），大塚編（2013 p. 124）を参照．

図表 7-8　ディエスカレーション（カンフォータブル・ケアの技術）：施設における介護場面

利用者の様子	ディエスカレーション
不穏，怒り，苛立ち等	①常に笑顔で接する．（目じりを下げる，口角をあげる，大きく口を開け，歯を見せる．） ②常に敬語を使う．（「尊重されている，大事にされている，親切にされている」といった感覚がもてるように「です，ます，ましょう．」で話す．） ③相手と目線を合わせる．（お互い水平な位置で顔を見ることができるようにして目線を合わせる．目線を合わせてから言語コミュニケーションを始める．） ④相手にやさしく触れる．（少し触れてみて反応を確認してから行う．手のひらや前腕あたりから始める．） ⑤相手をほめる．（容姿や家族，生き方，ふるさとなどをほめる．「余計なことをしないで」ではなく「○○してくださろうとしたのですね．ありがとうございます．」などと言う．） ⑥こちらから謝る態度を見せる．（相手の怒りをおさめるために早い段階で真摯に謝罪する．利用者２人が言い争いをしていたら２人を離し，それぞれに「あちらの方がご迷惑をおかけしたようで申し訳ありません．～～．」など） ⑦不快なことは素早く終わらせる．（いわゆる「不潔行為」に対しても慌てず「心配しないで大丈夫ですよ．私たちがお手伝いしますからね．」などと他の技術も使いながら，チームで役割分担し，短時間で終わらせる．） ⑧演じる要素をもつ．（乗らない気分や「陰性感情」をそのまま対象者に伝えない技術として，認知症者に関わる援助者としての役割を演じる．「演じる」ことがうまくできない場合はチームで対応．） ⑨気持ちに余裕をもつ．（余裕がないと利用者の訴えに反応できなくなり，結果として不安を高め周辺症状が出現してしまう．チームワークで対応．） ⑩相手に関心を向ける．（とくに重要．廊下ですれ違うたびに声かけや目線を送るなど，利用者の存在や状態に関心を寄せる．）

注：南の提唱するカンフォータブル・ケアの 10 項目．（　）内は，南（2018）pp. 32-77 の記述を筆者がまとめたもの．

手の苛立ちがエスカレートして暴言が起きやすくなります．

苛立ちが高じることを避けるためのディエスカレーションを，図表 7-8 に例示しました．相手の障害やそのときの状態，苛立ちの理由等を理解するよう心がけ，相手の立場に立って，適切なコミュニケーション技術を活用することが求められます．研修では，多様な事例をもとにロールプレイなどで実践的に学ぶ必要があります．

図表 7-9　ディエスカレーション：相談機関／利用者宅における相談場面

利用者の様子	ディエスカレーションの例
不満，不機嫌，苛立ち，等	• 利用者やその家族が過酷な体験による PTSD を抱えている，現在，非常に困難な生活状況に置かれている，相談機関との接触や相談すること自体に抵抗感をもっているならば，こうした様子は不思議なことではないと改めて認識する． • 慌てたり恐怖感をもつと，指示的な言動を取りやすくなるので注意する． • 凝視して圧力をかけず，適度なアイコンタクトをする． • 最初から不機嫌で話したくなさそうに見える利用者に「お忙しいところすみません．会っていただいてありがとうございます．お話しされたくないかもしれませんね．でも○○という理由でお話をお伺いしたいのです．」などと相手の立場に立った言葉かけをした上で，こちらが関わる目的をきちんと伝える． • 当初から苛立っているようであれば，何を怒っているのかに思いを巡らせ，待たせてしまったことなど，明らかにこちらに非があることを確認したら，相手の立場に立っててていねいに謝罪する． • 途中から急に不機嫌になってきた利用者に，「どうされましたか．気になることがあったら言ってくださいますか．」などと穏やかに尋ねる． •「○○ということなのですね．」などとパラフレーズ（言い換え）やオウム返しなどを用いて共感的コミュニケーションを取る． • 怒りの感情を受け止めるが，その原因に関する解釈について議論や批判をしない． • 自分の共感的でない態度が怒りを引き起こしたと気づいたら，共感的な支援を行う． • 批判されても防衛的にならず，利用者の話を助言などで遮らずに聴く． • 困難な状況における心配ごとや欲求不満等について理解できる点については，一定の共感を示すが，相談機関やサービス等についての不満，苦情等について，場当たり的な返答やできない約束はしない． • サービスの決定等に関する批判については，個人ではなく組織の方針による決定であることを伝える． • 大変な状況にありながらどうやって対処してきたのかを聴くなどして，利用者のストレングスを引き出し，コンプリメント（称賛，肯定的に評価）する．

(3)　暴力・ハラスメントへの対処

身体的暴力への対処：介護場面

介護施設では，不安や苛立ちがエスカレートして，あるいはまた突然に，身体的暴力，すなわち，叩く，蹴る，噛む，つねる，唾を吐きかけるといった物理的な力による攻撃が行われる，あるいは行われそうになることがあります[25]．

25　身体的暴力が精神的暴力を伴って行われることはまれでありません．

図表 7-10　身体的暴力への対処：施設での介護場面

利用者の暴力行為	身体的暴力への対処の例
殴る，頭を叩く，蹴る，足蹴りをする，噛む，ひっかく，つねる，危ない物を投げつける，唾を吐きかける，押し倒す等	• 慌てたり焦ったりしない． • 感情的にならない． • 少し距離を取り，落ち着いた声で「痛いのでやめてください．」などと言う． • 利用者が暴れてベッドや椅子から落ちたりする危険性や，周囲の利用者に暴力が及びそうであれば，同僚を呼び安全の確保を図る． • ケガをした場合や，自分の感情（動揺，興奮，怒り，恐怖，憎しみ，哀しみ等）が収まらない場合は，いったんその場を離れる． • その場を離れたらすぐに職場リーダー等に報告する． • ケガをした場合や，自分の感情を統制できそうにない場合は，担当を交代してほしい旨を職場リーダー等に伝える． • その場で対処できた場合でも，起きたことは職場リーダー等に報告する． 〈交代した職員〉 • 利用者がある程度落ち着くまで見守る． • 落ち着いた様子になったあとも，「さっきは少し興奮されましたね．」などと先の行為に言及しない． • カンフォータブル・ケアを行う．

そのときは，ディエスカレーションではなく，相手と周囲の利用者等の安全に配慮した上で「問題中心の対処」を行います．図表 7-10 はその例です．

身体的暴力によって身体に傷を負った場合はもちろんですが，身体的暴力や精神的暴力によって生じた動揺や怒りなどの負の感情を統制できない場合は，職場リーダー等に担当を交代してほしい旨を伝えます．担当の交代は，「逃げ」ではなく，相手にこれ以上の暴力を振るわせず，自身も振るわれないという，両者にとっての「安全のための一歩」です．暴力を受けた職員には，上司によるデブリーフィングや支援が求められますが，これについては次項で説明します．

セクシュアルハラスメントへの対処：介護場面

介護には身体接触が不可避であるため，介護場面ではセクシュアルハラスメントが起きやすい状況にあります．仕事をしている職員のプライベートゾーンを利用者が不意にあるいは無理やり触ってくる，体にのしかかってくるといった例や，職員に利用者が卑猥な話をしてくるといった例があります．前者の例

図表7-11　セクシュアルハラスメントへの対処：施設／家庭での介護場面

利用者のセクハラ行為	セクシュアルハラスメントへの対処の例
卑猥な話を繰り返す，卑猥な写真を見せる，急に胸やお尻を触ってくる，抱きついてくる，キスをしてくる，下半身を押し付けてくる等	•「そういうことはやめてください.」「そういう卑猥なことは言わないでください.」などと，落ち着いてはっきりと伝える. • 感情的に怒ったりしない. • 伝えてもやめない場合や，自分の感情（驚き，怒り，不快，恐怖等）が収まらない場合などはその場を離れる. • その場を離れたらすぐに職場リーダー等に報告する．自分の感情を統制できそうにない場合は担当を交代してほしい旨を伝える. • その場で対処できた場合でも，起きたことは職場リーダー等に報告する. 〈交代した職員〉 • 職場リーダー等とともに対応プランを話し合った上で，介護にあたる. • 前の担当者が受けた行為についてとくに触れない. • 同じような言動があれば，「そういうことはしないでください.」などとはっきりと言う.

は，受けた者に動揺や恐怖，怒り，恥の感覚等をもたらし，PTSDのおそれさえある行為で，セクシュアルハラスメントの用語で呼ぶよりも，性暴力と呼ぶべき行為です[26]．性暴力も性的嫌がらせといった意味でのセクシュアルハラスメントも，いずれも働く職員の多くが不快に思い，職員が仕事を遂行していく上であってはならない言動です.

こうしたセクシュアルハラスメントは，特定の職員に向けて行われる，繰り返し行われるといった傾向がありますから，最初の段階で，そうした行為は許されないということをはっきりと伝えることが必要です．図表7-11，セクシュアルハラスメントに対する対処の例です.

職場リーダーや管理職が異性のため，報告するのが恥ずかしい，言葉にしたくないという場合，同性の同僚に話し，まず同僚から職場リーダー等に報告してもらうことも対処の1つです．職場リーダー等は，日ごろから報告しやすい

26　WHO（2012）は，強制力を用いた，あらゆる性的行為やその試み，望まれない／不必要な性的言動や性的誘惑，人身取引，性志向に反する行為などを性暴力と定義しています．レイプや性虐待だけでなく，性的な言葉による嫌がらせや望まない性的情報の提示といった，環境型セクシュアルハラスメントも性暴力に含まれるという認識です.

仕組みを用意することが求められます．セクシュアルハラスメント，とくに言葉による性的な嫌がらせ程度のことはあしらえばよい，認知症だから仕方ないなどと考える職員や上司もいるかもしれません．しかし，それを認めると行為がエスカレートしたり，別の職員や実習生等のより弱い存在に標的が拡大する，といったおそれがあります．

精神的暴力への対処：相談援助場面

相談援助職は，利用者より家族からの，身体的暴力より精神的暴力をより多く体験する傾向があります．喚く，暴言を吐く，批判的言動を繰り返す，理不尽な要求を主張し続けるなどにより，人としての尊厳や人格を傷つけたり貶める，恐怖を感じさせる行為は，特定の相談援助職に向かって繰り返される「持続型」の暴力になりやすく，受けた者は精神的疲弊や抑うつ状態，さらにはPTSDになるおそれがあります．

１人でなんとかしなければと思い，何時間も，あるいは，何回も暴言等を聞き続けるのではなく，早い段階でその場を離れ上司等に報告します．当日，引き続き面接をするのであれば上司等と一緒に面接する，あるいは，担当を他の人もしくは上司に代わってもらう，日を改めて会うのであれば，上司や同僚に相談し対応プランを話しあってから面接する，といった対処が必要です．図表7-12に，機関の相談室や訪問先の家庭で起きる精神的暴力への対処の例を示しました．

相談援助職も身体的暴力，とくに，ナイフなど凶器による威嚇を受けることがあります．その場合は，自分の身を守る行動，すなわち，すぐに退室／退去する，緊急ボタン・ブザー・警察通報ボタン等を押す／緊急電話をかける等の行動を取ります[27]．そして，上司・同僚が警察に通報します．

27　副田（2019b）のインタビューでも，地域活動支援センターで警察通報ボタンを設置した話がありました．あるアクシデントが契機になったということですが，職員や活動参加者に物理的攻撃があった場合にはすぐにこれを押すというルールを，職員全員が認識しているということです．

図表 7-12　精神的暴力への対処：相談機関／家庭での相談援助場面

利用者・家族による精神的暴力	精神的暴力への対処の例
喚く，怒鳴る，暴言を吐く，批判的言動を繰り返す，態度や言葉で威圧する，威嚇する，不合理な要求や不当な訴えを主張し続ける，等	• 慌てたり焦ったりしない．怖がらない．感情的にならない． • 「大きな声で怒鳴らないでください．落ち着いて話をお聞きすることができなくなります．」などと言う． • 相手の言動をひたすら聞く，受け入れるということをしない． • 落ち着いた声で「そういうふうにおっしゃるようであれば，お話を続けることはむずかしくなります．申し訳ありませんが，これでお電話を切らせていただきます／これで終わらせていただきます．」などと言う． • 「今日はこれ以上，ご一緒に話していくことはむずかしいと思いますので，日を改めましょう／日を改めてうかがわせていただきます．」などと伝え，面接を終える． • 「○○さんが～とおっしゃっていることはわかりましたが，私には判断できませんので上司に判断を求めたいと思います／機関に戻り相談したいと思います．」などと言って，その場から退去する． • 上司，管理職に報告する． • 自分の感情（動揺，怒り，恐怖等）を統制できそうもない場合は，担当を交代して欲しい旨を上司に伝える． 〈日を改めて面接する場合〉 • 上司や同僚と相談し，対応プランを話しあった上で面接する． • 上司と相談し，対応プランを話しあった上で上司と一緒に面接する． 〈同日に同僚／上司と一緒に面接する場合，交代した同僚／上司が面接する場合〉 • 相手が落ち着くための時間を取る． • 相手の行為についてすぐにコメントすることはしない． • 落ち着いてきた様子が見えたら「話をお聴きしたいのですが，ご協力いただけますか．」などと言って話を聴いていく． • 落ち着きを取り戻してきたら，伝えたかったことを話してもらい，相手と担当者あるいは組織との間に問題があったとすれば，それについて話し合い，明らかにこちらに非があったら場合には謝罪する． • 怒りの原因についての解釈について論争しない． 〈上司に交代してもなお，攻撃／理不尽な要求が続く場合〉 • 「おっしゃっていることはわかりましたが，このままではこれから先のことを△△さんと私たちが話し合っていくことはむずかしいですので，今日はお引き取り願えますか．後日，改めてお話したいと思います．」などとていねいに伝える．自尊心や面子を傷つけるような態度や言い方は極力避ける． • それでも長く居座り攻撃的態度を続ける場合は，「お引き取りください．そうでなければ警察に通報します．」と言って，警察に通報する．

脅しへの対処：相談援助の場面

「仕事をやめさせてやる.」「土下座しろ.」「今，包丁を持って行くから待ってろ.」「死ね．死ぬまで呪ってやる.」「ネットに書くぞ.」働いている部署にもよりますが，相談援助職はこうした脅しを長期に渡って受けることがあります．脅しは精神的暴力の1つですが，怒鳴る，暴言を吐くなどが対面場面で起きることが多いのに対し，脅しは電話や手紙，メールなどによっても起きます．匿名の場合もあります．特定の対象に向けて繰り返し行われる傾向があります．脅しは，5章でも見た通り，受けたものに恐怖を植え付けることでトラウマをもたらすおそれがあります[28].

脅してくる利用者の家や職場がたまたま自分の住んでいる地域にあったりすると，偶然出会うのではないか，ストーカーされるのではないか，と強い不安や身の危険を感じます．家庭をもっている相談援助職の場合，脅しが家族，とくに子どもにも及んだらどうしようとさらに強い恐怖を感じることになります[29].

脅しを受けたら，図表7-12に記したような文言，たとえば，ていねいに，「そうおっしゃるのであれば，私はこれ以上お話を続けることができません．申し訳ありませんが本日はこれで終わらせていただきます.」と電話を切る，あるいは，速やかに退出し，上司に報告・相談します[30]．上司が交代して話を

28　委託型地域包括の主任ケアマネジャー（No5）によると，こうした脅しだけでなく，「あんたのところは何もしてくれない.」「市のほうに今からクレームしてやる.」などと家族が事業所への不満や恨みを訴える電話も非常に多いということです．こうした電話への対応も「小刻みな精神労働で，職員の精神衛生上よくない.」ということです（副田 2019b のインタビュー調査）.

29　副田（2019b）のインタビュー調査で，行政機関の生活保護担当ワーカーの1人，地域包括の2人がこうした体験を語っていました.

30　脅す行為を取る利用者には，境界性パーソナリティ障害や反社会的パーソナリティ障害，また，被害妄想的精神障害の人のことが多いと言われています．こうした人々と関係性を作り支援している過程で，脅し行為がなされた場合，その行為の背景にあるフラストレーション，不安，パニック等を理解し，治療的に関わるということもあります．しかしその場合でも，どのような対処がよいかわからないときは，専門家にコンサルテーションを求め，支援を受けることが勧められています（Newhill 2003. pp. 176-177）.

しようとしても，脅しが続くようであれば，話を打ち切ります．土下座や解雇の強要は強要罪，「殺すぞ」「死ね」などの脅し文句を並べるのは脅迫罪，「慰謝料を〇万円払え」「迷惑料を払え」などの金品の要求は恐喝罪，相談室や機関内で大声をあげて騒いだり，机を蹴って威嚇するなどは威力業務妨害罪，「お引き取りください．」と言っているにもかかわらず，相談室や機関内に居座り続けるのは不退去罪[31]，にあたる可能性があることを理解の上，法人等の顧問弁護士や警察に相談します[32]．また，関係機関にも連絡を入れます．

(4)　安全性を高めるケア／支援アプローチ

暴力・ハラスメントのリスクのある人，ない人に関係なく，介護職や相談援助職が支援の過程を，利用者・家族にとって安全なものにしていくことができれば，職場は職員にとっても安全なものになるはずです．

安全性を高めるケア：介護場面

先に見たカンフォータブル・ケアは，ディエスカレーションとしてだけでなく，日ごろの認知症ケアとして実践することで，認知症者が心地よく生活できる機会を増やし，結果として，易怒性・攻撃性が高くなる認知症中期の高齢者の攻撃の機会を減少させるという予防効果をもたらす可能性があります[33]．しかしそれが，認知症者の尊厳を尊重し，その安全と安心を守るといった理念なしに，その攻撃性を管理するという視点から実践されるならば，あるいは，種々の「困った出来事に振り回されない」よう，虐待につながる介護職の「陰性感情」を管理することを目的に実践されるならば，その実践はかえって攻撃

31　これらの法律知識については援川（2018）p. 177.

32　身体的虐待を理由に，老人福祉法によるやむを得ない措置によって老親を分離保護され，居場所を知らされないことに怒った息子が何度も役所にやってきて，窓口で「母親を返せ，居場所を教えろ」と何十分も怒鳴ったり，担当ワーカーに電話して「お前のところには小学校にいる子どもがいるよな．」と凄み脅した事例では，上司が警察に通報しました（筆者が高齢者虐待防止法ができて間もないころに研修参加者から聞いた話）．

33　カンフォータブル・ケアを実施するようになった結果，不穏時に使用する薬剤の使用量が減少したという報告もあります（楝方 2020. p. 17）.

性や不安を強化するおそれがあります[34].

認知症ケアの方法として，近年，日本の介護施設で実践されるようになったユマニチュードには，暴力などのBPSDの減少という効果のあることが実証されてきています[35]. これは，認知症者が最後まで人間らしく，その人らしく生きていくことを支えるという理念を実現する方法として生み出されたもので，アイコンタクト，言語コミュニケーション，やさしい接触といった言語・非言語コミュニケーション技法を組み合わせてケアを行います.

どの領域やどの分野であっても，当事者の自由と尊厳，健康と安全を尊重したケアに職員は関心を寄せ，管理職は職員がそれを学べる機会を増やすことが求められます[36].

安全性を高める支援アプローチ：相談援助の場面

暴力を伴いやすい虐待事例に関する相談援助のフィールドでは，近年，リスクアセスメントを行い，リスク要因の減少を図るという問題志向型のアプローチではなく，利用者とともに安全を作っていくという解決志向型のアプローチに関心が寄せられるようになっています. これは，利用者の過去の問題やリスクの原因に焦点を当てて話を聞いていくことで，利用者のフラストレーションや怒りを引き出してしまうやり方とは反対に，問題の「例外」状況や問題への「対処」行動の話を聞き，利用者が望む安全で安心できる未来の状態を，利用者と相談援助職が協働で構築していくというものです[37]. このアプローチは利

34　強烈な不安をもち種々の「困った出来事」を起こす認知症当事者と，それに振り回されまいとするケア労働者との間に，軋轢と対立の関係が生まれてしまうことを，天城はそれぞれのアイデンティティを保持しようとする両者の間の「アイデンティティ・ゲーム」として描いています（天城 2011. pp. 496–501）.

35　Honda, et al. (2016)

36　人材不足に悩む管理職や過重労働に悩む職員の立場からすれば，現場の人材不足が改善しなければそれは無理ということでしょう. しかし，学び実践することで暴言・暴力を減らしていくことができれば，職員の負担，管理職の負担軽減になり，職員の定着促進につながる可能性があります. また，介護の魅力を発信する際の根拠として活用することで，人材確保に役立つ可能性も考えられます.

37　Milner and Myers (2007) pp. 130–140.　解決志向アプローチを児童虐待対応に活用したものに，サインズ・オブ・セーフティ・アプローチ（Turnell and Ed-

用者をエンパワメントし，利用者が自尊感情や自己肯定感を徐々に回復していくことを可能にすることで，相談援助過程の安全性を高めます．

ナラティヴ・アプローチもこうした効果をもたらす可能性をもっています．副田（2019b）のインタビュー調査で，生活保護担当のソーシャルワーカーの語った実践は，心理教育とナラティヴ・アプローチを活用して，利用者と協働関係を作り，利用者をエンパワメントしていくものでした．

> 生活保護利用者との面接のなかで，社会には生活保護利用者イコール社会的に劣等な存在というイメージやそれに基づく偏見が存在するが，それは社会が○○という形で歴史的に作り出してきたものであり，生活保護利用者の問題ではないことを，教科書に書いてあるような事実をもとに説明する，そして，利用者自身も囚われてきたこのイメージによるこれまでの自分の否定的なストーリーを，こうありたい自分の別のイメージを作り，それに向かっていく別のストーリーづくりを手伝っていく．（No. 10）．

当該ワーカーは，こうした実践をうつの人を除いて広く行っているが，その過程で利用者から攻撃を受けたことはほぼないという話でした．

相談援助職には，以上のような安全性を高めるアプローチへの関心を持つこと，相談機関には相談援助職が求める研修の機会を保証することが期待されます．

---

ward 1999），高齢者虐待対応に活用したものに安心づくり安全探しアプローチがあります（副田・土屋・長沼 2012）．

第Ⅲ部
アメリカにおけるクライエントバイオレンス

第８章　アメリカと世界各国の　クライエントバイオレンス

はじめに：クライエントバイオレンスとは何か？

「人を助けること」に引きつけられ，「クライエントを支援することを職にしたい」，それができるソーシャルワーカーという援助職につくことに決心をした者たちが，まさかその助けたい・支援したいと思っていたクライエントから暴力やハラスメントを受けることになるということを，初めから想像した人たちはどれくらいいることでしょう．

ソーシャルワーカーが，クライエントやその家族・関係者からうける暴力やハラスメントについては，アメリカをはじめとする世界各国では，「クライエントバイオレンス」（CV：Client Violence）という言葉で，ソーシャルワーク研究や実践現場で述べられてきました．ソーシャルワーカーに対するクライエントバイオレンスの問題については，過去40年間程，世界中のさまざまな国々で報告されてきました[1]．そして，精神保健福祉，司法福祉，アルコールや薬物依存症，児童・家庭福祉，ドメスティックバイオレンス，シェルターや施設等の現場で，クライエントバイオレンスが発生している実態が報告され，その発生要因や予防対策に関する分析や考察が，ソーシャルワークの研究者間で行われてきました[2]．

ソーシャルワーカーに対するクライエントからの暴力やハラスメントの研究

1　Jayaratne, Croxton, & Mattison（2004），Koritsas et al.（2010），Kosny & Eakin,（2008），Littlechild（2005），Macdonald & Sirotich（2005），Virkki（2008）．

2　たとえば，アメリカではJayaratne et al.（2004），カナダBaines（2004），Kosny & Eakin（2008），Macdonal & Sirotich（2005），オーストラリアKoritsas et al.（2010），フィンランドVirkki（2008），Hintikka & Saarela（2010），イギリス（Littlechild（2005），スロバキアLovašová（2014），イスラエルEnosh et al.（2013），イランPadyab & Gharzinour（2013）等．

は，イギリスで，1978年にハンプシャー州のソーシャルワーカーがクライエントから刺され殺害された事件後，最初に実施されました[3]．その後，多くのソーシャルワーカーが，職場におけるクライエントバイオレンス被害経験を告白し始め[4]，イギリスのその動向に影響され，アメリカでは，1988年以降，その実態について報告されるようになりました．それ以前においても，アメリカでは，ヒューマンサービスの専門職に対するクライエントからの暴力やハラスメントの問題については，精神医学や看護の領域で，「ペイシェントアビューズ」，「ペイシェントバイオレンス」等という言葉で，患者からの精神科医や精神科病棟で働く看護師に対する暴力やハラスメントについての実態が報告されてはいました[5]．また，精神科医・臨床心理士・ソーシャルワーカーすべてを含めた精神療法家に対するクライエントからの暴力やハラスメントの量的実態調査が1970年代初期にオハイオ州において実施されていました[6]．しかし，ソーシャルワークの領域でソーシャルワーカーの経験に焦点を置いた実態調査は，1980年代後半以降で[7]，「クライエントバイオレンス」という用語が，アメリカのソーシャルワーカーや研究者間で使用されるのは1990年代以降になります[8]．

クライエントバイオレンス（以下，CVと略記）という用語は，国際的にさまざまな研究で多様に定義されてきました．アメリカにおいて，Newhillは，CVを次のように定義しています[9]．「CVとは，クライエントやその家族，関係者から受けた①所有物の損害，②脅迫，③身体的攻撃である．」また，Beaverは，所有物の損害に「意図的」という言葉を付け，脅迫と言葉の暴力を区別し，過去のクライエントからの暴力も加え，CVを「ソーシャルワーカーやその他の職種のサービス提供者に対する，サービス申請者・利用者・以前のサ

3　Crane (1986).

4　Rowett (1986).

5　Lanza (1983), Levy & Harticollis (1976), Lion et al (1981), Madden, et al. (1976), Ruben, et al. (1980).

6　Whitman, Armao, & Dent (1976).

7　Schultz (1987, 1989).

8　Beaver (1999), Newhill (1995, 1996), Newhill & Wexler (1997).

9　Newhill (1995, 2003).

図表 8-1　アメリカや諸外国におけるクライエントバイオレンスの形態

精神的暴力	
言葉の暴力	怒鳴る，侮辱する，唾をはく，言葉のセクシュアルハラスメント，乱暴な言葉の使用，悪口を言う，嘲笑う，雑言する
脅迫	身体的暴力をふるうと脅す，上司にクレイム申し立て，脅迫電話，法的訴訟，ストーキング
所有物の損害・窃盗	個人の所有物の損害・窃盗，組織の所有物の損害・窃盗
身体的暴力・そのおそれ	叩く，押す，蹴る，平手打ちする，かみつく，圧迫する，目がけて物を投げる，胸ぐらをつかむ，刺す，射撃する，性暴力

ービス利用者からの意図的な所有物の損害，脅迫，言葉の暴力，行使されそうになった・実際に行使された身体的暴力」と定義しています[10]．Criss は CV 研究のなかで，この Beaver の定義を使用しながらさらに，「法的訴訟（訴訟に訴えるという脅し・実際の訴訟）」も，CV の１種類としています[11]．Jayaratne らが，ソーシャルワーカーに対する訴訟が増加し，法的訴訟により，ソーシャルワーカーのうつ症状と不安症が増大したことから，この種類の暴力も，CV の定義のなかに入れたほうが良いと提案したためです[12]．

アメリカ以外の国，たとえば，イランにおける CV の全国調査では[13]，WHO（世界保健機構）による暴力の定義を，そのまま CV の定義として使用，CV を「クライエントからワーカーに対する身体的暴力（叩く，蹴る，平手打ちする，押す，射撃する，刺す，かみつく，圧迫する）と精神的暴力（言葉の暴力，いじめ・集団によるいじめ，ハラスメント，脅迫）」と定義しています（ILO/ICN/WHO/PSI, 2003）．

本章，次章で用いる CV の用語は，Newhill，Beaver，Criss の定義を混合させて，以下のように定義します．

「CV とは，クライエント（以前のクライエントも含む）やその家族，関係者か受けた①意図的な所有物の損害・窃盗，②脅迫　（「法律訴訟による脅迫」も含

10　Beaver（1999）p. 10.

11　Criss（2010）.

12　Jayaratne et al（1996）.

13　Padyab, Ghazinour, & Richter（2013）.

む)，③言葉の暴力，④行使されそうになった・実際に行使された身体的暴力である.」

以下，アメリカや世界各国のCVに関するこれまでの40年間の研究を，①アメリカと世界各国のクライエントバイオレンスの実態，②クライエントバイオレンスの危険要因，③クライエントバイオレンスによるソーシャルワーカーと組織への影響，の3つのテーマに分けて述べていきます.

1.　アメリカと世界各国のクライエントバイオレンスの実態

(1)　アメリカにおける実態

アメリカにおいては，CVのソーシャルワーカーへの被害調査が州レベルや全国レベルで実施されてきました[14]. 1980年代後半には，ウェストバージニア州の150名のソーシャルワーカーを対象としたアンケート調査により，回答者の3分の2のソーシャルワーカーが身体的暴力を一度は受けていたことが報告されています[15]. 1990年代後半，ペンシルバニア州とカリフォルニア州で，全米ソーシャルワーカー協会の会員の1,129名のソーシャルワーカーを対象に大規模アンケート調査が実施され，57%のソーシャルワーカーがキャリアのなかで，1種類もしくは多種類のCVを経験しており，83%のソーシャルワーカーが脅迫を受けたことがあり，40%のソーシャルワーカーが身体的な暴力を受けそうになった・もしくは実際に受けていたことが明らかになりました[16]. また，社会サービスと資源の縮小に伴い，サービスがなかなか提供されずに挫折するクライエントからのソーシャルワーカーに対する暴力件数が年々増加していることが指摘されました[17].

このようなCV研究の結果を踏まえ，アメリカ労働省の連邦機関の労働安全衛生管理局（OSHA:Occupational Safety and Health Administration, 2004）は，

14　Newhill (1996, 1997), Ringstad (2009).
15　Schultz (1987, 1989).
16　Newhill (1996).
17　Ray (1996).

1998年，医療・福祉現場で働くソーシャルワーカーは，職場で暴力の被害に遭う危険性が高いことを確認し，医療・福祉現場のソーシャルワーカーに焦点を当てた，職場における暴力防止ガイドラインを策定・公表しました．

2000年代以降も，全国レベルの調査によって，65%から86%のソーシャルワーカーがそのキャリアの中で，CVを経験していることが明らかになっています[18]．また，アメリカ中西部の4州の都市部と地方の児童福祉および生活保護領域の現場で働く171人のソーシャルワーカーを対象とした調査でも，半数以上（56%）の者が，クライエントから脅迫を受けており，大多数の児童福祉・生活保護ワーカーが言葉の暴力・侮辱を受けていたことが報告されました．また，この調査では，10%のワーカーが，クライエントから身体的な暴力を受けており，多くの児童福祉・生活保護ワーカーが，クライエントの家庭訪問をする際に，危険を感じていたことが言及されています[19]．

さらに，全米ソーシャルワーカー協会に属する941人のソーシャルワーカーへのCV全国調査によると，22.8%のソーシャルワーカーが仕事中に身体的暴力を受けそうな状況に遭遇しており，3.3%の者が実際に身体的暴力を受けていました．また，15.1%のワーカーが，クライエントにより法的訴訟を起こすと脅された経験があり，1.4%の者が実際に訴訟を起こされた経験を持っていました．約半数（49.3%）の者が，クライエントから言葉の暴力を経験しており，8.4%の者が性的な言葉の暴力を受けていました[20]．同じく全米ソーシャルワーカー協会のソーシャルワーカーを対象とした別の全国調査によって，半数以上のソーシャルワーカー（62.3%）が精神的暴力を，14.7%のワーカーが身体的暴力を受けていたことが実証されました[21]．全米ソーシャルワーカー協会が行った全国調査においても（National Association of Social Workers [NASW] & University at Albany, 2006），ソーシャルワーカーの約半数（44%）が，職場での安全性を脅かされる問題に直面していたことが確認されました[22]．

18　Jayaratne, Croxton, & Matüson (2004), Ringstad (2005).
19　Shields & Kiser (2003).
20　Jayaratne, Croxton, & Matüson (2004).
21　Ringstad (2005).
22　National Association of Social Workers [NASW] & University at Albany (2006).

2010年以降は，州レベルでCVの量的調査がいくつか実施されています．マサチューセッツ州の40社会福祉組織（その半数が高齢者福祉組織）に対して行われた，CV経験に関するオンラインのアンケート調査では，1,049件の身体的暴力と言葉による脅迫が報告されました[23]．とくに，高齢者に対応するワーカーのなかで，97%の者が言葉の暴力を受けており，高齢者以外のクライエントに対応しているワーカーの方が言葉の暴力以外の形態の暴力を多く受ける傾向にあります．調査対象組織の中で生じた全てのCV事件件数のうち，87%の件数は，高齢者以外のクライエントに対応しているワーカーが経験したものでした．フロリダ州では半年以内に新規に雇用された1,306人の児童福祉ソーシャルワーカーにCV経験に関する調査が実施され，76%の者が雇用されてから2-3か月後に，なんらかの形態のCVを経験していたことが報告されています[24]．

サウスカロライナ州の554人のソーシャルワーカーに対して実施された安全性に関するニーズアセスメント調査では，32.8%のワーカーが言葉の暴力や脅迫を受け，7.1%のワーカーが大人のクライエントから，8.9%のワーカーが青少年のクライエントから身体的暴力を受けていることが明らかにされました．また，約12%のワーカーが実際にCVを目撃し，31.3%のワーカーが現場で起きたCVを見聞きしていました[25]．

以上，アメリカのCV実態に関する研究結果を述べてきましたが，アメリカ以外の諸外国でも，CVの実態調査は実施されてきました．

(2)　世界各国の実態

カナダでは，CV実態調査が2000年以降にいくつか実施されてきました[26]．オンタリオ州のソーシャルワーカー協会に属する300人のソーシャルワーカーへのアンケート調査によると，87.8%のワーカーはキャリアの中で少なくとも一度は言葉の暴力を経験しており，63.5%のワーカーが身体的な暴力を振

23　Zelnick et al. (2013).

24　The Florida Study of Professionals for Safe Families (2018).

25　Guest (2021).

26　Baines (2004), Kosny & Eakin (2008), Macdonald & Sirotich (2005).

るわれそうな脅威を経験したことがあり，28.6％のワーカーが一度は身体的暴力をクライエントから振るわれる経験をしていたことが確認されています[27].

オーストラリアでは，オーストラリアソーシャルワーカー協会に属する1,000人のソーシャルワーカーへのアンケート調査が実施されています．67％のソーシャルワーカーが調査時の前年において，言葉の暴力，所有物の破損や窃盗，脅迫，身体的暴力，性的暴力のいずれかの暴力を一度は受けており，もっとも多い種類のCVは言葉の暴力と脅迫でした．具体的には，57％のワーカーが言葉の暴力を，18％のワーカーが所有物の破損や窃盗の被害を受け，47％のワーカーが脅迫を，9％のワーカーが身体的暴力，16％のワーカーが性的暴力の被害を受けていたことが明らかになっています[28].

韓国においては，413人の児童虐待に対応するソーシャルワーカーとコミュニティソーシャルワーカーへのアンケート調査によって，前者の方が後者よりもCVを頻繁に受ける傾向にあることが報告されています[29]．また，ソウル市内のホームレスの人たちをサポートする29の社会福祉組織に対して行われたCVの実態調査によると，70％以上のソーシャルワーカーが身体的暴力を，78.5％のワーカーが精神的な暴力を，53％のワーカーが所有物の損害を，ホームレスのクライエントから受けていました[30].

スロバキアにおける315人のソーシャルワーカーへのアンケート調査では，多くのソーシャルワーカーが言葉の暴力をクライエントから受けており，怒鳴られたり（82.9％），乱暴な言葉使いをされたり（69.8％），侮辱を受けた（57.1％）経験をしていたことが報告されています．また，42.4％のワーカーが，身体的に暴力を振るわれそうになった経験があり，17.1％のワーカーが，実際に身体的な暴力を受け，37.5％のワーカーが，所有物に損害を与えられていたことが明らかにされています[31].

イランにおいても，390人のソーシャルワーカーに対する全国調査が実施さ

27　Macdonald & Sirotich (2005).
28　Korisas et al (2008).
29　Shin (2011).
30　Choi & Choi (2015).
31　Lovašová (2014).

れ，247人（63%）のソーシャルワーカーが，CV（身体的暴力，精神的暴力，もしくは双方）を，過去1年以内に経験していたことが報告されています[32].

上記のCV実態調査をまとめると，アメリカと世界各国のソーシャルワーカーに関して，次のことが共通して言えます.

1. ソーシャルワーカーの大半が，そのキャリアのなかで，少なくとも一度は，言葉の暴力や身体的暴力，脅迫，所有物の損害等のCVを経験しています.
2. クライエントからの言葉の暴力を，もっとも頻繁に受けています.
3. クライエントからの所有物の損害や脅迫も，日常的に受けています.
4. 半数以上のソーシャルワーカーは，過去1年以内に，身体的暴力を経験しています.

(3)　学生たちのクライエントバイオレンス被害

ソーシャルワークの学生で実習に行く者たちのCV被害の調査が，アメリカでは1980年代以降実施されてきました[33]. たとえば，Star（1984）は，CVがソーシャルワークの学生にとって実習を始めた際のもっとも重要視すべき問題の1つにあげています．1996年の調査では，43.6%のソーシャルワークの学生が，実習先でソーシャルワーカーのCV体験の話を聞いていたり，その現場を直接見ていたことが報告されています[34]．258大学のソーシャルワークプログラムの実習担当ディレクターを対象とした全国調査では，調査に回答した42%の大学のソーシャルワークプログラムのなかで，過去2年間，クライエントによって脅迫された経験を持つ学生が少なくとも1人はいて，身体的に暴力を受けた学生も少なくとも1人はいたことが報告されています[35]．2010年には，全米ソーシャルワーカー協会に属するソーシャルワーク修士課程プログラ

32　Padyab & Ghazinour (2013).

33　Ellwood & Rey (1996), Faria & Kendra (2007), Knight (1996, 1999), Lyter & Abbott (2007), Mama (2001), Tully, Kropf, & Price (1993), Wayne & Raskin (1996).

34　Ellwood & Rey (1996).

35　Reeser and Wertkin (2001).

ム（MSW）と，ソーシャルワーク学士課程プログラム（BSW）の 595 名の学生を対象にした，実習先における CV 被害経験に関する全国調査が行われています．その調査の結果，41.7% のソーシャルワークの学生が，クライエントから 1 種類以上の CV を直接的に経験しており，37.5% の学生が言葉の暴力を，3.5% の学生が身体的暴力を経験していました．また同調査で，60.2% の学生が CV を直接経験，もしくは目撃しており，クライエントから訴訟を起こすと脅迫されていました．さらに，ほどんとの学生が CV を今後再び経験するのではないかとの不安を増大させていました[36]．

アメリカ以外の国でも，ソーシャルワークの学生に対する CV 調査が行われています．たとえば，イランで実施されたソーシャルワークの学生への調査によると，ほどんとの学生が実習において CV を経験していることが明らかにされ，CV の問題は，ソーシャルワーク実習教育の中で，危機的介入を必要とするもっとも深刻な問題の 1 つとして指摘されています[37]．

2.　クライエントバイオレンスの危険要因

CV はいくつかの要因が組み合わさって発生する傾向にあることが，アメリカや世界各国の多くの CV 研究者により指摘されてきました[38]．クライエントとソーシャルワーカー個人の要因および社会サービス組織の要因の混合が，CV を発生させる要因になり得ると主張されています[39]．以下，その CV を発生させる危険要因を，マクロ危険要因・メゾ危険要因・ミクロ危険要因に分けて説明していきます．

(1)　マクロ危険要因

CV が発生するマクロ危険要因として，①社会における暴力や犯罪の影響，

36　Criss, (2010).

37　Savaya, Gardner, Stange (2011).

38　Newhill (1996, 2003), Jayaratne et al. (1996, 2004), Robson, Cossar, Quayle (2014).

39　Enosh, Tzafrir, & Gur (2012).

②メディアによる影響，③経済の低迷による貧困・生活困難と社会サービス・資源の縮小，④組織の階層構造や年功序列制度，⑤組織の暴力認識と文化，⑥専門職アイデンティティ，をあげることができます．

①社会における暴力や犯罪の影響

アメリカのCV研究者たちは，社会全体で発生する暴力や犯罪の増大が，CVに影響を及ぼしていると指摘しています[40]．とくに，一般市民による銃の所持が法的に認められているアメリカ社会では，銃の射撃事件や人種差別を巡るヘイトクライムが近年増大し，このような暴力・犯罪事件の一般化が，ソーシャルワークの現場で，日常的にクライエントから引き起こされる暴力行為に影響を与えていることが考えられます．

②メディアによる影響

暴力的シーンは，ニュースやテレビドラマ，映画，ビデオゲーム，音楽のなかで日常茶飯事に表現されています．こうしたメディアによって，表現されている暴力を毎日見聞きするうちに，人々は，暴力行使によって問題を解決することが効果的手段であると認識するようになったり，暴力によるコミュニケーションが権力や注目を得るための手段であると思うようになる可能性があります[41]．それは，暴力的手段でソーシャルワーカーからサービスや資源，尊厳を得ようとする行為に影響を与えていることが考えられます．

③経済の低迷による貧困・生活困難と社会サービス・資源の縮小

世界的な経済の低迷により，とくに近年のコロナ禍により，世界各国で失業率の増加や給与の減額が進み，人々は貧困・生活困難に直面して多くのストレスを抱えています．また，経済不況の影響で社会福祉組織が財源や資源を失い，クライエントに思うようにサービスを提供できない現実に直面しています．日常生活のなかで抱える貧困・生活困難から，社会福祉組織にサービスを求めても，期待通りのサービスをもらえないことに，クライエントは憤りと絶望を感じます．そして，自尊心を傷つけられ，ソーシャルワーカーに対する敵意を増大させて攻撃・暴力を加える可能性があります[42]．

40　Newhill (2003), Weinger (2001).

41　Newhill (2003).

42　Godwin, Patterson, & Johnson (1999), Newhill (2003), Ray (1996), Weinger

④組織の階層構造や年功序列制度

厳格な階層構造や年功序列制度のもとで運営されている社会福祉組織においては，雇用されている各々のソーシャルワーカーが，自己主張や自分の仕事を正当化していくことがむずかしく，組織から圧力を加えられ，組織の政策・上司の要求するままに，日常の職務をただ実行していかなければならず，自分の考えやアイディア，意思が組織のなかで自由に反映されないことがあります．もし，そのような組織で働くソーシャルワーカーがCVを受けても，サポートを受けられず，また，組織に予防対策を求めていくことはむずかしく，ソーシャルワーカーがCVから十分に守られないことがあることが考えられます[43]．

⑤組織の暴力認識と文化

Enosh等によるイスラエルの40人のソーシャルワーカーに行ったCVの質的研究では，クライエントのワーカーに対する行動は，ワーカーの態度・行動とそのワーカーが働く職場の双方に影響されたものであると指摘されています[44]．また，クライエントは組織の文化に影響されやすいことも指摘されています[45]．たとえば，組織が暴力を許容したり，暴力行為防止のための教育・予防対策をとらない場合，その組織からサービスを提供されているクライエントも，暴力は許容されるものであると学習し，そのような組織が提供するサービス環境自体が，CVの引き金となることがあります[46]．言い換えれば，組織の経営管理者が，暴力をどのように定義，解釈し，どのように非暴力文化を組織の中に作り上げていくかということが，ソーシャルワーカーをCV被害からどれだけ守れるかにかかってくると考えられます．

⑥専門職アイデンティティ

CV被害に遭う多くのソーシャルワーカーは，ソーシャルワーカーとしての専門職アイデンティティとジレンマを抱える傾向にあります．「クライエントをどのような状況下でも支援しなければならない」，「クライエントが攻撃的な

(2001).

43　Enosh et al. (2012), Koritsas et al. (2010), Martinko et al. (2002).

44　Enosh et al. (2012).

45　Schneider & Browen (1993).

46　Enosh, Tzafrir & Gur (2012).

態度をとっても，クライエントからたとえ暴力を受けても，それに忍耐強く耐えなければいけない，それが『援助職』の仕事である.」との信念を持っているワーカーも少なくありません．組織の経営管理者も，そのような信念を保持し，雇用しているワーカーに「クライエントから攻撃や暴力を受けることは，援助職者としての仕事だから耐えなさい.」と言い，CV への予防防止策を立てないことがあります．そのような専門職アイデンティティの内面化や援助職者としてのジレンマが，ソーシャルワーカーがCV を受けることから回避できない理由の１つであると指摘されています[47].

(2)　メゾ危険要因

クライエントバイオレンスが発生するメゾ危険要因として，①現場のタイプと②ソーシャルワークの分野が挙げられます.

①現場のタイプ

CV の諸研究によると，CV がもっとも多く発生しやすい現場は，グループホームや施設，シェルター，病院の精神科病棟，リハビリテーションのデイケアセンター，クライエントの家であると報告されています[48].

②ソーシャルワークの分野

アメリカやイギリス，カナダ，韓国のCV 研究では，児童・家族福祉の分野でCV の発生率が高いことが報告されてきました[49]．とくに，児童虐待に直接対応するソーシャルワーカーは，頻繁にCV の被害に遭う傾向にあります[50]．例えば，カナダのCV 研究では，身体的暴力が最も頻繁に受けるCV の形態として報告され，52% の児童福祉ソーシャルワーカーが，過去１年間にクライエントからの身体的暴力を経験しており，アメリカのCV 研究では，児童福祉ソーシャルワーカーのほぼ全員が言葉の暴力を経験していました[51]．とりわけ，

47　Enosh et al (2012), Macdonald & Sirotich (2005), Virkki (2008).

48　Zelnick et al. (2013), Choi & Choi (2015).

49　Littlechild (2005b), Newhill (1996), Newhill　& Wexler (1997), Regehr et al (2004), Robson et al (2014), Shin (2011).

50　The Florida Study of Professionals for Safe Families (2018), Newhill & Wexler (1997), Shin (2011).

図表 8-2　クライエントバイオレンスを受けやすい
ソーシャルワーク分野別ランキング

1位	司法福祉
2位	アディクション（アルコール・薬物依存症）
3位	児童福祉
4位	精神保健福祉
5位	障害者福祉
6位	学校ソーシャルワーク
7位	家庭福祉
8位	医療福祉
9位	高齢者福祉

出典：Newhill (1996, 2003).

虐待ケースで親子の分離に介入する際に，CV を受ける傾向にあることが報告されてきました[52]. また，アメリカでは，司法福祉や精神保健福祉・アディクションの分野で働くソーシャルワーカーも，CV を受ける危険性が高いことが実証されてきました[53]. 図表 8-2 は，Newhill の CV 調査結果に基づいて，CV を受けやすいソーシャルワークの分野別ランキングで示したものです.

(3)　ミクロ危険要因

クライエントバイオレンスが発生するミクロ危険要因として，①ソーシャルワーカーの年齢，②ソーシャルワーカーの性別，③クライエントの特徴，を確認できます.

①ソーシャルワーカーの年齢

若年のワーカーの方が，CV を受ける傾向があると実証されてきました[54]. たとえばアメリカでは，941 人のソーシャルワーカーに対するアンケート調査

51　Horejsi et al. (1994), Regehr et al (2004), Ringstad, R. (2009), Rbson, et al (2014).

52　Horejsi et al. (1994), Littlechild (2005b).

53　National Association of Social Workers [NASW] & University at Albany (2006), Newhill (1996, 2003).

により，45 歳以下の比較的年齢の若いソーシャルワーカーが，クライエントから暴力を受ける危険性が高いことが報告されています[55]．また，児童福祉ソーシャルワーカーへのフロリダ州全体の CV 調査においても，20 歳代（80%）と 30 歳代（77%）の児童福祉ソーシャルワーカーの方が，40 歳代とそれ以上の年齢層のワーカー（67%）よりも，CV を多く受けていたことが実証されています[56]．オーストラリアでも，1,000 人のソーシャルワーカーを対象としたアンケート調査により，若年のソーシャルワーカーの方が CV の被害に遭いやすい，とくに言葉の暴力や脅迫，所有物の破損の被害にあう傾向にあることが証明されています[57]．

②ソーシャルワーカーの性別

アメリカや世界各国の CV 研究においては，女性のソーシャルワーカーの方が CV の被害に遭いやすいとの説と，男性のソーシャルワーカーの方が CV の被害に遭いやすいとの説の双方に分かれ，男女のどちらが CV の被害に遭いやすいかは，CV 研究者の間で未だ議論中です．しかし，女性のソーシャルワーカーの方が，CV 被害の形態として，所有物の損傷や窃盗の被害に遭う傾向にあることが，アメリカ，イギリス，オーストラリアの CV 研究で実証されています[58]．一方，アメリカの 1,129 人のソーシャルワーカーへのアンケート調査や[59]，全米ソーシャルワーカー協会に属する 181 人のソーシャルワーカーへのケーススタディでは，男性のソーシャルワーカーの方が重度な問題を持つクライエントのケースを担当する傾向にあるため，CV の被害に遭いやすいことが実証されてきました[60]．イスラエルの研究においては，男性のソーシャルワーカーの方が女性のソーシャルワーカーよりも，クライエントによる所有物の破

54　Choi & Choi (2015), Jayaratne et al. (2004), Koritsas et al. (2010), Martinko et al. (2002).

55　Jayaratne et al. (2004).

56　The Florida Study of Professionals for Safe Families (2018).

57　Koritsas et al (2008).

58　Jayaratne, Croxton, & Mattison (2004), Robson, Cossar, & Quayle (2014), Rey (1996), Shields & Kiser (2003).

59　Newhill (1996).

60　Lowe (2011).

損や身体的暴力を経験する傾向にあり，クライエントからの脅迫・言葉の暴力においては性差がなかったと報告されています[61]．しかし，いくつかの研究では，CV被害のソーシャルワーカーの性差を分析できていないのが現状です[62]．

③クライエントの特徴

CVのミクロ危険要因として，クライエントの性別，年齢についても諸外国のCV研究の中で指摘されてきました[63]．年齢としては，若年層がもっともワーカーに攻撃を加える傾向にあることが指摘され，大人は脅迫行為をワーカーに加える傾向があるのに対して，若年層は所有物の損害や身体的暴力を加える傾向にあることが，アメリカの研究で報告されています[64]．また，CVを起こすクライエントの性差においては，男性のクライエントの方が，ワーカーに暴力的行為（主に，所有物の損害，脅迫，身体的暴力）を加える傾向にあることがアメリカの研究で報告されています．反対にイギリスの研究では，児童虐待に対応する現場において，女性のクライエントの方がワーカーに対して言葉による脅迫と身体的暴力を犯す傾向にあることが確認されています[65]．

また，CVのミクロ危険要因として，クライエントが抱える問題についても指摘されてきました．とくに，児童虐待に対応するソーシャルワーカーが親との面会や家庭訪問の際に，加害者である親から敵意や恐怖感を持たれるため，CVを受けるリスクが高いことが報告されてきました[66]．また，精神的・アディクション問題を抱えているクライエントは，セルフコントロールをすることがむずかしく，CVを起こすリスクが高いと言われています[67]．さらに，学習障害者に対応するワーカーは，精神的な暴力をクライエントから受ける傾向に

61　Enosh & Tsafrir (2015).

62　Padyab, Chelak, Nygren & Ghozinour (2012), Lovašová (2014), Winstanley & Hales (2008).

63　Koritsas et al. (2010), Martinko et al. (2002).

64　Newhill & Wexler (1997).

65　Littlechild (2005a, 2005b).

66　The Florida Study of Professionals for Safe Families (2018), Newhill & Wexler (1997), Shin, (2011).

67　Koritsas et al. (2010), Martinko et al. (2002), Newhill (1996, 2003), Regehr (2011).

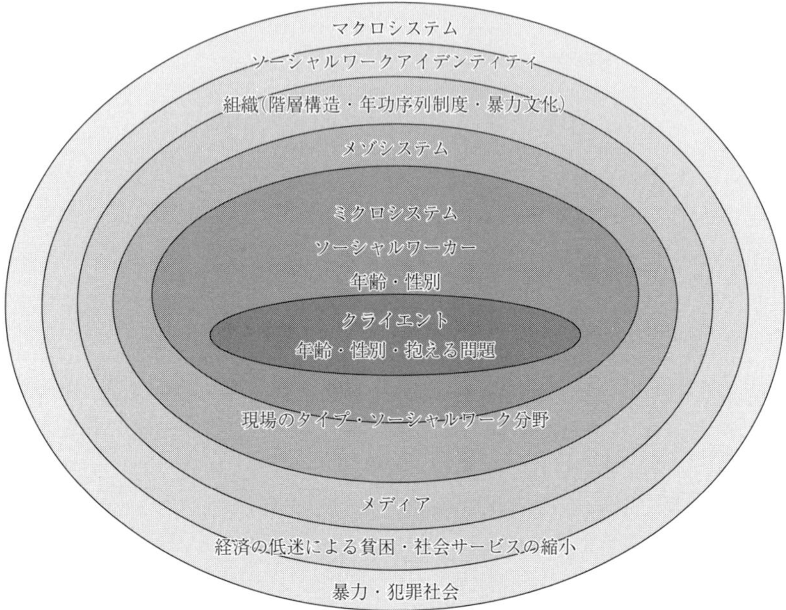

図表 8-3　エコロジカルモデルから見たクライエントバイオレンスの危険要因

あることが報告されてきました[68].

アメリカや世界各国の研究から，CV 発生の危険要因についてミクロ，メゾ，マクロシステムの視点で述べてきましたが，図表 8-3 は，これらを Bronfenbrenner の社会的エコロジカルモデルをもとに集約したものです[69].

3.　クライエントバイオレンスによるソーシャルワーカーと組織への影響

CV は，ソーシャルワーカー個人と組織の双方にさまざまな影響を与えることが，世界各国の研究によってわかっています．以下では，それぞれについての研究結果を見ていきます．

68　Hastings (2002).

69　Bronfenbrenner (1979).

(1)　ソーシャルワーカー個人への影響

アメリカ，イギリス，カナダ，オーストラリア，イスラエルでは，CV体験による短期的および長期的な影響として，ソーシャルワーカーの精神的・認知的・行動的レベルにおける損傷に関する実証研究がなされてきました[70].

短期的な精神・認知レベルでの影響としては，ソーシャルワーカーがCV経験後，不安・不安定感，ストレスや恥じらいの感情，脅迫感，孤独感を持つ傾向にあること明らかになっています[71]．とくに，職場で他の暴力も経験するのではないかという不安を持つことが多くの研究で確認されてきました[72]．また，行動面での影響として，内向的，回避傾向，無気力になることが指摘されています[73]．さらに，人間関係形成能力やコントロール能力を失ったケースや，子どもを守ることに自信をなくし，育児も上手くできなくなった児童福祉分野で働くソーシャルワーカーのケース等が報告されています[74].

精神的レベルでの長期的な影響としては，情緒的消耗感，将来同様の暴力事件が起きるのではないかとの不安感や無力感，悪夢や不眠症，うつ症状，侵入性記憶に悩まされる等のPTSD症状が検証されてきました[75]．また，認知レベルでの長期的影響として，攻撃的なクライエントや家族に直面することの多い児童虐待関連の現場で働くソーシャルワーカーは，現実を歪んで解釈したり，虐待者に対して同一化しやすいことが指摘されています[76].

また，ソーシャルワーク実習生がCVを経験した後，CVを再経験するのではないかという不安をもつこと，また，「ソーシャルワークという専門職」に

70　Enosh et al (2012), Horejsi et al. (1994), Newhill & Wexler (1997), Littlechild (2005a, b), Regehr et al. (2004), Stanley & Goddard (2002), Winstanley & Hales (2015).

71　Enosh, Tzafrir & Gur (2012), Harris & Reynolds (2003), Horejsi et al. (1994), Littlechild (2005a, 2005b), Newhill & Wexler (1997).

72　Atkinson (1991), Budd, Arvey, & Lawless (1996), Guy & Brady (1998), Littlechild (2005b), Newhill & Wexler (1997), Snow (1994).

73　Enosh, Tzafrir, & Gur (2012).

74　Littlechild (2005a, 2005b), Rogehr et al. (2004).

75　Enosh, Tzafrir, & Gur (2012).

76　Stanley & Goddard (2002).

対する疑念を持つことも指摘されてきました[77]．たとえば，ソーシャルワーク課程の学生を対象とした全国調査によると，実習先でCVを経験した24%の学生は，CVを再び経験するかもしれないとの不安を抱えていました[78]．また，直接経験するよりもCVを間接的に見聞きすることの方が，将来CVを経験するかもしれないという不安感を一層強めていたことが実証されています[79]．CVによる不安感は，自分が身体的な暴力の被害にあうかもしれない職業に本当に就きたいかどうか，学生に再考させ，ソーシャルワーカーになりたいという意欲や熱意を失わせることに影響を与えていました．

行動的レベルでの長期的影響としては，ソーシャルワーカーの長期間にわたる欠勤等があげられますが，仕事に関する影響は次項で述べることにします．

(2)　仕事と組織への影響

ソーシャルワーカーによるCV経験は各々の仕事の質に影響を与え，それがソーシャルワーカーの働く組織全体に否定的な影響を及ぼすことが，アメリカ，イギリス，カナダ，イスラエル，韓国の研究で報告されてきました[80]．

CVを経験したソーシャルワーカーは，短期的影響として日常的業務が上手くできなくなることが指摘されてきました．たとえば，イギリスの研究では，児童福祉分野で働く約半数のソーシャルワーカーが，CV被害経験後，仕事が以前のように効果・効率的にできなくなったことが実証されています[81]．CVを受けたソーシャルワーカーは，恐怖感を覚え，自信をなくし，クライエントのアセスメントを適切にできず，そのことで，児童とその家族のニーズについて正しい判断と応答ができずに，十分なサポートができなくなった経験をしていました．また，ワーカー自身の安全を守ることと，児童を虐待から保護し安全を守る実践のどちらを優先すべきかの葛藤が大きくなったことも報告されて

77　Enosh, Tzafrir, & Gur (2012).
78　Criss (2010), Barling et al. (2001), Rogers & Kelloway (1997).
79　Horwitz (2006), Newhill & Wexler (1997).
80　Barling et al. (2001), Budd et al. (1996), Enosh et al. (2012), Harris & Leather (2011), Harris & Reynolds (2003), Horejsi et al. (1994), Newhill & Wexler (1997), Littlechild (2005b), Regehr et al. (2004), Shin (2011).
81　Brandon et al. (2008), Littlechild (2005b).

います．その他の短期的な影響として，イスラエルの研究では，ワーカーがクライエントに対して敵意を抱く，家庭訪問を避ける，攻撃的なクライエントに対応することの多い部門から他の部門への異動をリクエストする，といったことが挙げられています[82].

CV 経験後，仕事が上手くできず勤労意欲が低下し，欠勤しがちになる傾向もあります．アメリカの CV 研究においても，児童・家庭福祉分野の組織は，経験後にワーカーの欠勤が続き，職場に影響が出たことが報告されています[83].欠勤の継続は，長期的な影響として，組織内のスタッフチーム間での仕事の効果・効率の低下を招くことが明らかになっています[84]．CV を経験したワーカーの仕事の能力が低下すると，間接的に他のワーカーにも影響を与え，職場全体にネガティブな影響を与えます[85]．組織の部門全体が上手く機能しないことにより，それが組織全体のサービス提供プロセスが上手く機能しないことも指摘されてきました[86].

また，CV を経験したソーシャルワーカーが仕事に対する動機づけを失い，仕事に満足せず，将来再び経験するのではないかという不安が継続することで，離職率の増大やバーンアウト症状の発生により，組織全体が無気力に陥ったことも報告されてきました[87]．それは，組織内で働くワーカーのフラストレーションをさらに高め，組織に対する不信を増大させ，組織全体の達成度と効率性の減少につながったことが指摘されています[88].

下記の図表 8-4 は，以上のソーシャルワーカー個人と組織への短期・長期的影響について，Enosh 等によって作成された図表をもとにまとめたものです[89].

82　Enosh et al. (2012).

83　Newhill and Wexler (1997).

84　Enosh et al. (2012), Horejsi et al. (1994), Newhill and Wexler (1997), Regehr et al. (2004), Littlechild (2005b), Shin (2011).

85　Enosh et al. (2012).

86　Barling, Rogers, & Kelloway (2001), Budd, Arvey, & Lawless (1996), Harris and Leather (2011), Littlechild (2005b).

87　Enosh et al. (2012), Harris & Reynolds (2003), Roger & Kellowway (1997), Shin (2011), Song (2015).

88　Enosh et al. (2012).

図表 8-4　クライエントバイオレンス経験後のソーシャルワーカーと組織の短期・長期的影響

	短期的影響	長期的影響
ソーシャルワーカー	不安感 脅迫観念 不安定感 ストレス 無気力・無力感 屈辱感 告発することの不安 孤独感 低能力（育児能力・人間関係形成能力・コントロール力等の低下） 内向的・回避傾向	情緒的消耗感 暴力への不安 無力感 悪夢・不眠症 うつ症状 PTSD 症状 現実を歪んで解釈 虐待者への同一化 専門職への疑念 長期の欠勤
組織	ワーカーのクライエントへの敵意 ワーカーの葛藤の増大（自身の安全対クライエントの安全） 勤労意欲の低下 家庭訪問を控える 攻撃的なクライエントのケースを別のワーカーに依頼 攻撃的クライエントのいない部署に異動 仕事の効果・効率の低下 集団への適応過程に困難	組織の部門全体が効果・効率的に機能しない サービス提供プロセスの損害 離職，転職 バーンアウト システムに対するフラストレーションと不信 組織全体の無気力 常習的欠勤

出典：Enosh et al. (2012) を参考に筆者作成.

お わ り に

本章では，アメリカや世界各国で発表されてきた過去 40 年程に渡る研究論文をもとに，CV とは何か，諸外国におけるソーシャルワーカー（ソーシャルワークの学生も含めて）に対する CV の実態，CV の危険要因，そして，ソーシャルワーカーと組織への影響について述べてきました.

アメリカや世界各国で働くソーシャルワーカーのほとんどが，そのキャリア人生の中で，少なくとも一度は CV を経験していました．とくに，言葉の暴力

89　Enosh et al. (2012).

や脅迫，所有物の破損を日常的に経験しており，クライエントからの身体的暴力も受けていました．ソーシャルワークを専攻する学生も，実習先で，CV を経験したり，見聞きしたりしていました．

CV の発生に関わる危険要因をミクロ・メゾ・マクロレベルで述べてきましたが，個々のソーシャルワーカーと組織は，これらの危険要因をまず十分に認識をする必要があります．その上で，CV をなるべく発生させないような予防対策をとることが，世界各国で働くソーシャルワーカーとその組織に共通する課題と言えます．また，ソーシャルワーカーを雇用する社会サービス組織は，CV を体験したソーシャルワーカーが陥る，仕事上の不安感，無気力，能力低下等の短期的影響を予測・把握し，ワーカーが長期的にそれを引きずらないように，そしてそれが組織全体にネガティブな影響を起こさないように，ワーカーと組織全体のケアを十分にしていく必要があります．アメリカをはじめとする諸外国で提案されている具体的な CV 予防・対応の対策については，次章で触れます．

第9章　クライエントバイオレンスの経験と予防・対応の対策に向けた提言

ソーシャルワーカーは，クライエントバイオレンス（以下，CVと略記）に関してどのような経験をし，どのような認識を持ちながら日々の仕事のなかでどのように対応しているのでしょうか．このような問題意識を持ち，筆者は2016年から2019年にかけて，アメリカのある1州の多様な実践分野で活動する16人のソーシャルワーカーに，CVの経験と認識に関する半構造化インタビュー調査を行いました．本章では，そのインタビュー調査結果を分析し，まとめたものを報告します．その上で，アメリカのソーシャルワーカーのCVの経験とCVに対する認識・対応方法について記述します．そして，そのインタビュー調査結果とアメリカや世界各国のCV研究をもとに，CVに対する予防・対応と対策について最後に提言します．

1.　クライエントバイオレンスの経験と認識

(1)　インタビュー調査方法

インタビュー調査協力者は，アメリカのある1州内で，多分野に渡って活動する16名のソーシャルワーカーです．スノーボール方式において選出されました．分野別には，児童虐待防止センターから2名，ドメスティックバイオレンスの被害女性のためのシェルターから2名，メンタルヘルスサービスから1名，学校のカウンセリングセンターから1名，青少年自立支援施設から6名，性暴力加害者サービスから1名，病院から2名，ホスピスから1名です．この16名のソーシャルワーカーに対して，CVの経験と認識に関するインタビュー調査を実施しました．インタビュー調査期間は2016年3月から2019年1月で，調査の実施場所は，筆者の職場のオフィスもしくはインタビュー調査者の職場のオフィス・会議室でした．各々のソーシャルワーカーには，個別で会い1人のインタビュー調査者につき，1時間から1時間半程かけました[1].

インタビュー調査をする前に，各々の調査協力者に研究目的や方法等の研究趣旨や個人情報は言及しない等の研究倫理を明確にした研究同意書を読んでもらい，その同意書にサインをもらった後，インタビュー調査を開始しました．インタビュー内容は，調査協力者の了解を得た上で，IC レコーダーを用いて録音しました．この調査研究は，筆者が所属する米国バルドスタ州立大学の研究倫理委員会の承認を得た上で実施されました．

インタビュー調査では，最初に年齢，雇用状況，役職およびソーシャルワーカーとしての勤務年数といった基本属性に関する質問をしています．その後，本調査で使用する CV の定義について確認をした上で，ソーシャルワーカーとしての CV 経験や CV の受け止め方について質問をしています．主に，各々のソーシャルワーカーに対して，過去に CV の経験があるか，その際にどのように対応したか，また CV を受けた後にどのような気持ちになったのか，CV をどのように認識しているかについて質問をしました．

(2)　インタビュー調査分析方法

16名の調査協力者のインタビューの逐語録は，コンピューターを応用した定性的データ分析ソフトウェア（Computer Assisted Qualitative Data Analysis Software）である NVivo12 へとインポートされ，データの分析に使用されました．分析データの信頼性と妥当性を高めるために，インタビュー調査データの逐語録に対して，他2名のソーシャルワークの研究者がそれぞれ別個のコーディング[2]を実施しました．2段階のコーディング技術が使用されました．第1段階のコーディングプロセスでは，記述的コーディング（Descriptive Coding），インビボ・コーディング（In-Vivo Coding），符号値コーディング（Value Coding）の手法を取りました．記述的コーディングでは，質的データを読み，そ

1　このうちの10人については，副田も一緒に調査を行っています．なお，インタビューガイドの項目は，日本で行ったインタビュー調査のそれと同じものです．

2　コーディングとは，質的データを特定の話題，テーマなどの視点から近しい部類にまとめていくことです．ラベルのついた小さい箱をいくつも作り，そのラベルに関連のあるデータを，各々の箱に入れていくというような作業です．

の質的データに，トピックに基づいて，1単語や短いフレーズで要約されるラベルを作り，そのラベル毎にデータを分類しました．インビボ・コーディングでは，調査協力者からの単語や短いフレーズをそのままラベルにし，そのラベル毎にデータを分類しました．さらに符号値コーディングでは，調査協力者の価値観，意見，信条という各々の3つを反映するラベル毎に，データを分類しました．第1段階のコーディングプロセスの最終段階で，2名のコード作成者により作成されたコードを比較し，信頼性と妥当性に関する評価がされました．その後，コード改訂が実施されました．第2段階のコーディングプロセスでは，パターン・コーディング技術が使用され，第1段階でコーディング化されたものを，さらに，詳細のカテゴリー・テーマ・概念に分け，グループ化する作業を行いました．このような作業を経て，最終的に，下記の調査結果に示される8つの主要なテーマが導き出されました．

(3)　インタビュー調査結果

インタビュー協力者の年齢は24-61歳で，平均年齢は44.25歳です(SD=12.44)．平均勤務年数は9.03年です（SD=5.32)．協力者のうち8名は現場でクライエントに対応する直接援助提供者で，残りの8名は管理職，そのうち6名の者は直接援助も行っています．

協力者は全員，ソーシャルワーカーとしてのキャリアのなかでCVを経験していました．調査者の過去の仕事の経験から明らかになったCVに対する認識・対応方法について，質的調査分析を行うことで，つぎの8点の共通テーマが抽出されました．①暴力の程度，頻度，きっかけ（n=274）により分類されるCV行為に関するアセスメント[3]，②ソーシャルワーカーとクライエント間の対立を軽減するスキル（n=143)，③クライエントに対する共感（n=141)，④職場からのサポート（n=103)，⑤クライエントに対する健全なコミュニケーションスキルの教育（n=48)，⑥個人的ネットワークによるサポート

3　このnは，各テーマについて，16人の調査協力者から述べられてきた回数を示します．1調査協力者が，1テーマについて，1回のインタビュー中に何回も述べるケースもあり，そのケースの全てを合計した数となっています．

(n=36), ⑦ソーシャルワーカーの専門職意識 (n=35), ⑧個人の安全に関する心的外傷 (n=32).

以下, この8点のテーマごとに, インタビュー調査結果をまとめたものを説明していきます.

CV 行為に関するアセスメント：暴力の程度, 頻度, きっかけ

CVの深刻さの程度に関して, 精神的障害や問題行動を持つ少女たちに諸サービス・教育を提供している青少年自立施設に勤務するソーシャルワーカーは, クライエントから実行された, また, 実行されそうになった身体的暴力についての経験を以下のように述べています.

「6年前ですが, ある少女から強く押されたことがあります. その少女の押し方が非常に乱暴だったので, 後ろに壁がなかったら地面に倒れていたと思います.」

「彼女は私を靴で叩きました. 靴は……ティンバーランドのブーツでした. とても重いブーツです. 彼女はブーツの踵の木製部分で私を叩いたのです. 彼女はブーツで私の肩の辺りを叩きました. 以前は, 私に向かって靴を投げるだけだったのですが, 私には直接当たらずに, 違った方向に当たって跳ね返るだけでした. けれども以前よりも意図的・直接的に, 明らかに傷つける意図で私をぶったのはそのときが初めてでした.」

「私が振り返った時には, 彼女はこのテーブルを頭上に持ち上げて私に当てようとするところでした. すでに行為を実行に移しているところでした. 私の頭を直撃していてもおかしくなかったと思います.」

CVの頻度に関しては, 青少年自立支援施設, ドメスティックバイオレンス被害女性のためのシェルター, 病院に勤務する各々のソーシャルワーカーは, 年々, CVの頻度が増していると感じていました. とくに, 言葉の暴力と脅迫が増加していると述べていました. また, クライエントがソーシャルワーカーに対して暴力を振るうきっかけに関して, 青少年自立支援施設に勤務するワーカーは以下のように言及しています. なお, 文中の (　) は筆者による補足です.

「彼女は, 父親に対してコントロールがつかないほど怒っていました. 彼女は,

その父親への怒りの感情を，スタッフにぶつけていました．私はその日ちょうど，オンコールの担当（緊急時の対応係）でした．ですから私が状況を収めなければならなかったのです．現場に到着したとき，彼女は手のつけようがありませんでした．」

「彼女はスタッフに対してよりも私に対してさらに怒っていました．なぜなら私はとても（少女たちに対して）指示的だからです．恐怖はそれほど感じませんでした．でも，私は非常に（少女たちに対して）命令口調で対応します．大抵，グループホームの部屋に入ると子供たちに『聞きなさい』と言います．これはやめなければいけませんね．（少女たちへの）同情の気持ちはあるにはあるのですが，今度からもう少し引いて，もっと共感を示すつもりです．でも，この手の馬鹿馬鹿しさには共感できません．私にとっては，（少女たちに）教育としつけをしていくことが非常に重要なのです．」

ソーシャルワーカーとクライエント間の対立を軽減するスキル

ソーシャルワーカーのなかには，職場でCVに直面した際にその深刻度に応じて，ソーシャルワーカーとクライエント間の対立を軽減するスキルをそれぞれの独自の方法で体得していました．青少年自立支援施設に勤務するソーシャルワーカーは穏やかな口調でクライエントに話すように心がけていることを次のように述べています．

「常に穏やかな口調を心がけて入居者に伝えるようにしています．『さあ，自分の部屋へ戻る時間が来ましたよ．』彼女は時間にどのように注意を払ったら良いのか分からないのです．確か彼女は中学生だと思いますが，未だに時間の見方がわかりません．加えて，他人が時間やその他のことを誤魔化しているのではないかという疑念にも囚われています．ですからそのときも彼女は，私から時間を誤魔化されていると感じてそれが（CV）が起こった原因になったかも知れません．彼女は『まだ寝る時間じゃないよ．あんたはただ私に部屋に戻ってほしいだけなんでしょ！』というような言い方をしました．私は，『いいえ，本当にもう寝る時間ですよ．』と応対しました．そのときは，（夜の）9時か9時30分でした．」

居住型施設のソーシャルワーカーは，入居者の面前で暴力行為に対処することを避けていました．たとえば，ドメスティックバイオレンスの被害女性のシェルターに勤務するワーカーは，暴力に関わったそれぞれの入居者と個別に別々の部屋でコミュニケーションをとることを心がけていました．また，そのソーシャルワーカーは「入居者は，ワーカと施設での日常生活を共に歩んでいく仲間であり，ともに様々な問題を乗り越え，解決していくことができる.」とのメッセージを入居者に理解してもらおうと働きかけてもいました．たとえばつぎのような対応です．

> 「私は，その他の入居者の前で，CV の状況に対応しないようにしています．そうすることで，その入居者が，（何かトラブルを起こしたとレッテルを張られることで）他の入居者と孤立することがないように，配慮しています．大抵（入居者が）孤立していると感じている時にこそ，（ソーシャルワーカー対入居者間もしくは入居者同士で）対立が起きるのです．（CV が起きた場合は）事務室に（入居者を）連れ出して彼らと個別に話をします．『何か問題がある？』と尋ねてその問題と話し合うことができるかどうか，また一緒に解決法を見つけられるかどうかについても問います．このようなやり方が，互いに尊敬し合いながら，関係性をつくっていくということですよね.」

ドメスティックバイオレンス被害女性のためのシェルターで働くワーカーは，スタッフがクライエントから脅迫に晒されたと感じたときにはつぎのように警察に通報し，介入してもらうべきだと指摘しています．

> 「スタッフは（その時）脅迫を受けたと感じていました．私が思うには，（クライエントから）危害を加えられる恐怖を感じたときにはいつでも当事者を事務室から退室させて警察へ通報することを考えるべきです．恐怖を感じたときには，その場に止まらずに，また深く考えたり，疑問視したりせずに，直にその場で警察に介入してもらい，当事者をその場・施設から退出・退所させる必要があると思います.」

クライエントに対する共感

CV の被害を受けたソーシャルワーカーは，クライエントへ怒りの感情を抱くのではなくむしろ共感を示す傾向にありました．青少年自立支援施設や病院，ホスピスに勤務するソーシャルワーカーは，クライエントからのCV行為が，幼少時期から抱えているトラウマやアディクションの問題等の精神障害や認知症を患っていることから起こっていると理解しており，クライエントに怒りを抱いておらず，次のように述べています．

「彼女はひどい性的虐待と身体的虐待を受けています．母親は（彼女を守るために）何もすることができないでいました．実際のところ，母親は虐待者（の味方をすることの方）を選んだのです．このときまでに，虐待者は家を離れて彼女は母親との関係を修復していましたが，もちろん状況は非常に厳しいものでした．彼女の診断名は，間違いがなければ，精神病性の特徴を伴う双極性障害だったと思います……また彼女は，他の精神疾患も患っていました……」（青少年自立支援施設のワーカー）

「禁断症状を避けるために過度の飲酒をする場合は，彼らはただ本当に症状を避けるために過度の飲酒（暴力行為も含めて）何でもします．彼の場合について（何故CVを起こしたかと）言うと，アルコール依存の状態に戻りたかったのだと思います」．（病院のソーシャルワーカー）

「彼女は認知症なので，私たちは，それ（CVの被害）を大目に見ました．」（ホスピスのソーシャルワーカー）

また，青少年自立支援施設で働くソーシャルワーカーは，CVを行使したクライエントが，その後，落ち着いて次のように謝罪することから，その行為を許容していました．

「その名前は思い出せないのですが，彼らは彼女に，なんらかの注射を打ちました．その後，彼女はかなり落ち着いて私に謝罪しました．私は彼女に大丈夫だと伝えて，もしいつもの彼女ならそんなことはしなかったでしょう，と話しました．彼女がとても大きな問題に対応しようとしていたことを私は知っていたので，彼女を許しました．私が彼女に怒っていなかったので，彼女も，私は怒ってないと思っていたでしょう．」

職場からのサポート

ソーシャルワーカーが従事する諸組織では，CVへの対策やワーカーの安全が脅かされる際の安全対策を講じていました．青少年自立支援施設の管理職者は，自分がオンコールの担当ではない日でも，オンコール担当の同僚のワーカーに，彼女の安全を確認するための電話をしていました．組織のなかには，スタッフ間でチームを組み，CV への危機介入アプローチをチームで行う等の CV 予防対策を実施していることが，次のインタビューの引用からわかります．

「私は，その必要性を感じたことは今までありませんでしたが，私たちには（駐車場にとめてある）車まで，安全に安心して行くことができるように，いつでもエスコートサービスをお願いできます．」（病院のソーシャルワーカー）

「それは（CV への予防対策を設けるかどうかは）おそらく現場のタイプによると思います．病院には，そのようなシステムがあります．明らかに，私たち（病院）には，安全を守る資源があります．エスコートサービスや「バートチーム」という暴力行為を行使しようとする等の危機的状況にあるクライエントに対してチームで介入するアプローチです」（病院のソーシャルワーカー）

「はい（私達の職場は，CV 予防対策を設けています）．私たちはチーム会議を（毎週）開き，（クライエントや CV 対策に関して）同じポリシーを共有しています．私たちの部署にかかわらず，（クライエントや CV 対策に関して）共有したメールをすべてのスタッフに送信しています．（毎週）火曜日に開かれるスタッフによるチーム会議で，それらのことについて話し合います．」（青少年自立支援施設のワーカー）

組織のなかには，新規採用者に対してつぎのようにクライエントの行動パターンについて教育することで，潜在的な CV の危険性について心の準備を促しているところもありました．

「私たちの職場では，CV に対処するサポート体制が整っています．この職場で勤務する職員は皆，子どもたちの行動や（子どもの行動に関して）事前に予測できることについて，職員間で，日常的に共有しています．新しい職員がこの職場に勤務し始める前に，どのようにここでの仕事を始めるべきか，どのようにここで子供たちに向き合っていたら良いかについても教えているため，（新しい職員も，CV に対応する）準備ができています．」（青少年自立支援施設のワーカー）

健全なコミュニケーションスキルの教育

あるソーシャルワーカーは暴力的なクライエントに対して，彼ら自身を擁護して暴力によらずに自分の思いと感情を言葉でもって表現するための健全なコミュニケーションをとるスキルを次のように教育していました.

「彼女が戻ってきたときにはまだ非常に怒っていましたが，同時に（彼女は）とてもお腹が減って疲れてもいました．午前2時頃だったと思いますが，私は彼女にサンドイッチを作ってあげ，それから一緒に座ってそのこと（彼女がワーカーに行使したCV）について話し合いました．彼女は泣いて謝りました．翌日になって，私たちは彼女の父親に電話をかけ，彼女は父親に話すことができ，自分の思いを伝えることができました．彼女が父親と電話で話す前に，彼女が感情を（彼女の父親に）適切に伝えられるように私たちはロール・プレイを行いました.」.（青少年自立支援施設のワーカー）

また，暴力的なクライエントにとってソーシャルワーカーとの関係が，はじめて誰かを信用し，親密なつながりを感じる経験であり得ることを，ドメスティックバイオレンス被害女性のためのシェルターで働くワーカーは，つぎのように述べています.

「言うまでもなく私たちは第一応答者ですから，私が思うには，クライエントとソーシャルワーカーの関係は，まず，ワーカーが彼ら（クライエント）を資源やサービスに繋げ，彼らの人生にその他諸々の変化をもたらす（クライエントにとっては生まれて）はじめての（信頼できる）関係であるでしょうね．もっともこれは仕事上の付き合いではあるのですが，とにかくも私たちは彼らと（健全な）関係性を築きます.」

ソーシャルワーカーが，暴力的なクライエントと健全な関係性を作っていくことで，クライエントに非暴力的コミュニケーションスキルを教育できるというニュアンスで，上記のことが語られていました.

個人的ネットワークによるサポート

ソーシャルワーカーのなかには，個人的なソーシャルサポートネットワークを利用して，つぎのようにCVの経験の共有を行っている人がいました.

「もちろん（私にはCVの経験について話すことのできる誰かがいます），私が信用してこの種の話をすることのできるその他の相談者もいます．たとえば夫だとか……夫は長年の警察官ですから，この類の事例の扱いには多くの経験を積んでいます．そして，彼は良き共感者ですし，（彼から）アドバイスを得ることもできます．」（病院のソーシャルワーカー）

調査協力者のなかには，CVを受けた翌日になるまで，他者に自身の経験を話すことができなかったと述べていた者がいました．彼女によると，他者にそのことを話せるようになるまで時間をおいて気持ちを落ち着かせる必要があったということでした．また，ソーシャルワーカーのなかには，CVを受けたことについて他者に話すことすらできなかった者もいました．そしてつぎのように自身で傷を癒し，クライエントに対して自身のとった行動を責めてもいました．

「私はただ深呼吸をして彼女はまだ10代の少女なのだし，『だめだ』と（直に）私に言われて……（怒ったのだろう），『だめ』という代わりにちょっと一歩引いて，その方法より他に彼女に説明する方法がなかったかどうかと考えました．『だめだ』と言うより他に，多分もっとうまく状況に対処できたはずで，それ（CV）が起きるのをおそらく防げただろうに……何故『だめだ』と言うことしかできなかったのか，本当は（クライエントと）腰を据えて，何故それをすることができないのかをじっくりと話し合うことが大切なんですよね……」（青少年自立支援施設のソーシャルワーカー）

ソーシャルワーカーの専門職意識

CVを経験したソーシャルワーカーは，CVを受け入れた上で，さらに専門職としてのキャリアに徹し，この分野の専門職として従事することが自分の使命であり，自己実現に繋がると考えていました．実践現場で尽力するソーシャルワーカーは，つぎの文章にあるように，その他の専門職者に比べて自分たちがCVを経験する可能性の高いことを自覚していました．

「私たちの職務は状況を収める世間の雑用係なんですから，いつそれ（CV）に遭遇してもおかしくないと思います．おそらく私たちの職種と警察官がそうだと思います．虐待一般に関わる現場ではたいていそのような（CVに直面する際の）

対応を求められますよ．ですからこの職種はその他の専門職よりもはるかにそういった（CV を被る）場面に遭遇する可能性が高いと思います．」（ホスピスのソーシャルワーカー）

ソーシャルワーカーのなかには，たとえ CV を被っても，その職務に非常にやりがいを感じている者もいました．

「その（CV を受けた）後で，私は，『何故こんな仕事をしているんだろう』と考えざるを得ませんでした．私は，『何故こんな仕事をしているんだろう』と心底考えたこともありました．ええ，容易な仕事ではありません．でも本当にやりがいのある仕事なんです．」（青少年自立支援施設のソーシャルワーカー）

青少年自立支援施設で働くあるソーシャルワーカーは，暴力的なクライエントに非暴力的かつ健全なコミュニケーションスキルを教えることで，クライエントの成長を促すことができたことを知り，ソーシャルワーカーという仕事に，やりがいを見出していました．

「彼女（私のクライエント）は自分の感情に向き合い，コントロールする方法を学びました．そして，私たちの施設を去る前のある日，彼女は（私のオフィスに）私の名前を呼びながらやって来て，自分の感情を抑えてコントロールすることができるようになり，以前のように爆発させない方法を教えてくれてありがとう，とお礼を言われたのです……」

個人の安全に関わる心的外傷とそれに関連した感情

CV を被った後で，個人の安全についての心的外傷をもったソーシャルワーカーもいました．ある児童虐待防止センターのソーシャルワーカーは，20 年前に CV を受けて以来，クライエントの家庭訪問のたびに，以下のように胃がキリキリとする緊張を覚えていました．

「もう 20 年以上も前に（クライエントの家庭訪問の際に CV が）起きたことなのに，未だに（その CV 被害の経験は）私を動揺させています．あなたにも今（CV について）話している最中にも，（CV の被害経験を思い出すと）胃がキリキリとする緊張を覚えるのです．未だに，クライエントの家庭訪問をするたびに，同じような感覚を抱いています.」

児童虐待に対応するソーシャルワーカーは，今回のインタビューを受けるまで，CVを受けた結果起こる自身の感情へ注意を払わずにいました．そしてCVの経緯を思い出したときに，いかに動揺するかに気づいたのです．

「……本当のことを言うと，今回ここに向き合ってそのこと（CV被害経験）について話すまで，それがいかに自分を動揺させてきたかについて気がつきませんでした．（ワーカーとして）地域に出向いて，広告を配布したり，あらゆる地域の行事に参加しているときも，未だに，このような動揺を感じています．ただそれを忘れようと，考えないようにしてました．しかし，一度過去のつらい経験の入り口をノックされと，身体が反応してあの感覚が戻ってくる感じです.」

あるソーシャルワーカーはクライエントからテーブルで叩かれそうになったり，車で轢かれそうになってから，その心的外傷の記憶が頻繁に呼び起こされ，常に，テーブルと車に恐怖を覚えるようになりました．

「……その他に（クライエントから）テーブルで私の頭を叩こうとされたこともありました．テーブルと車がもっとも恐ろしい経験でした．車が一番恐ろしかったです.」（青少年自立支援施設のソーシャルワーカー）

(4)　まとめ

以上，インタビュー調査データから見出した8つの共通テーマについて，1つずつソーシャルワーカーのCVの経験と認識・対応方法について述べてきました．その他，確認できたことは，ソーシャルワーカーたちが，自分の職場で1度はCVを経験すると予想していたことです．またつぎのように，職場でCVを目撃して以来，将来，自身にも同じようなことが起こるのではないかと予想し，不安を抱えているソーシャルワーカーもいました．

「恐ろしいとは思っていません．でも常に心のどこかで（CVが起きるのではないかと）緊張を覚えています．いつ何時何が起こってもおかしくありませんから.」（青少年自立支援施設のソーシャルワーカー）

「（施設のなかで，クライエントの）破壊行為があまりに激しいので，スタッフ達がその少女を抑えようとしていました．その晩2人のスタッフが外傷を受けましたから，私にとっては非常に衝撃的なことだったのです．そのとき私は（施設から）採用されたばかりで，以来その出来事は常に私の心の片隅にありました．」（青少年自立支援施設のソーシャルワーカー）

また，あるソーシャルワーカーは，CVを受けることは職場の日常の業務でありふれたことなので，そのようなCVの経験を上司に報告することは躊躇われることだと話しました．

「……こんなことは言いたくないのですが，暴力は些細なことだというような風潮が（病院のなかに）あります．わざわざ上司に上申するほど重要でもないということです．もし，（クライエントとの）ネガティブな対話の結果，（CVが）起こることなのであれば，とにかく上司に話すほど私に深刻には影響しないという前提なのです．」（病院のソーシャルワーカー）

インタビュー協力者との直接の会話を通じて，彼らは全員，CVを「クライエントからの不愉快な攻撃により受ける想定内の職務ストレス」ととらえていることが確認できました．また彼らは，職場でCVを防止するための安全計画が策定され，それに従いソーシャルワーカーとクライエント双方の人権が尊重され，保証されるための十分な待遇を受けられることを望んでいました．

つぎに，どのようにCVに対する予防と対策を立てたらよいかについて，アメリカ・世界各国の文献と，今回のインタビュー調査で明らかになったことをもとに述べていきます．

2.　クライエントバイオレンスの予防・対応に関する対策

(1)　予防・対応に関する対策の必要性

CV経験を軽視する組織風潮

先のインタビュー調査データのなかには，クライエントから暴力を受けることは些細なことであり，上司に報告するほどのことではないとの風潮が組織のなかにあるという記述がありました．また，CV研究の文献では，ソーシャルワーカー自身が，そのような組織の文化に影響され，勤務中にCVの被害を受けることが当然であると思い込んだり，クライエントからの攻撃的行為に遭遇し得るというリスクを無視する傾向があると指摘されてきました[4]．

CVのリスクが軽視・無視される傾向の理由の1つには，CVの多くの種類が実際に見えにくく，報告されにくいことから，CVの問題が顕在化しにくいことが考えられます．前章の文献レビューが示したように，CVのもっとも多い種類は言葉の暴力や脅迫です．多くのソーシャルワーカーは，言葉の暴力や脅迫，ちょっとした所有物の破損のような軽度のCV，そしてストーキング等のような関係性における暴力を日常的に経験する傾向にありますが，言葉の暴力や脅迫のような精神的暴力は，身体的外傷がないために他者からわかりにくく，そのことがCVを温存させやすいということです[5]．

しかし，軽度のCV被害を無視・軽視することで，そのCV被害をケアしないままでいると，それはソーシャルワーカのストレスレベルを増大させ，最終的に，ソーシャルワーカーがPTSD症状を抱えるまでになることが，過去のCV研究から明らかにされてきました[6]．とくに，言葉の暴力は，もっともとらえ難い暴力でありながら，ソーシャルワーカーに対して頻繁に起こされる陰湿なCVであり，もっとも有害な影響をワーカーに及ぼすCVであると認識されてきました[7]．また，言葉の暴力を被ることは，仕事の一部だとしてほぼ受容し，その被害を報告しないという暗黙の文化が組織のなかでつくられていることが，CV研究者たちにより指摘されてきました[8]．さらに，クライエントからの言葉の暴力による被害経験を，件数として数字化して報告することが困難なため，それを報告するシステムや政策を組織内でなかなか作れない現状があります[9]．

4　Virkki (2008).
5　Macdonald & Sirotich (2005), Regehr & Glancy (2011).
6　Stanley & Goddard (2002).
7　Littlechild (2005a).
8　Beddoe et al (1998)，Littlechild (2005a).
9　Littlechild (2005a, 2005b).

言葉の暴力や脅迫の影響

いくら目に見えず，軽度とみなされがちな言葉の暴力や脅迫でも，それをたびたびクライエントから受け，それがソーシャルワーカーのキャリア人生のなかで蓄積されていくことは，ワーカーのなかで非常に痛い心の傷として残り続けると考えられます．前章後半の世界各国のCV文献研究から確認したように，その心の傷や痛みは，ワーカーの充実した仕事の達成と健全な生活に影響を及ぼし，ソーシャルワーカーとしての仕事を継続していくことに支障を与えていきます．Enosh等は，CVは，クライエントからの攻撃の標的にあったワーカー個人だけでなく，組織全体に，情緒・認知・行動面においてネガティブに影響を及ぼすことを，ワーカーへの実態調査から確認しました[10]．ネガティブな組織文化は，クライエントへの支援プロセスにもネガティブに影響を及ぼすと言われています[11]．そのため，組織の管理職者は，CVは容認されるものでないことを明確に公言し，ワーカーの権利のために，また組織全体のために，前章で記述したようなミクロ，メゾ，マクロの視点におけるCVの諸要因を分析し，ソーシャルワーカーがCVの被害にできる限り遭わないよう，CV予防対策を講じる必要があります．

(2)　ワーカーサポート体制の構築

定期的・継続的スーパービジョン体制の構築

スーパービジョンを一人ひとりのワーカーに定期的・継続的に提供する体制を必ず構築し，スーパーバイザーがワーカーとともに，CVが現場で起こり得る可能性とそのリスク要因について話し合うことが必要です．また，スーパーバイザーは，随時，ワーカーが過去1週間以内にCV被害を受けたかどうかのアセスメントとチェックをする必要があります．

チームアプローチ体制の構築

暴力的なクライエントに遭遇した際に，ワーカー1人だけで対応するのでは

10　Enosh, G., Tzafrir, S.S., & Gur, A (2012).

11　Shneider & Bowen (1993).

なく，他のワーカーと協働し，チームで対応することができるように，CVのような危機的状況に即座に対応できるチーム体制を事前に組織内で作る必要があります．前述のアメリカの病院ソーシャルワーカーへのインタビューのなかで，「バートチーム（BERT Team）」というCVのような危機的状況に対応するチームアプローチが，病院内でシステム化されていることが述べられていました．「バートチーム」とは，危機的行動の対応チーム（Behavioral Emergency Response Team）の英語の略で，アメリカの病院で，暴力行為等を行使する危機的状況にあるクライエントを，相談・介入サービスを通して段階的に緩和していく支援チームです[12]．この支援チームは，精神科病棟に勤務する看護師長，精神保健分野の専門家，ソーシャルワーカー等で構成されています．暴力的なクライエントに対応する際に，ワーカー１人だけがそれに対応して危険にさらされることがないように，「バートチーム」のようなチームアプローチを組織内で構築することが求められます．

また，青少年自立支援施設でのインタビューでは，毎週火曜日に職員会議を行い，各々のクライエントに関して情報交換をしているという話がありました．この施設のように，定期的にワーカー間の会議を行い，問題のあるクライエントや暴力的なクライエントについて，情報共有・交換をし，どのように対応していったら良いのかについて，定期的に話し合うことが重要です．

サポーティブな組織文化をつくる

日頃から，同僚や上司に，CVに関して気軽に話せ，CVへの予防・対応方法のアドバイスをもらえるような，仕事に関してインフォーマルに話し合えるような関係性を，スタッフ間で作っておくことも，CV予防・対応の対策の１つです．そのようなサポーティブな組織文化を作るには，組織内でともに食事をする，楽しいイベントやレクリエーション活動等を行う，といったことが効果的であると言われています[13]．

12　Zicko et al. (2017).

13　Kanno & Giddings (2017).

(3)　リスクアセスメントのガイドラインの作成

組織において，各々のクライエントに関して，暴力を振るう可能性がないかアセスメントをし，その可能性がある場合には，そのクライエントに対する対応方法の準備をすることで，CV の発生を予防することができます．たとえば，アメリカでは，①クライエントの背景 / 付帯情報のアセスメント，②クライエントの臨床アセスメント，③ソーシャルワーカーの安全性のアセスメント，④クライエントの生活環境のアセスメントの 4 項目について，図表 9-1 に示すリスクアセスメントのガイドラインを使用し，クライエントが暴力を振るう可能性をクライエントに会う前にあらかじめ判断・準備すべきことが提案されています[14].

(4)　家庭訪問の際の安全対策

前章で指摘したように，ソーシャルワーカーはクライエントの家庭訪問をする際に，CV を被る傾向にあります．ソーシャルワーカーによるクライエントの家庭訪問がサービスの一環である組織は，ワーカーが家庭訪問をする際の安全対策を策定する必要があります．

たとえば，図表 9-2 にある，家庭訪問をする際の安全対策事項を組織内で共有することで，ワーカーの安全を守るための対策を講じることができます[15].

(5)　CV 予防トレーニング

組織のなかで，少なくとも 1 年に 1 度は，CV の予防トレーニングを実施し，組織内のすべてのソーシャルワーカーにそのトレーニングへの参加を義務づけることが必要です．そのトレーニングでは，前章で述べた CV を発生させるミクロ，メゾ，マクロの危険要因を話し合いながら，ワーカー間で認識を共有し

14　なお，図表 9-1 の出典に示した Newhill（2003, & 2021）という表記は，Newhill の 2003 年の文献をもとに作成された CV 予防トレーニングのハンドアウトを，2021 年にウェブサイトからダウンロードしたことを指しています．

15　Lyter & Abbott（2007），Newhill（2003 & 2021），Padyab, Gahzinour, & Richter（2013）.

図表 9-1　暴力的なクライエントのリスクアセスメントに関するガイドライン

①クライエントの背景／付帯情報のアセスメント
* 利用可能な公式文書の確認を行う：過去の入院歴，内服歴，その他の加療歴を含む臨床記録，刑事司法記録（逮捕歴や収監歴など）. * 自己や他者への暴力に関する過去の履歴，あるいは加害者か被害者としての虐待歴の有無についての判断を行う．また過去にそのような履歴のある場合は，きっかけ，対象，状況の評価を行う.
②クライエントの臨床アセスメント
* 傷跡や刺青，特異的な着衣などの暴力を示唆する著しい身体的特徴はすべて注記する. * クライエントの怒り，敵意，興奮状態，強迫行為，暴言について注記する. * どの程度までクライエントが通常の要求や手順に従っているかを，クライエントの行動制御能力を示唆するものとして注記する. * アディクション問題の立証を含む精神障害や健康リスクの有無について診断アセスメントをする. * 他者に対して暴力をふるう可能性があるかを，誰に対し，どのように，いつ，そのような行為に及ぶかを含めて分析する. * クライエントの自己に対する暴力の可能性について情報収集・分析する. * アセスメントの後，同僚に相談し，書面による記録文書を作成する．文書には，十分なアセスメント評価の情報とその情報に対する分析，そしてその情報に基づいて，クライエントが潜在的に暴力行為に及ぶ恐れの可否についての判断と，更に，潜在的な暴力行為を再評価するためのフォローアップ計画を含む.
③ソーシャルワーカーの安全に関する環境アセスメント
* クライエントとその家族の家庭あるいは現場での訪問勤務は，自身の事務所内での勤務とは異なると理解する. * 家庭訪問がクライエントとその家族を支援したいというソーシャルワーカーの明確な意思である一方で，クライエントはその行為を脅迫と受け取る可能性があることを理解する. * クライエントとその家族にかかわる際に，慎重さを決して無視してはならない. * 事前に近隣を観察し，同僚と協議し，地元警察との相談を通じて，近隣の状況の判断を行い情報を得る. * 車を使用する場合は，運転する車に問題がないことを確認し，緊急の救助要請の方法を理解し，また常に車は施錠しておく. * クライエントの自宅へ向かう場合，誰と何が家屋にあるか（例えば，凶器，危険な犬，暴力的な家族など）について自宅での潜在的に起こりうる危険性を理解する. * 過去の同様のクライエントの家庭訪問の際に得た経験を考慮し訪問に備える. * クライエントの状況に関する環境アセスメント * クライエントが現環境で受けている社会的サポートの質はどうか？　十分なサポートは提供されているか？　サポートが皆無か好ましくないものではないか？ * 近隣の社会経済的状況はどのようなものか？　近隣は貧困区域ではないか？　その区域は安定した地域かあるいは一時的な共同体か？ * 日常生活に必要な資源が簡単に手に入るか？ * 近隣の文化的背景はどうか？　近隣が住みやすい地域を作ることに向けて協働しているか？　あるいは問題解決や資力管理のために暴力が黙認，奨励される現場の掟があるか？

出典：Newhill（2003 & 2021）.

ていくことが重要です．また，上記した暴力的クライエントのリスクアセスメントのガイドラインや家庭訪問の際の安全対策を，トレーニングを通して，各々のワーカーと話し合いながら策定していくことが大切です．その上で，以下に記す，CVの被害を被らないための安全な面接設定方法や暴力的なクライエントとの対話スキルを，トレーニングを通して習得する必要があります．

安全な面接方法・環境の設定

暴力的なクライエントに職場の1部屋を使用して面接する場合には，上記した組織内で共有された暴力的クライエントのリスクアセスメントのガイドラインに従い，クライエントがCVを行使する可能性があるかどうかのリスクを判定します．その結果をもとにクライエントとの最初の面接の設定方法を，面接をドアを閉めた状態で単独で行うか，ドアを開けた状態で外部にスタッフが常駐して行うか等を，慎重に決めます．また，面接をする際には，ソーシャルワーカーがCVの危険性から守られるように，安全な物理的環境の設定（クライエントとドアの間に着席する，凶器として使用したり投げることが可能な重い物は置かない等）をすることが重要です．図表9-3は，アメリカで提言されている，ワーカーの安全が保障される面接設定方法のガイドラインです[16]．

暴力的なクライエントとの対話スキルの習得

前述のインタビュー調査のなかで，あるソーシャルワーカーが，クライエントとの「協働的アプローチ」が暴力的なクライエントとの対話をする際に効果的であると述べていました．Lovašováは，スロバキアの315人へのソーシャルワーカーを対象とした調査で，クライエントとコンフリクトが生じたとき，ワーカーとして，「避ける，対決する，妥協する，協働する」という4つのクライエントへの対応方法のなかで，どのスタイルがもっとも効果的であるかを調べたところ，「協働する」というスタイルがCV発生を抑制するのに最良な方法であることを確認しています[17]．クライエントと衝突したときに，どのよ

16　Newhill (2003 & 2021).
17　Lovašová (2017).

図表 9-2　家庭訪問の際の安全対策

①家庭訪問の前に心がけておくべきこと
*自身のペースを守る．同日に多くの家庭訪問を予定しない． *訪問場所と費やす時間の予定を常にスーパーバイザーや同僚に知らせる． *犯罪歴のあるクライエントや危険地域にある家庭を訪問する際には，同僚や警察官の同行を願い出る．同行システムつくる． *車で訪問する場合は，車が故障なく稼働することを確認する．事務所の公車を使用する場合は，ハザードライトやハイビームなど使用する可能性のある車の様々な機能に関する使用方法の確認に数分を費やす．
②事務所外での勤務に際した特別な注意事項
*類似のクライエントの訪問事例の経験を確認する． *不慮の事態が起こりうることを想定し，事前に暫定的な行動計画を立てる． *クライエントをよく知らない場合，訪問区域が高犯罪率区域である場合，また家庭内暴力を示唆する要素のある場合はことのほか警戒する． *車を使用する場合は，車を駐車して車外に出る前に近隣を確認する．出口を塞がれないような居住地に近い場所に駐車する．
③クライエントの自宅に到着した際に注意すべきこと
*家庭訪問により，支援したいというソーシャルワーカーの明確な意思を認識する一方で，クライエントはその行為を脅迫と受け取る可能性があることを再認識する． *クライエントの自宅の出口すべてをメモする． *出入り口ドアの近くから離れない． *車で訪問する場合は，車のキーをすぐ手の届くところにしまう． *暴力に対する懸念のある場合やクライエントをよく知らない場合，台所での面接は決して行わない． *自分が誰であるか，何故訪問したかを明確に述べる． *クライエントやその家族と協働的アプローチでかかわる． *鬱憤を晴らすことは許しても，ネガティブな感情を増長させないようにする． *状況が悪化して差し迫った暴力の兆候がある場合は「その場を立ち去る．」 *クライエントとその家族にかかわる際に，慎重さを決して無視してはならない．

出典：図表 9-1 に同じ．

うにクライエントと「協働」していけばよいのか，トレーニングを通して，ワーカー間で，相互の実践知や成功例を共有し合い，クライエントとの「協働的アプローチ」を学習することが重要です．

また，先のインタビュー調査の協力者たちは，クライエントには穏やかな口調で話すように心がけたり，クライエント一人ひとりと会うようにする等，各々のワーカーの実践知と経験から習得した，クライエントとの対立を軽減させるスキルを使用していました．CV 予防トレーニングのなかで，また実践経

図表 9-3　安全な面接設定方法のガイドライン

暴力的なクライエントと安全な面接をする際の心構え
* 安全第一 * どのような面接設定が最も適切か？ 1) ドアを閉めた状態で単独で行う面接 2) ドアを開けた状態で外部にスタッフが常駐している面接 3) 事務所にスタッフが常駐している環境 4) クライエントを身体的に拘束して行う面接 →その判断を行う際に考慮すべき項目 • 何故クライエントに注目しているか，その状況について理解していること • その状況を生じさせているリスク要因のタイプ • クライエントに会うことで生じる怒りや恐れ等，適切なアセスメントに影響を与えるかもしれない自身の感情的反応 • 安全に関する自身の直感―常に勘を信じること
安全な面接の物理的環境
* 動かしたり投げることが難しい頑丈な家具を使用する． * クライエントとドアの間に着席する． * 可能であれば2箇所の出口を確保する． * 凶器として使用したり投げることが可能な重い物は置かない． * 助けを求める方法を事前に準備しておく． * 自身の身なりに注意を払う． * クライエントの周囲から危険物を撤去する． * 必要があれば護身術について学ぶ．

出典：Newhill の文献をもとに作成されたハンドアウトを参考に筆者作成．

験のなかで学んできた，クライエントとのコンフリクトを軽減させる対話スキルを相互に共有・学習することも役立ちます．さらに，図表 9-4 にあるような，CV 研究者によって提言されている暴力的クライエントとの対話スキルを CV 予防トレーニングのなかで習得していくことも大切です[18]．

脅迫に対する介入戦略の習得

前章の文献レビューにおいても，本章のインタビュー調査結果においても，ソーシャルワーカーはクライエントから，脅迫（ストーキングを含む）を受けていました．クライエントからの脅迫は，クライエントが直面している現状や

18　Newhill（2003 & 2021）．

図表 9-4　暴力的クライエントとの対話スキル

* 冷静で落ち着いた印象を心がける.
* 一方的な命令口調ではなく優しく語りかける.
* 中立の立場を保ち，具体的な方法で明白なことについて意見を述べることから始める.
* クライエントの感情に共感を示す.
* 感情的で非難を含む意見は避ける.
* 名前と所属を伝えて自分が誰であるかを名乗る.
* その場にいる理由を単純明快に述べる.
* クライエントがもつ権利について知らせる.
* コミュニケーションにおいて常に誠実に努める.
* 自身とクライエントとの間に適切な空間が保持されていることを確認する.
* 可能であれば，自身とクライエントの双方が着席する.
* クライエントには常に敬意を払う.
* 非言語コミュニケーションは，言語コミュニケーションと同等に重要であることを認識する.
* 直接のアイコンタクトを持続することは避ける.
* 脅威的でない受容と状況のコントロールとのバランスを保つよう心がける
* クライエントが話し始めた場合は「耳を傾ける」.
* 共感と気遣いの態度を心がけ批判的な態度は避ける.
* クライエントに自身の話を自由に話させる.
* 状況についてのクライエントの見解を得て，何が暴力行為に導いたのかを理解する.
* 自身が状況に関して感じていることを冷静に誠実に伝える.
* 守ることの出来ない約束はしない.

出典：Newhill (2003 & 2021).

提供されるサービスに対して落胆やフラストレーションを感じていることから，ワーカーに対して起こされる傾向にあります．また，クライエントがワーカーとの壁を感じたり，ワーカーや他者から拒絶されているような感覚，もしくは実際に拒絶されることに対する怒りから，ワーカーを脅迫することが多いと言われています[19]．とくにDV等の家庭内暴力の被害者を支援するワーカーは，その暴力行為の加害者から，最愛の家族やパートナーを自分から引き離そうとすることに対する怒りを受け，脅迫を受ける傾向にあります[20]．そのようなワーカーが，クライエントの脅迫行為からどのように免れることができるか，継続的脅迫行為の被害者になることをどのように防止していったらよいかについて，アメリカでは，図表9-5のような脅迫に対する介入戦略が提案されていま

19　Newhill (2003 & 2021).

20　Kanno & Newhill (2009).

図表 9-5　クライエントからの脅迫に対する介入戦略

* 脅迫の内容を分析する.
* 脅迫を犯すリスクのあるクライエントは，他のスタッフの同席により面会を行い，脅迫行為に及ぶ可能性を低くする.
* 常に感情の転移と逆転移に注意を払う.
* クライエントから受けた脅迫には直ちに対応し，同僚と協議を行う.
* どうしたらよいか分からない場合は脅威防止に従事する専門家に相談する.
* 例え微細な脅迫であっても直ちに文書化して報告を行う.
* 共感と忍耐，クライエントに対する理解の気持ちを理由に決定的な保護措置を怠らない.
* 外部からの介入が必要な場合を認識し，直ちに実行に移す.
* 接近禁止命令を入手する必要性とその可否について評価を行う.
* 関連するすべてのスタッフとその強迫行為について議論し，その後の経緯を報告する.
* 経験則としては：脅迫を無視しないこと．脅迫が起こった時には直ちに行動を起こす.

出典：Newhill (2003 & 2021).

す[21].

(6)　発生後の対応策

CV 対策を組織レベルで取り，ソーシャルワーカーをできるだけ CV の被害から守ることは必須ですが，CV の被害を万が一受けたソーシャルワーカーに対して，組織レベルでの対応策を計画・設定する必要もあります.

イランにおける CV 全国調査によると，CV を経験したソーシャルワーカーは，CV を経験していない者たちよりも，健康状態を損ね，不安感や不眠症，うつ病を増大させ，社会的機能を減退させていました[22]．しかし，CV の経験後，アクティブ対処スキルを使用したワーカーは，受け身的対処スキルを使用したワーカーに比べて，良好な健康状態を維持できていました．アクティブ対処スキルとは，ストレスの原因となる問題を誰かと話すことで，問題を深く分析し，理解しようとする行為であり，受け身的対処スキルとは，問題に対する自身の感情を抑制し，困難を回避しようとしたり，ストレスフルな状況から逃げようとする行為を意味します[23]．この実態調査のデータで示されるように，ワーカーが CV を受けた後，アクティブ対処スキルを使用して，自身の CV 被

21　Newhill (2003 & 2021).

22　Padyab & Gahzinour (2013).

23　Folkman & Lazarus (1980).

害経験を誰かに話せ，CV 発生の原因や状況を分析し，今後の解決へと持っていけるような体制を，組織で作り上げていくことが大切です．

カウンセリング・スーパービジョン・デブリーフィング会合の提供

CV を受けたソーシャルワーカーやそれを目撃した同僚に対して，CV を経験・目撃した直後，即座に彼らに，CV 被害に焦点を当てたカウンセリングやスーパービジョンを提供することが必要です．カウンセリング提供を，暴力被害者治療の専門家がいる外部機関に委託することもよい方法です．

また，スタッフチームによるデブリーフィング会合（debriefing meeting）の開催が，ワーカーの CV 被害直後にできるようにすることも重要です[24]．デブリーフィング会合とは，ワーカー同士で集まり，当事者の身に起こったできごとや経験を振り返りながら，当事者が事件後に抱える PTSD の心的外傷やストレス障害等の克服を促していくチームアプローチです．

CV 被害者・目撃者に対する組織全体の支援と共感

組織で働くすべてのワーカーが，CV 被害者のワーカーとその目撃者に対し，共感を示し，常に支援が必要な時にはサポートをするとのメッセージを伝えることも非常に大切です[25]．

CV に関する事例検討会の開催

組織のなかで，ワーカー間による CV 検討会（review meeting）を開催し，CV 事件の発生後，組織として今後，どのような安全対策を講じていったらよいかについて，十分に話し合う必要があります．CV 検討会においては，「CV 被害を受けたワーカーはどのように，その CV に対応したのか？」「ワーカーは，どのようなことをし，どのようなことをしなかったのか？　それは何故か？」等の問題提起をし，組織のなかで実際に生じた CV を深く分析することが求められます．その検討会での話し合い自体が，CV 予防対策のトレーニン

24　Weigner (2001).
25　Weigner (2001).

グの一環ともなり，CV予防対策のガイドラインや政策の作成・改定に繋がります[26].

(7)　クライエントへの暴力防止教育

ソーシャルワーカーがいかにCV被害から守られるべきか，そしてCVを受けた場合に組織が何をすべきか，必要事項について述べてきましたが，CV防止対策は，ソーシャルワーカーだけを対象とするのではなく，クライエントをも対象としていくものであるべきです．組織内で，クライエントへの暴力防止教育を行うことが必要です．インタビューのなかでも，暴力的なクライエントに対して，暴力によらない健全なコミュニケーションの仕方を教えているワーカーがいました．ソーシャルワーカーに暴力を振るったクライエントに対し，「暴力を行使するべきではない」ことを明確に伝え，暴力ではない他の健全な方法で，自分の意見や考え，感情を伝えていくことの意義とそのスキルを，クライエント個人に，もしくは組織が支援対象とするクライエント全体に，カウンセリングやワークショップ等を開いて，伝えていくことが重要です．そのようなクライエントへの暴力防止教育は，いずれクライエントが地域社会に復帰したとき，非暴力的コミュニケーションスキルを使っていくことを促し，社会全般における暴力防止に繋がっていくものと想定されています．

お わ り に

本章では，まず，アメリカのソーシャルワーカーによるCVの経験と認識について，様々な分野で働く16人のソーシャルワーカーに行ったインタビュー調査の結果を報告しました．16名のソーシャルワーカー全員が，過去にCVの被害を受けており，言葉の暴力，脅迫，所有物の破損，身体的暴力をクライエントから被っていました．CVを受けたソーシャルワーカーのなかには，クライエントへの怒りの感情を抱くよりも，クライエントの成育歴と状況を把握・理解し，クライエントに対して共感を示している者がいました．また，職

26　Weigner (2001).

務中にCVを経験しても，ソーシャルワーカーという職業がCVを受けやすい職種であることを受け入れ，覚悟をし，また自身の仕事に使命とやりがいを感じ，ソーシャルワーカーとしてのキャリアに専念していました．

しかしながら，CVを受けた後，自身の安全についての不安・恐怖感やPTSD症状等を持つ者がいました．過去に受けたCV被害の心的外傷を未だに引きずっている者もいました．自分が受けたCV被害を家族や職場の同僚に話せる者もいましたが，他者にそれを話すまでに時間がかかった者や，他者にまったく話すことができなかった者もいました．また，インタビューによってCV経験による心的外傷の深さに気づいた者や，インタビューまで自身のCV被害に注目していなかったことに気づいた者もいました．CV対策を設けている組織もある一方，CVを受けることは，日常の業務の一環であり，スーパーバイザーにわざわざ報告することでもないとの認識を持たせる組織文化があることもインタビュー調査で把握できました．また，調査協力者全員が，CVはストレスフルで自分たちに影響を及ぼす不快な行為であると認識していました．

このようなインタビュー調査結果と前章の文献研究の結果を踏まえ，本章では，組織レベルで実施すべきCVに対する予防・対応に関する対策について論じました．まず，ソーシャルワーカーへの定期的・継続的スーパービジョン，チームワーク体制，サポーティブな組織文化を作ることで，組織内でワーカーサポート体制を構築・強化することが求められます．また，各組織内で，暴力的クライエントに対するリスクアセスメントのガイドラインや，クライエントの家庭訪問の際の安全対策を講じる必要があります．そして，各々のワーカーが，安全な面接方法・環境を設定し，暴力的なクライエントとの対話スキルやクライエントからの脅迫に対する戦略的介入スキルを習得できるCV予防トレーニングを組織内で実施することが求められます．

さらに，CVに遭遇した後のワーカーのケアも重要であり，ワーカーがCVを被った直後には，組織全体による支援と共感のなかで，ワーカーにカウンセリングーやスーパービジョンを提供すること，あるいはまた，CVに関するデブリーフィング会合や検討会を催すことで，心的外傷をうけたソーシャルワーカーを継続的にケアしていくことが必要です．これらによって，組織全体としてのCV対策を策定・改善し，ワーカーと組織全体をエンパワメントしていくことが求められます.

上述したすべてのCV対策を組織が実行できるよう，行政が組織にそのCV対策を講じることを義務化させる政策が必要となります．CV対策は，行政と組織レベルの双方でしていくことが求められます．実際に，CV対策の必要性を認識している組織があったとしても，CV対策を立てるための資源や人員，財源が不足していれば，組織がストレスを抱え，それが組織内の分裂を生じさせるおそれがあります．結果として，組織全体が上手く機能しなくなり，CV対策を講じる余裕はなくなってしまいます．そのため，CV対策は，組織レベル以上の，行政レベルで予防・対応に関する対策を講じていかなければなりません．それは，アメリカや世界各国で共通して言えることです.

世界各国で，ソーシャルワーカーは共通のソーシャルワークの倫理と目標を持ち，社会的弱者・マイノリティの地位にある者のサポートと権利擁護活動に，日々勤しんでいます．世界各国のソーシャルワーカーは，職場において，安全に安心して働く権利を所有しています．ソーシャルワーカーが職場で十分に守られなければ，クライエントを適切にサポートし，その権利を擁護することができなくなります．ソーシャルワーカーが，社会サービス組織において，CVの被害から守られ，継続して各々の職務とその使命を実行・実現していくことができるように，世界各国の政府が共に，CV予防・対応に関する対策に取り組み，社会サービス組織を支援し，エンパワーしていくことが求められます.

あとがき

本書のテーマを私たちが構想したのは，副田が菅野のいるアメリカジョージア州のバルドスタ州立大学ソーシャルワーク大学院に客員教授として短期滞在することが認められた2015年の冬でした．

当時，副田は，仲間と2010年に開発した，高齢者虐待防止のための実践アプローチである安心づくり安全探しアプローチ（AAA：スリーエー）を実践現場に普及させるべく，研修や評価研究を行っていました．虐待のおそれのある事例にはできるだけ早期に介入し，深刻な事態に至らないようにすることが重要です．虐待や不適切なケアをしている家族は，支援者に対し強い警戒感や拒否的・脅迫的な態度を示しがちですが，そのような状況に置かれている高齢者を保護したり，その生活を安全なものにしていくためには，支援者は不安や恐怖を感じながらでも家族と会話できる関係を作っていく必要があります．安心づくり安全探しアプローチを開発した理由は，こうした関係作りに役立ち，これならなんとか対処していけそうという感覚を支援者にもってもらえるようにすること，つまり，支援者をサポートすることでした．

副田は，AAAの研修を行っていく過程で，地域包括や高齢者支援課職員，ケアマネジャーらから，虐待する家族による心ない言葉や脅しを受けるといったことが少なくないこと，それによってストレスを抱えるだけでなく，傷つき，精神的に消耗してしまうことを知らされました．支援者支援のために，つぎはこの問題を取り上げようと思うようになりました．

他方，菅野は当時，バルドスタ大学のソーシャルワーク修士課程で専門ソーシャルワーカーの養成教育に携わりながら，ソーシャルワーカーの二次的外傷性ストレスに関する研究を行っていました．東京都立大学大学院博士課程に在籍中，クライエントバイオレンスに関する論文を執筆しており，2章でも紹介したように，2002年には日本で初めてとなるクライエントバイオレンスに関する論文を発表しています．それが研究の出発点であり，現在の研究もその延長線上にあります．

こうした背景がありましたので，副田の海外短期滞在が認められたあと，せっかくだから共同で調査研究をしようと話し合ったとき，すぐに，クライエントバイオレンスをテーマとすることに決め，ソーシャルワーカーたちの体験内容や影響等を中心に，アメリカと日本で調査を行うことにしました．

2016年3月，副田がバルドスタ大学に滞在していたときにアメリカでのインタビュー調査を，2016年7月，菅野が日本に帰国した際に日本でのインタビュー調査を開始しました．それぞれ，最初の数回は2人でインタビューを実施し，その後，アメリカの調査は菅野が，日本の調査は副田が実施しました．

第一段階のインタビュー調査をほぼ終えた2018年10月から，副田は，日本におけるクライエントバイオレンスに関する統計数値を出すために質問紙調査を試みました．本調査の対象者としては，当初，高齢者介護・福祉分野の相談援助職（ソーシャルワーカーやケアマネジャー）を予定していましたが，最終的には，介護職も含めたものにしました．3章でも述べたように，調査の方法上，相談援助職だけでなく介護職が回答者に含まれることがわかったことがその1つの理由です．またそのころ，介護クラフトユニオンが行った調査によって，介護職の大半が利用者・家族からハラスメントを受けたことがあることを知り，自分の調査でこれを確認したいと思ったのが2つ目の理由です．

2つの調査によって，過半数の相談援助職が，また，大半の介護職が，暴力・ハラスメントを体験している事実を確認し，暴力・ハラスメントという行為が介護職や相談援助職にもたらす体験の諸相を明らかにすることができたので，介護職と相談援助職の両方を取り上げた，暴力・ハラスメントに関する啓発書を刊行することにした次第です．

刊行することで懸念されるのは，「弱者」である利用者・クライエントが暴力・ハラスメントに至る状態に落とし込められていることへの理解が足りない，「強者」である支援者（介護職・相談援助職）を善人ととらえてかれらに肩入れをしているが，「弱者」にパワーを振りかざし弱い者いじめをする者も少なくない，といった批判です．たしかにこれらの点に関する議論は十分ではなかったかもしれません．しかし，「弱者」である利用者・家族が暴力・ハラスメントを振るう背景や理由を理解できたからといって，「強者」である支援者は，仕方がないからと痛みや辛さに耐える，あるいはまた，その体験をなかったことにするということは，支援者の安全を守るという観点からも，よりよい支援を探索するという観点からも望ましいことではありません．

利用者・クライエントに対しては社会的に優位な地位にある「強者」としての支援者も，雇用組織のなかでは，また，社会のなかでは社会的に劣位の地位に置かれた「弱者」です．そして，介護や相談援助の現場には，その「弱者」のなかでもさらに立場の弱い，契約社員や派遣社員，パート，アルバイトなどの非正規職員が仕事の第一線で多く働いています．こうした「弱者」の側面をもつ支援者の安全と安心を，かれらの雇用組織や職場が守り，よりよい支援を可能とするシステムをきちんと整備，運営することが広く行われて行くことを願って，本書を上梓しました．

副田・菅野それぞれのインタビュー結果をもとに，ソーシャルワーカーの暴力・ハラスメント体験に関する日米比較を行うことが今回はできませんでしたが，これは２人の宿題にしたいと思います．また，日本の相談援助職へのインタビュー調査の際に求められた，職域ごとの暴力・ハラスメント防止研修プログラムの提示については，副田の今後の課題といたします．

副田が行った質問紙調査に回答してくださったみなさま，また，インタビュー調査にご協力いただきましたみなさま，みなさまのご協力がなければ本書を書きあげることができませんでした．末筆ながら，この場を借りて，改めて厚く御礼申し上げます．また，調査をまとめ発表するまでにずいぶんと時間がかかってしまい，誠に申し訳ありませんでした．お詫び申し上げます．

海外短期滞在を認めていただき，日米での調査研究を承認していただいた関東学院大学にも感謝いたします．そして，副田の仕事にいつも協力・支援を惜しまないでいてくれる，安心づくり安全探しアプローチ研究会のコアメンバーの仲間にも感謝の意を表したいと思います．

最後になりましたが，本書の刊行にあたり勁草書房の橋本晶子さんに大変お世話になりました．菅野とともに心より感謝申し上げます．ありがとうございました．

副田あけみ

菅野は，20 年程前，日本の東京都立大学大学院において研究をしていた当時，ドメスティックバイオレンスシェルター，母子生活支援施設，婦人保護施設でボランティアスタッフ・非常勤職員として働いていました．そのようななかで，暴力被害者や精神障害・トラウマを抱えるクライエントを支援するソーシャルワーカーが，支援過程でさまざまなストレスやバーンアウト症状を経験し，しばしばクライエントから暴力やハラスメントを受けていることも見聞きしました．このような経験をもとに，クライエントバイオレンスに関する論文を執筆しました．

その後に渡米し，米国ペンシルバニア州ピッツバーグ大学のソーシャルワーク修士・博士課程においても，継続してソーシャルワーカーが職場で遭遇する諸問題に関して研究をしてきました．日本において専門としてきた女性福祉・ドメスティックバイオレンスの分野で生じるクライエントバイオレンスの予防と対応に関する対策の必要性を訴える論文をアメリカで執筆し，発表をしました．2005 年，ペンシルバニア州ピッツバーグ市内にある，犯罪暴力被害者支援センターで実習をしたときに，犯罪暴力を支援するソーシャルワーカーが，一次的トラウマを持つ犯罪暴力被害者のトラウマ的ストーリー・資料を日常的に見聞きすることで，二次的外傷性ストレス（二次的トラウマ）を経験するという問題に直面しました．その犯罪暴力被害者支援センターで垣間見た経験をもとに，クライエントバイオレンスとともに，ソーシャルワーカーの二次的外傷性ストレスについても研究をしていくことにしました．

その後，15 年以上に渡り，犯罪・暴力や災害の被害によりトラウマを持つ者を支援するソーシャルワーカーの二次的外傷性ストレスの危険・予防要因と対策について，全米各地と世界各国で開催された学会や，全米のソーシャルワーカー協会，犯罪暴力被害者支援センター等の社会福祉組織が催すワークショップ等において，また，日米のソーシャルワーク学会誌や国際学会誌において，数々の発表をしてきました．そのようななかで，2016 年の副田の訪米を機に，日米におけるクライエントバイオレンスのインタビュー調査を実施できたことで，クライエントバイオレンスの日米における実証研究をすることができ，過去 20 年間において，クライエントバイオレンスに関してレビューをしてきた文献をまとめるという作業を再開することができました．

クライエントバイオレンスの啓発書であるこの本書を契機とし，今後，日本で，あらゆる福祉分野において，クライエントバイオレンスについての研究が実施され，その研究データをもとに，クライエントバイオレンスの予防と対応に関する対策が組織・行政レベルにおいて講じられていくことを願っております．また，日本のソーシャルワーカーとアメリカ・世界各国のソーシャルワーカーがともに手を取りあい，ソーシャルワーカーとしての同様の価値と目標を共有し合いながら，クライエントバイオレンスの予防と対応に関する対策に向けて，国際的に，協働して取組んでいくことを望んでおります．

最後に，菅野が執筆した本書のⅢ部の９章において掲載した，アメリカのソーシャルワーカーのインタビュー調査に快く応じてくださり，ご協力くださったみなさまに謹んで感謝申し上げます．また，そのインタビュー調査の調査分析を手伝ってくださった，ソーシャルワークの質的調査研究専門の，米国ヒューストン大学のモニット・チェウン博士と中国蘇州大学のチン・チェン博士に心より御礼申し上げます．また，このインタビュー調査研究を了承・支援してくださった米国バルドスタ州立大学にも感謝の意を表したいと思います．

さらに，日々の実践において，クライエントバイオレンスに遭遇し，苦労されている，日本をはじめとする世界各国のソーシャルワーカーのみなさまに多大な敬意を表するとともに，本書がそのご苦労を少しでも和らげ，みなさまお一人おひとりの人権が守られることに繋がっていくことを切に願っております．

菅 野 花 恵

引用参考文献リスト

日本語文献

浅倉むつ子（2019）「ハラスメントをめぐる法規制の現状と課題」『Gekkan ZENROREN』4. 1-11

天城城介（2011）「底に触れている者たちは声を失い、声を与える――〈老い衰えること〉をめぐる残酷な結び目」天城城介・北村健太郎・堀田義太郎編『老いを治める――老いをめぐる政策と歴史』生活書院.

荒川寛人・土屋佑太・芥川三月（2020）「CC をわかりやすくみんなに伝えるためには――函館博栄会函館渡辺病院の場合」『精神看護』47(13) 9-13.

安心づくり安全探しアプローチ研究会（2019）『チーム力を高める多機関協働ケースカンファレンス』瀬谷出版.

衛藤幹子（2005）「家父長制とジェンダー分業システムの起源と展開――「男性支配」体制はいかにつくられたのか」『法学志林協会』103(2). 1-58.

NHK「クローズアップ現代＋」取材班（2019）『カスハラ――モンスター化する「お客様」たち』文藝春秋.

援川聡（2018）『クレーム対応――「完全撃退」マニュアル』ダイヤモンド社.

藤江慎二（2020）「介護職員が利用者に対して苛立っていくプロセス」『社会福祉学』60(4). 56-67.

布施恵輔（2019）「ILO の暴力とハラスメント禁止条約、勧告制定に向けた動き」『Gekkan ZENROUREN』4. 12-15.

原谷隆史（2007）「職場のハラスメントに関する国際動向」日本心理学会第 71 回大会報告.

平田豊明・杉山直也編（2016）『精神科救急医療ガイドライン 2015 年版』へるす出版.

堀内光子（2018）「『仕事の世界における暴力とハラスメント』について――国際労働機関（ILO）第 107 回総会基準設定議題」『国際情勢』32. 103-106.

本田明編（2017）『看護師のための不穏・暴力対処マニュアル』医学書院.

市川和彦・木村淳也（2016）『施設内暴力――利用者からの暴力への理解と対応』誠信書房.

Hirigoyen, M.（2014）Le harcelement moral au travail, Presses Universitaires de France（＝2017. 大和田敢太訳『モラル・ハラスメント――職場におけるみえな

い暴力』白水社.
井上千津子・谷口幸一・松葉清子・原田和幸（1997）「ホームヘルパーの介護ストレスに関する研究」『東海大学健康科学部紀要』3. 31-38..
井上貴美・佐藤あけみ・古屋塩美ほか（2015）「看護師がハラスメントと感じた患者・家族からの暴力の内容と精神面や仕事への影響」『Yamaguchi Nursing Journal』13(2). 9-15.
兼児敏浩・石橋美紀・日比美由紀（2009）「患者ハラスメントの実態調査とその対策に関する研究」『日本医療マネジメント学会雑誌』10(2)
菅野花恵（2002）「ソーシャルワーカーの安全性――クライアントバイオレンスの発生過程と予防対策」『社会福祉実践理論学会』11. 75-85.
木下衆（2019）『家族はなぜ介護してしまうのか――認知症の社会学』世界思想社.
越谷美貴恵（2008）「施設入所者の暴力的行為が介護者の精神的健康に及ぼす影響」『介護福祉学』15(1). 62-73.
越谷美貴恵（2012）「暴力的行為に対する介護職員の認識と対処法」『介護福祉学』19(2). 129-137.
厚生労働省雇用環境・均等局雇用機会均等課（2019）「詳説・働き方改革　第8回　ハラスメント対策の強化」『厚生福祉』5月21日. 2-5.
鴻上圭太（2019）「介護現場におけるハラスメントの本質を考える――介護職と利用者・家族との協同の取組みで解決を」『ゆたかなくらし』1月. 8-12.
Lazarus, R, S. and Folkman, S.（1984）Stress Appraisal and Coping, Springer Publishing Company, Inc.（＝2007. 本明寛・春木豊・織田正美監訳『ストレスの心理学――認知的評価と対処の研究』実務教育出版）
Linsley, P.（2006）Violence and Aggression in Workplace: a practical guide for all healthcare staff, Radcliffe Publishing Limited.（＝2010. 池田明子・出口禎子監訳『医療現場の暴力と攻撃性に向き合う――考え方から対処まで』医学書院）
松本陽子・笹本美佐・丹下友馨（2019）「患者から暴力を受けた看護師が上司からサポートされたと認識する介入内容および関係性のプロセスの解明」*Japanese Red Cross Hiroshima Coll. Nurse.* 19. pp. 33-41.
三木明子・友田尋子（2010）『事例で読み解く看護職が体験する患者からの暴力』日本看護協会出版会.
三木明子（2017）「暴力・セクシュアルハラスメント等の防止策：訪問看護師の被害の実態から」『COMMUNITY CARE』7. 58-62.
三木明子・鈴木理恵・二階堂規子ほか（2018）「訪問看護師等が利用者・家族から受

ける暴力・ハラスメントの実態調査」『看護展望』7. 45-51.

三木明子監修・著　一般社団法人全国訪問看護事業協会編著（2019）『訪問看護・介護事業所必携暴力・ハラスメントの予防と対応――スタッフが安心・安全に働くために』MC メディカ出版.

南敦司（2018）『カンフォータブルケア・ケアで変わる認知症看護』精神看護出版.

三富紀敬（2008）「介護施設の対人援助労働者の受ける暴力に関する国際比較」『静岡大学経済研究』13(2) 121-133.

三井さよ（2012）「〈場〉の力――ケア行為という発想を超えて」三井さよ・鈴木智之編著『ケアのリアリティ――境界を問いなおす』法政大学出版局.

宮島佳子（2019）「消費者からのハラスメント――『悪質クレーム調査』から」『女性労働研究』(63). 151-159.

棟方千秋（2020）「カンフォータブル・ケアの現在地点」精神看護. 47(2). 14-17.

村上久美子（2018）「ご利用者・ご家族からのハラスメント――介護現場におけるその実態と防止について」『改革者』10. 44-47.

中野一茂・人見優子（2019）「介護職員が抱える施設内暴力の実態調査及び考察」『共栄学園短期大学研究紀要』26. 39-53.

日本介護クラフトユニオン（2019）「ご利用者やご家族の罵声などハラスメント受けた職員 7 割」『看護のチカラ』4 月 1 日. 56-61.

野坂裕子（2019『トラウマインフォームドケア：“問題行動”を捉えなおす援助の視点』日本評論社.

大塚恒子編（2013）『老年精神医学 高齢患者の特徴を踏まえてケースに臨む』精神看護出版.

大和田敢太（2018）『職場のハラスメント――なぜ起こり、どう対処すべきか』中公新書.

大和田敢太（2019）「包括的で実効的なハラスメント規制を：まやかしの『パワハラ法制化』」『学習の友』3.

尾崎新（1999）『「ゆらぐ」ことのできる力――ゆらぎと社会福祉実践』誠信書房.

斉藤幸芳・藤井常文編著（2012）『児童相談所はいま――児童福祉司からの現場報告』ミネルヴァ書房.

笹沼朋子（2019）「労働の世界における暴力とハラスメントに関する国際基準の策定について」『愛媛法学会雑誌』45(1). 191-205.

清水隆則・田辺毅彦・西尾祐吾編著（2002）『ソーシャルワーカーにおけるバーンアウト――その実態と対応策』中央法規.

篠崎良勝（2008）『介護労働入門――ケアハラスメントの実態をとおして』一橋出版.

下里誠二編（2019）『CVPPP トレーニングマニュアル：医療職による包括的暴力防止プログラムの理論と実際』中央法規.

白崎朝子（2009）『介護労働を生きる――公務員ヘルパーから派遣ヘルパーの 22 年』現代書館.

白崎朝子（2019「介護現場に蔓延する相互暴力――『支援する側／される側』その境界を超えて」『季刊福祉労働』164. 28-37.

鈴木瑞穂（2019）『現場で役立つ！　ハラスメントを許さない現場力と組織力』日本経済新聞出版社.

須加美明（2013）『訪問介護の評価と専門性』日本評論社.

関本睦（2019）「訪問介護員に対するケア・ハラスメントの実態」『四国大学紀要』（A）52. 12-30.

副田あけみ（1993）「社会福祉援助実践者に必要な専門性と専門職アイデンティティ」『東京都立大学人文学報』242. 79-118.

副田あけみ（1994）「社会福祉援助実践における価値と倫理」『東京都立大学人文学報』252. 1-60.

副田あけみ・土屋典子・長沼葉月（2012）『高齢者虐待防止のための家族支援――安心づくり安全探しアプローチ（AAA）ガイドブック』誠信書房.

副田あけみ（2013）「ケースワーカーとクライエントの葛藤関係」副田義也編著『闘争性の福祉社会学――ドラマトゥルギとして』東京大学出版会．107-129.

副田あけみ（2019a）『介護職・相談援助職へのクライエントバイオレンス（利用者によるハラスメント）に関する質問紙調査報告書』http://www.elderabuse-aaa.com/report.html

副田あけみ（2019b）『相談援助職へのクライエントバイオレンスに関するインタビュー調査報告書』http://www.elderabuse-aaa.com/report.html

高橋智（2011）「認知症の BPSD」『日老医誌』48. 195-204.

田口晶子・木下徹郎（2019）「『仕事の世界における暴力とハラスメント』に関する国際労働機関（ILO）での議論」『季刊労働法』264. 111-113.

武ユカリ（2018）「サービス利用者による訪問看護師への暴力と訪問看護ステーションの地域連携との関連」『日本看護科学会誌』38. 346-355

Turnell, A. and Edwards, S.（1999）Signs of Safety: A Solution and Safety Oriented Approach to Child Protection Casework, Norton and Company（＝2004 白木孝二・井上薫・井上直美監訳『安全のサインを求めて―子ども虐待防止のためのサイ

ンズ・オブ・セイフティ・アプローチ』金剛出版）
千葉茂（2019）「行政による『措置義務』で終わったハラスメント防止対策建議—実効性、第三者暴力、予防、人権等に課題」『安全センター情報』1, 2 月号，36-39
土田道夫（2016）『労働契約法　第 2 版』有斐閣．
内田てる美（2019）「訪問系サービスにおける暴力・ハラスメント：民医連調査と今後の課題」『月刊　女性＆運動』6. 34-36.
Walker, M.（＝2019. 全労連国際局訳「暴力とハラスメント禁止条約・勧告は希望」）『Gekkan ZENROREN』9. 1-3.
Wilkinson, R.（2005）'The Impact of Inequality: How to make sick societies healthier' The New Press（＝2000. 池本幸生・片岡洋子・末原睦美訳『格差社会の衝撃——不健康な格差社会を健康にする法』）書籍工房早山.
山本典子（2016）「性暴力とはなにか。その根絶に向けて——女性の真のエンパワーメントの創造から」『日本大学大学院総合社会情報研究科紀要』17. 231-242.
安永薫梨（2015）「『精神科看護における患者から看護師への暴力（Violence)』に関する文献レビュー」『日本精神保健看護学会誌』24. 1-11.
吉田輝美（2009）「介護労働者の労働環境に関する一考察——施設ケアハラスメントの現状を踏まえて」仙台白百合大学紀要 13. 91-106.
ゆたかなくらし編集部（2019）「資料解説：介護従事者の 9 割以上が利用者・家族からハラスメント被害——UA ゼンセン日本介護クラフトユニオン調査から」『ゆたかなくらし』1 月号．28-38

参考資料

ILO 駐日事務所「労働における基本的原則及び権利に関する ILO 宣言とそのフォローアップ」https://www.ilo.org/tokyo/about-ilo/WCMS_246572/lang--ja/index.htm
ILO 駐日事務所「仕事の世界における暴力及びハラスメントの撤廃に関する条約」（第 190 号）https://www.ilo.org/wcmsp5/groups/public/---asia/---ro-bangkok/---ilo-tokyo/documents/normativeinstrument/wcms_723153.pdf
Azzi, M.（2019）Interview with Ms. Manal Azzi：New International Labor Standards on Violence and Harassment in the world of work, youtube.com/watch?v=mOm0RA8jKe0
千葉県総務部総務課（2003）『適正な行政執行の確保に向けて——行政対象暴力対応マニュアル』https://www.pref.chiba.lg.jp/soumu/jinji/bouryoku/documents/taioumanual.pdf

働く女性の全国センター（2020）「ホームヘルパー国賠訴訟第1回裁判　東京地裁803号法廷に決定」http://wwt.acw2.org/?p=4890

一般社団法人全国介護事業者連盟「介事連とは」http://kaiziren.or.jp/

一般社団法人全国訪問事業協（2019）『訪問看護師が利用者・家族から受ける暴力に関する調査研究事業報告書』https://www.zenhokan.or.jp/wp-content/uploads/h30-2.pdf

一般財団法人長寿社会開発センター（2013）『地域ケア介護運営マニュアル』https://nenrin.or.jp/regional/pdf/manual/kaigimanual00.pdf

Joint 介護のニュースサイト（2020）「利用者の介護職へのハラスメント、対策強化に賛意　運営基準見直しへ」11月11日　https://www.joint-kaigo.com/articles/2020-11-11-3.html

Joint 介護のニュースサイト（2021）「利用者のハラスメント対策をマニュアル化　メグラス　介護職への言動を3分類」5月18日　https://www.joint-kaigo.com/articles/2021-05-18-2.html

警察庁（2003）「行政対象暴力に対する関係省庁等連絡会議の開催等について」https://www.npa.go.jp/sosikihanzai/bouryokudan/boutai3/index.pdf

警察庁（2006）『平成18年警察白書』https://www.npa.go.jp/hakusyo/18/honbun/hakusyo/h18/index.html

公益財団法人介護労働安定センター『介護労働実態調査』H18～H30年　http://www.kaigo-center.or.jp/report/

公益社団法人日本看護協会（2003）『保健医療分野における職場の暴力に関する実態調査』日本看護協会調査研究報告書 No. 71　https://www.nurse.or.jp/home/publication/pdf/research/71.pdf

公益社団法人日本看護協会（2006）『保健医療福祉施設における暴力対策指針――看護者のために』https://www.nurse.or.jp/home/publication/pdf/guideline/bouryokusisin.pdf

公益社団法人日本看護協会「情報公開」https://www.nurse.or.jp/home/about/koukai/index.html

公益社団法人日本看護協会「看護統計資料室―就業状況」https://www.nurse.or.jp/home/statistics/pdf/toukei01.pdf

公益社団法人全国老人福祉施設協議会「全国老施協について」https://www.roushikyo.or.jp/

厚生労働省（2019）『令和元年介護サービス施設・事業所調査（介護職員数）』

https://www.mhlw.go.jp/toukei/saikin/hw/kaigo/service19/dl/kekka-gaiyou_1.pdf
厚生労働省『高齢者虐待の防止、高齢者の養護者に対する支援等に関する法律」に基づく対応状況等に関する調査結果』(H26～R1 年度) https://www.mhlw.go.jp/stf/houdou/0000111629.html
厚生労働省「平成 30 年度介護従事者処遇状況等調査結果の概要」https://www.mhlw.go.jp/toukei/saikin/hw/kaigo/jyujisya/19/dl/30gaiyou.pdf
厚生労働省『賃金構造基本統計調査』(H30～R2 年度) https://www.e-stat.go.jp/stat-search/files?page=1&layout=datalist&toukei
厚生労働省 (2019)「新規学卒就職者の離職状況 (平成 29 年 3 月卒業者の状況)」https://www.mhlw.go.jp/stf/houdou/0000177553_00003.html
厚生労働省 (2020)「職場におけるハラスメント関係指針」https://www.no-harassment.mhlw.go.jp/pdf/harassment_sisin_baltusui.pdf
厚生労働省医療従事者の需給に関する検討会 (2021)「第 8 回看護職員受給分科会資料 2『今回、ご議論いただきたい看護職員確保に関する論点』」https://www.mhlw.go.jp/content/10801000/000483136.pdf
厚生労働省告示 (2020)「事業主が職場における性的な言動に起因する問題に関する雇用管理上講ずべき措置についての指針」https://www.mhlw.go.jp/content/11900000/000605548.pdf
厚生労働省告示 (2020)「事業主が職場における優越的な関係を背景とした言動に起因する問題に関して雇用管理上講ずべき措置等についての指針」https://www.mhlw.go.jp/content/11900000/000605661.pdf
厚生労働省都道府県労働局雇用均等室 (2015)『職場のセクシュアルハラスメント対策はあなたの義務です!!』https://www.mhlw.go.jp/file/06-Seisakujouhou-11900000-Koyoukintoujidoukateikyoku/00.pdf
厚生労働省個人情報保護委員会 (2021)『医療介護関係事業者における個人情報の適切な取り扱いのためのガイダンス』https://www.mhlw.go.jp/content/000681800.pdf
厚生労働省老健局 (2021)「介護保険最新情報 Vol 945：介護保険法施行規則第 140 条の 63 の 6 第 1 号に規定する厚生労働大臣が定める基準について」https://www.wam.go.jp/gyoseiShiryou-files/documents/2021/0322094050199/ksvol.945.pdf?from=rss
厚生労働省職業安定局介護労働者の確保・定着等に関する研究会 (2008)『中間とりまとめ』https://www.mhlw.go.jp/houdou/2008/07/dl/h0729-2b.pdf

厚生労働省職場のいじめ・嫌がらせ問題に関する円卓会議（2012）『職場のパワーハラスメントの予防・解決に向けた提言』https://www.mhlw.go.jp/stf/houdou/2r98520000025370-

厚生労働省職場のパワーハラスメント防止対策についての検討会（2018）『職場のパワーハラスメント防止対策についての検討会報告書』https://www.mhlw.go.jp/file/04-Houdouhappyou-11910000-Koyoukankyoukintoukyoku-Koyoukikaikintouka/0000201236.pdf

国際看護師協会（2007）『職場における暴力対策ガイドライン』https://www.nurse.or.jp/home/publication/pdf/icn/2007/boryokutaisaku_guideline.pdf

毎日新聞（2019）「パワハラ指針に『該当しない例』―押し切った使用者側」11月21日朝刊

三木明子（2019）『看護職等が受ける暴力・ハラスメントに対する実態調査と対応策検討に向けた研究』https://mhlw-grants.niph.go.jp/system/files/2019/191031/201906002A_upload/201906002A0003.pdf

三菱総合研究所（2019）『介護現場におけるハラスメントに関する調査報告書』（平成30年度厚生労働省老人保健事業推進費等補助金）https://www.mhlw.go.jp/content/12305000/000532738.pdf

三菱総合研究所（2019）『介護現場におけるハラスメント対策マニュアル』 https://www.mhlw.go.jp/content/12305000/000532737.pdf

三菱総合研究所（2020）『管理者向け研修のための手引き』https://www.mhlw.go.jp/content/12305000/000629788.pdf

三菱総合研究所（2020）『職員向け研修のための手引き』https://www.mhlw.go.jp/content/12305000/000629790.pdf

三菱総合研究所（2021）『介護現場におけるハラスメント事例集』（厚生労働省老人保健事業推進費補助金）https://www.mhlw.go.jp/content/12305000/000781207.pdf

長尾栄一（2020）「破綻続出に絶句…『施設だって老老介護』人手不足業界の断末魔」『幻冬舎 GoldOnline』7. 25　https://gentosha-go.com/articles/-/27939

日本弁護士会（2020）「実効性のある包括的ハラスメント禁止に向けた法制度の整備を求める意見書」https://www.nichibenren.or.jp/library/pdf/document/opinion/2020/opinion_200221_3.pdf

日本介護福祉士会（2015）『「介護の仕事の社会的な意義と魅力」の整理とイメージアップ戦略のあり方についての 調査研究報告書』http://www.jaccw.or.jp/pdf/chosakenkyu/H26/H26_hokoku.pdf#search

労働政策審議会『女性の職業生活における活躍の推進 及び職場のハラスメント防止対策等の在り方について（建議）』

佐々木亮（2019）「先月成立した〈パワハラ防止法〉の解説と今後の課題」『YAHOO！ニュース』6月20日 https://news.yahoo.co.jp/byline/sasakiryo/20190620-00130804/

社会保障審議会介護給付費分科会第186回資料1（2020）「令和3年度介護報酬改定に向けて（介護人材の確保・介護現場の革新）」https://www.mhlw.go.jp/content/12300000/000677433.pdf

東京海上日動リスクコンサルティング株式会（2017）『平成28年度厚生労働省委託事業 職場のハラスメントに関する実態調査報告書』https://www.mhlw.go.jp/file/04-Houdouhappyou-11208000-Roudoukijunkyoku-Kinroushaseikatsuka/0000164176.pdf

東京都保健福祉局『東京都高齢者保健福祉計画（平成30年度〜平成32年度）』https://www.fukushihoken.metro.tokyo.lg.jp/kourei/shisaku/koureisyakeikaku/07keikaku3032/07keikakupdf.files/02-4.pdf

東京新聞（2019）「パワハラ防止指針案 『相談窓口』効果不透明」11月21日朝刊

東京新聞 Tokyo web（2020）「介護制度問う ヘルパー国を訴え 実態は『労基法違反』」2月20日. https://www.tokyo-np.co.jp/article/11821

UAゼンセン（全国繊維化学食品流通サービス一般労働組合同盟）「ハラスメント・メンタルヘルス対策」https://uazensen.jp/activity/working/

UAゼンセン日本介護クラフトユニオン（2018）『ご利用者・ご家族からのハラスメントに関するアンケート調査結果報告書』http://www.nccu.gr.jp/rw/contents/C03/20180709000101.pdf

UAゼンセン日本介護クラフトユニオン（NCCU）「NCCUのとりくみ」https://www.nccu.gr.jp/torikumi/index.php

UAゼンセン日本介護クラフトユニオン『2020年度就業意識実態調査（速報版）』https://nccu.meclib.jp/2020shuugyouisiki/book/#target/page_no=1

英語文献

Atkinson, J.（1991）Worker reaction to client assault, *Smith College Studies in Social Work*, 61, 34–42.

Baines, D.（2004）, Losing the “Eyes in the Back of Our Heads”: Social Service Skills, Lean Caring and Violence, *Journal of Sociology and Social Welfare*, 31（3）, 31–50

Banerjee, A., Tamara, D. Armstrong, H., Armstrong, P., Lafrance, S. and Szebehely, M. (2008) 'Out of control: violence against personal support workers in long-term care' York University and Carleton University.

Barling, J., Rogers, A. G., and Kelloway, E. K. (2001) Behind closed doors: In-home workers' experience of sexual harassment and workplace violence, *Journal of Occupational Health Psychology*, 6, 255–269.

Beaver, H. W. (1999) *Client violence against professional social workers: Frequency, worker characteristics, and impact on worker job satisfaction, burnout, and health*, Unpublished doctoral dissertation, University of Arkansas.

Beddoe, L., Appleton, C., & Maher, B. (1998) Social workers' experiences of violence, Social Work Review, 10, 4–11.

Bloom, S. and Farragher, B. (2011) Destroying Sanctuary: The Crisis in Human Service Delivery Systems, Oxford University Press.

Brandon, M., Belderson, P., Warren, C., Howe, D., Gardner, R., Dodsworth, J. and Black, J. (2008) *Analyzing child deaths and serious injury through abuse and neglect: What can we learn? A biennial analysis of serious case reviews 2003–2005* (DCSF-RR023), London, England: Department for Children Schools and Families.

Bronfenbrenner, U. (1979) *The ecology of human development*. Cambridge, MA: Harvard University Press.

Budd, J. W., Arvey, D., and Lawless, P. (1996) Correlates and consequences of workplace violence, *Journal of Occupational Health Psychology*, 1, 197–210.

Chappell, D. and Di Martino, V. (2006) Violence at work, third edition, International Labor Organization (ILO).

Choi, S. and Choi, C. B. (2015) Client violence against social workers at homeless assistance organizations in South Korea, *Asian Social Work and Policy, 9* (3), 224–231.

Crane, D. (1986) *Violence on social workers* (Social Work Monograph 46), Norwich, UK: University of East Anglia.

Criss, P. (2010) Effects of client violence on social work students: A national study, *Journal of Social Work Education*, 46(3), 371–390.

Ellwood, A. and Rey, L. (1996) Awareness and fear of violence among medical and social work students, *Family Medicine, 28*, 488–492.

Enosh, G. Tzafrir, S. S. (2015) The score of client aggression toward social workers in Israel, Journal of Aggression, Maltreatment & Trauma, 24(9), 971-985.

Enosh, G., Tzafrir, S. S. and Gur, A. (2012) Client aggression toward social workers and social services in Israel: A qualitative analysis, *Journal of Interpersonal Violence*, 28(6), 1123-1142.

EU-OSHA (2010) Workplace Violence and Harassment: a European Picture, http://www.osha.europa/en/publications/workplace_violence_and_harrassment_european-picture/view

Faria, G. and Kendra, M. (2007) Safety education: A study of undergraduate social work programs, *Journal of Baccalaureate Social Work*, 12(2), 141-153.

Florida Study of Professionals for Safe Families. (2018) *Examining workers' exposure to client-perpetrated violence*, Retrieved from https://ficw.fsu.edu/sites/g/files/upcbnu1106/files/pdf-files/FSPSF-Examining%20Workers%E2%80%99%20Exposure%20to%20Client-Perpetrated%20Violence-180111.pdf

Folkman, S. and Lazarus, R. S. (1980) An analysis of coping in a middle-aged community sample. Journal of Health and Social Behavior, 21, 219-239.

Godwin, B. F., Patterson, P. G., Johnson, L. W. (1999) Consumer coping strategies with dissatisfactory service encounter: A preliminary investigation, *Journal of Consumer Satisfaction, Dissatisfaction, and Complaining Behavior*, 12, 145-154.

Guest, M. A. (2021) Social worker safety: An area worthy of continued professional concern and attention, *Professional Safety*, 66(7), 20-23.

Guy, J. and Brady, J. (1998) The stress of violent behavior for the clinician, In P. Kleespsie (Ed.), *Emergencies in mental health practice: Evaluation and management* (pp. 398-417), New York, NY: Guilford Press.

Harris, B., Leather, P. (2011) Levels and consequences of exposure to service user violence: Evidence from a sample of UK social care staff, *British Journal of Social Work*, 42, 851-869.

Harris, L. C. and Reynolds, K. L. (2003) The consequences of dysfunctional customer behavior, *Journal of Service Research*, 6, 144-161.

Health and Safety Executive (2019) Violence at Work statistics, 2018. www.hse-gov.uk/statistics/violence/work-related-violence-report-2018.pdf

Hintikka, N. and Saarela, K. L. (2010) Accidents at work related to violence - Analysis of Finnish national accident statistics database, *Safety Science*, *48*(4), 517-525.

Honda, M., Ito M., Ishikawa,S. Takebayashi,Y., Lawrence, T., Jr (2016) Reduction of

Behavioral Psychological Symptoms of Dementia by Multimodal Comprehensive Care for Vulnerable Geriatric Patients in an Acute Care Hospital: A Case Series, *Case Rep Med* 2016Mar 6.

Horejsi, C., Garthwait, C. and Rolando, J. (1994) A survey of threats and violence directed against child protection workers in a rural state. *Child Welfare*, 73, 173-179.

Horwitz, M. (2006) Work-related trauma effects in child protection social workers, *Journal of Social Service Research*, 32(3), 1-18.

International Labor Organization (ILO)/International Council of Nurses (ICN)/World Health Organization (WHO)/Population Service International (PSI). (2003) *Workplace violence in the health sector: Country case studies research instruments*, Guidelines for focus group discussion, Geneva. Retrieved from http://www.who.int/violence_injury_prevention/violence/interpersonal/en/WVfocusgroupdiscussion. pdf

International Labor Organization (ILO) PROPOSED CONVENTION CONSERNING THE ELIMINATION OF VIOLENCE AND HARASSMENT IN THE WORLD OF WORK, in Ending Violence and Harassment against Women and Men in the world of work https://www.ilo.org/wcmsp5/groups/public/---ed_norm/---relconf/documents/meetingdocument/wcms_637108.pdf

International Labor Organization (ILO) (2016) Meeting of Experts on Violence against Women and Men in the World of Work Final Report, https://www.ilo.org/wcmsp5/groups/public/---dgreports/---gender/documents/meetingdocument/wcms_546303.pdf

Jayaratne, S., Croxton, T. A. and Mattison, D. (2004) A national survey of violence in the practice of social work, *Families in Society*, 85, 445-453.

Jayaratne, S., Vinokur-Kaplan, D., Nagda, B. A. and Chess, W. A. (1996) A national study on violence and harassment of social workers by clients, *The Journal of Applied Social Sciences*, 20, 1-14.

Kanno, H. and Newhill, C. E. (2009) Social workers and battered women: The need to study client violence in the domestic violence field. Journal of Aggression, Maltreatment & Trauma, 18(1), 46-63.

Kanno, H. and Giddings, M. M. (2017) Hidden trauma victims: Understanding and preventing traumatic stress in mental health professionals., *Social Work in Mental*

Health, 15 (3), 331-353.

Knight, C. (1996) A study of BSW students' perceptions of and experiences with risks to their personal safety in the field practicum, *Journal of Baccalaureate Social Work*, 4(2), 91-108.

Knight, C. (1999) The implications of BSW students' experiences with danger in the field practicum, *Journal of Baccalaureate Social Work*, 2(1), 133-149.

Koritsas, S., Coles, J. and Boyle, M. (2008) Workplace violence towards social workers: The Australian experience, *British Journal of Social Work*, 40(1), 257-271.

Koritsas, S., Coles, J. and Boyle, M. (2010) Workplace violence towards social workers: The Australian experience, *British Journal of Social Work*, 40, 257-271.

Kosny, A. A. and Eakin, J. M. (2008) The hazards of helping: Work, mission, and risk in non-profit and social service organizations, *Health, Risk & Society*, 10, 149-166.

Lanza, M. L. (1983) The reactions of nursing staff to physical assault by a patient, *Hospital and Community Psychiatry*, 43, 44-47.

Levy, P. and Harticollis, P. (1976) Nursing aides and patient violence, *American Journal of Psychiatry*, 133, 429-431.

Lion,R., Snyder, W. and Merrill, G. L. (1981) Under- reporting of assaults on staff in a state hospital., *Hospital and Community Psychiatry*, 32, 497-498.

Littlechild, B. (2005a) The nature and effects of violence against child-protection social workers: Providing effective support, *British Journal of Social Work*, 35(3), 387-401.

Littlechild, B. (2005b) The stress arising from violence, threats and aggression against child protection social workers, *Journal of Social Work*, 5, 61-82.

Lovašová, S. (2014) Client Violence in Social Work Practice: Conflict Styles of Victims, The *Czech and Slovak Journal of Social Work*, 14, 58-73.

Lowe, T. B. (2011) Practitioner's risk exposure to client violence: A test of gender sensitive case assignment, *The Clinical Supervisor*, 30(1), 19-35.

Lyter, S., and Abbott, A. (2007) Home visits in a violent world, *Clinical Supervisor*, 26, 17-33.

MacDonald, G., and Sirotich, F. (2005) Violence in the social work workplace, *International Social Work*, 48, 772-781.

Madden, D., Lion, J. F. and Penna, M. W. (1976) Assaults on psychiatrists by patients, American *Journal of Psychiatry*, 133, 422–425.

Mama, R. (2001) Violence in the field: Experiences of students and supervisors, *Journal of Baccalaureate Social Work*, 7(1), 17–26.

Milner,J. and Myers, S. (207) Working with violence: policies and practices in risk assessment and management, Palgrave Macmillan.

National Association of Social Workers, Center for Workforce Studies, and University at Albany Center for Health Workforce Studies. (2006) *Licensed social workers in the United States*, 2004, Washington, DC: NASW & University at Albany, School of Public Health, Retrieved from http://workforce.socialworkers.org/studies/fullStudy0806.pdf

Martinko, M. J., Gundlach, M. J. and Douglas, S. C. (2002) Toward an integrative theory of counterproductive workplace behavior: A causal reasoning perspective, *International Journal of Selection and Assessment*, 10, 36–50.

Newhill, C. E. (1995) Client violence toward social workers: A practice and policy concern for the 1990s, *Social Work*, 40, 631–636.

Newhill, C. E. (1996) Prevalence and risk factors for client violence toward social workers, *Families in Society: The Journal of Contemporary Human Services*, 77 (8), 488–495.

Newhill, C. E., and Wexler, S. (1997) Client violence toward children and youth services social workers, *Children and Youth Services Review*, 19(3), 195–212.

Newhill, C. E. (2003) *Client Violence in Social Work Practice: Prevention, Intervention and Research*, New York: Guilford.

Newhill, C. (2021) Risk assessment, violent clients and practitioner safety, Retrieved from http://www.socialworkpodcast.com/Client%20Violence%20Workshop%20Handout.pdf

Occupational Safety & Health Administration. (2004). *Guidelines for preventing workplace Violence for health care and social service workers retrieved from* http://www.osha.gov/Publications/osha3148.pdf

Padyab, M., Chelak, H. M., Nygren, L., Ghazinour, M. (2012) Client violence and mental health status among Iranian social workers: A national survey, *The British Journal of Social Work*, 42(1), 111–128.

Padyab, M., Ghazinour, M. and Richter, J. (2013) Coping and Mental Health of Iranian Social Workers: The Impact of Client Violence, *Social Behavior and Personali-*

ty: An International Journal, 41, 805-814.

Reeser, L. and Wertkin, R. (2001). Safety training in social work education: A national survey. *Journal of Teaching in Social Work*, 21(1-2), 95-113.

Rey, D. L. (1996) What social workers need to know about client violence. *Families in Society*, 77, 33-39.

Regehr, C. and Glancy, G. D. (2011) When social workers are stalked: Risks, strategies, and legal protections, *Clinical Social Work Journal*, 39, 232-242.

Regehr, C., Hemsworth, D., Leslie, B., Howe, P. and Chau, S. (2004) Predictors of posttraumatic distress in child welfare workers: A linear structural equation model, *Children and Youth Services Review*, 26(4), 331-46.

Rey, L. (1996) What social workers need to know about client violence, *Families in Society*, 77(1), 33-39.

Ringstad, R. (2005) Conflict in the workplace: Social workers as victims and perpetrators, *Social Work*, 50, 305-313.

Ringstad, R. (2009) CPS: Client violence and client victims, *Child Welfare*, 88, 127-144.

Robson, A., Cossar, J. and Quayle, E. (2014) Critical commentary: The impact of work-related violence towards social workers in children and family services, *British Journal of Social Work*, 44(4), 924-936.

Rogers, K., and Kelloway, E. K. (1997) Violence at work: Personal and organizational outcomes, *Journal of Occupational Health Psychology*, 2(1), 63-71.

Rowett, C. (1986). *Violence in social work. Cambridge*, UK: Institute of Criminology.

Ruben, I., Wolkon, G. and Yamamoto, J. (1980) Physical attacks on psychiatric residents by patients, *Journal of Nervous and Mental Disease*, 168, 243-245.

Sarkisian, G. and Portwood, S. (2003) Client Violence Against Social workers: From Increased Worker Responsibility and Administrative Mishmash to Effective Prevention Policy, *Administration in Social Work, 27* (4), 41-59.

Savaya, R., Gardner, F. and Stange, D. (2011) Stressful encounters with social work clients: A descriptive account based on critical incidents, *Social Work*, 58(1), 63-71.

Schneider, B. and Bowen, D. (1993) The service organization: Human resources management is crucial, *Organizational Dynamics*, 21, 39-52.

Schultz, L. G. (1987) The social worker as a victim of violence, *Social Casework*, 68,

240–244.

Schultz, L. G. (1989) The victimization of social workers, *Journal of Independent Social Work*, 3(3), 51–63.

Shields, G. and Kiser, J. (2003) Violence and aggression directed toward human service Workers: An exploratory study, *Families in Society: The Journal of Contemporary Human Services*, 84, (1), 13–20.

Shin, J. (2011) Client violence and its negative impacts on work attitudes of child protection workers compared to community service workers, *Journal of Interpersonal Violence*, 26(16), 3338–3360.

Snow, K. (1994) "Aggression: Just part of the job?" The psychological impact of aggression on child and youth workers, *Journal of Child and Youth Care*, 9, 11–29.

Somani. R., Muntaner, C., Hilan, E.,Velonis,A., Smith,P. (2021) A Systematic Review Effectiveness of Intervention to De-escalate Workplace Violence against Nurses in Health care Settings,.*Safety and Health at Work*, 12–3, 289–295.

Song, K. (2005) Prevalence of client violence toward child and family social workers and its effects on burnout, organizational commitment, and turnover intention: A structural equation modeling approach, Unpublished Doctoral Dissertation, Columbia University.

Stanley, J. and Goddard, C. (2002) *In the firing line: Violence and power in child protection work*, Baffins Lane, UK: John Wiley.

Star, B. (1984) Patient violence/therapist safety, *Social Work*, 29, 225–230.

Tully, C, Kropf, N., and Price, J. (1993) Is field a hard hat area? A study of violence in field Placements, *Journal of Social Work Education*, 29, 191–200.

Virkki, T. (2008) Habitual trust in encountering violence at work: Attitudes towards client violence among Finnish social workers and nurses, *Journal of Social Work, 8*, 247–267.

Wayne, J. and Raskin, M. (1996) Attitudes and practices of field education directors toward student safety concerns. *Arete*, 21, 1–11.

Weinger, S. (2001) Security risk: Preventing client violence against social workers. Washington DC: NASW Press.

Whitman, R. M., Armao, B. B. and Dent, O. B. (1976) Assault on the therapist, *American Journal of Psychiatry*, 133, 426–429.

Winstanley, S. and Hales, L. (2008) Prevalence of aggression towards residential social workers: Do qualifications and experience make a difference?, *Child & Youth Care Forum*, 37(2), 103–110.

World Health Organization (2012) Understanding and addressing violence against women, http://apps.who.int/iris/bitstream/10665/77434/1/WHO_RHR_12.37_eng.pdf#search=%27who+sexsual+violence%27

Zelnick, J. R., Slayter, E., Flanzbaum, B., Butler, N. G., Domingo, B., Perlstein, J. and Trust, C. (2013) Part of the job? Workplace violence in Massachusetts social service agencies, *Health & Social Work*, 38(2), 75–85.

Zicko, J. M., Schroeder, R. A., Byers, W. S., Taylor, A. M. and Spence, D. L. (2017) Behavioral emergency response team: Implementation improves patient safety, staff safety, and staff collaboration. *Worldviews on Evidence-Based Nursing*, 14(5), 377–84.

事項索引

アルファベット

あ行

か行

さ行

た行

な　行

は　行

ま　行

や　行

ら　行

著者略歴

副田あけみ

東京大学大学院教育学研究科教育社会学博士課程満期退学。東京都立大学名誉教授。著書に『社会福祉援助技術論』（誠信書房、2005）『高齢者虐待にどう向き合うか』（瀬谷出版、2013）『多機関協働の時代』（関東学院大学出版会、2018）ほか多数。

菅野花恵

東京都立大学社会科学研究科社会福祉学博士課程満期退学、米国ピッツバーグ大学ソーシャルワーク大学院修士課程・博士課程修了。現在、米国バルドスタ州立大学ソーシャルワーク修士プログラム大学院准教授。2020年米国バルドスタ州立大学から優秀教授賞（研究部門）を受賞。著書に The Empowerment Model to Secondary Traumatic Stress (STS) Prevention for Disaster Social Workers（分担執筆, Springer. 2022）ほか多数。

介護職・相談援助職への暴力とハラスメント

2022年2月25日　第1版第1刷発行

著　者　副田あけみ
　　　　菅野花恵

発行者　井村寿人

発行所　株式会社　勁草書房

112-0005 東京都文京区水道2-1-1　振替 00150-2-175253
（編集）電話 03-3815-5277／FAX 03-3814-6968
（営業）電話 03-3814-6861／FAX 03-3814-6854
三秀舎・中永製本

ISBN978-4-326-70123-0　Printed in Japan